Die Reihe „Wettbewerb und Regulierung von Märkten und Unternehmen“ wird herausgegeben von

Band 7

Justus Haucap/Jürgen Kühling (Hrsg.)

Effiziente Regeln für Telekommunikationsmärkte in der Zukunft

Kartellrecht, Netzneutralität und Preis-Kosten-Scheren

Nomos

Die Deutsche Nationalbibliothek verzeichnet diese Publikation in der Deutschen Nationalbibliografie; detaillierte bibliografische Daten sind im Internet über http://www.d-nb.de abrufbar.

ISBN 978-3-8329-3736-2

1. Auflage 2009

Vorwort

Die Liberalisierung der Telekommunikationsmärkte in Europa ist sicherlich eine der erfolgreichsten ordnungspolitischen Reformen der letzten Jahrzehnte. Verbraucher profitieren von einer größeren Auswahl, sinkenden Preisen, neuen Diensten und besseren Netzen. Herrschte zu Beginn der Reformen noch die Vorstellung vor, dass die Regulierung von Telekommunikationsmärkten ein temporäres Phänomen sei und sämtliche Regulierung bald überflüssig würde, so hat sich mittlerweile gezeigt, dass eine weitere Deregulierung schwieriger ist als zunächst erwartet. Dass nach zehn Jahren erfolgreicher Liberalisierung eine weitere Deregulierung angezeigt ist, hat auch die Monopolkommission in ihrem 50. Sondergutachten vom Dezember 2007 unter dem Titel „*Wettbewerbsentwicklung bei der Telekommunikation 2007: Wendepunkt der Regulierung*" angemahnt. Wie und wann weitere Deregulierungsschritte erfolgen können, erörtern Bernd Holznagel (Universität Münster) und Ingo Vogelsang (Boston University) im ersten Beitrag dieses Bandes.

In ihrem Beitrag, der auf einem gemeinsam mit den beiden Herausgebern dieses Bandes erstellten Gutachten für das Bundesministerium für Wirtschaft und Technologie beruht, entwickeln die Autoren eine Theorie der Instrumentenleiter („*ladder of remedies*"). Ähnlich der Ladder of Investment sehen die Autoren eine Stufenentwicklung bei der Regulierung von Ex-ante-Soll-Verpflichtungen über Ex-ante-Kann-Verpflichtungen zu Ex-post-Verpflichtungen durch die Bundesnetzagentur zu Ex-post-Missbrauchsverboten durch das Bundeskartellamt und schließlich zur Entlassung aus der Missbrauchsaufsicht.

Im zweiten Beitrag des vorliegenden Bandes befasst sich Ralf Dewenter (TU Ilmenau) mit der Frage, ob und inwiefern *Netzneutralität im Internet* einer gesonderten Regulierung bedarf. Der Autor analysiert aus einer europäischen Sicht die Frage, welche Auswirkungen bei einem Verzicht auf eine Regulierung der Netzneutralität zu erwarten wären und welche Instrumente der europäischen Wettbewerbspolitik zur Verfügung stehen, um wettbewerbsbeschränkende Verhaltensweisen effektiv zu unterbinden. Ralf Dewenter kommt zu dem Befund, dass zwar durchaus Anreize für Wettbewerbsbeschränkungen vorhanden sein können, die bestehenden Instrumente, wie die Ex-post-Missbrauchsaufsicht oder aber die Ex-ante-Regulierung von wesentlichen Einrichtungen, jedoch ausreichend sind, diesen Problemen zu begegnen.

Im dritten und letzten Beitrag befassen sich Justus Haucap und Ulrich Heimeshoff (beide Universität Erlangen-Nürnberg) mit einem der wohl wichtigsten wettbewerbsökonomischen Probleme, das nach einer Deregulierung der Endkundenmärkte bleibt: die Problematik so genannter *Preis-Kosten-Scheren*, bei denen die Differenz zwischen den weiter regulierten Vorleistungsentgelten und den Endkundenpreisen so gering ist, dass manche Wettbewerber nicht weiter konkurrenzfähig sind und ggf. aus dem Markt ausscheiden. Gegenstand der Analyse sind insbesondere die Fragen (a) unter welchen Bedingungen realistischer Weise eine Verdrängungsgefahr auf

Telekommunikationsmärkten für Endnutzerleistungen besteht und (b) welche Kriterien prinzipiell für die ökonomisch konsistente Anwendung der drei in § 28 Abs. 2 TKG festgelegten Vermutungstatbestände für Behinderungsmissbrauch (Unter-Kosten-Preise, Preis-Kosten-Schere, Nachbildbarkeit von Bündelprodukten) auf den genannten Märkten gelten sollten.

Die Autoren legen in dem Beitrag dar, welche Maßstäbe bei einem Test aus ökonomischer Sicht angewendet werden sollten und erörtern insbesondere auch, wie die auf Telekommunikationsmärkten verbreiteten Komplementaritäten bei der Ermittlung von Preisuntergrenzen adäquat berücksichtigt werden können.

Der vorliegende Band behandelt damit drei Themen, die für den zukünftigen Ordnungsrahmen für Telekommunikationsmärkte zentral sind. Damit können die Beiträge hoffentlich wichtige Denkanstöße liefern, um effiziente Regeln für die Telekommunikationsmärkte der Zukunft zu entwickeln.

Ein besonders herzlicher Dank für die kompetente und tatkräftige technische Unterstützung bei der Erstellung dieses Bandes gilt Anne Baguette, die sich nicht nur der Formatierung angenommen hat, sondern alle Beiträge sorgfältig Korrektur gelesen hat.

Nürnberg und Regensburg — Justus Haucap und Jürgen Kühling

Inhaltsverzeichnis

Weiterentwicklung der TK-Regulierung im Lichte neuer Herausforderungen und ökonomischer Erkenntnisse

Prof. Dr. Bernd Holznagel, LL. M.[*]
Prof. Dr. Ingo Vogelsang[†]

* Universität Münster, Institut für Telekommunikations- und Medienrecht (ITM), Leonardo-Campus 9, 48149 Münster, holznagel@uni-muenster.de.
† Boston University, Department of Economics, 270 Bay State Road, Boston, MA 02215, USA, vogelsan@bu.edu.

Abkürzungsverzeichnis

ACCC	Australian Competition & Consumer Commission
B&K	Bill & Keep
BGH	Bundesgerichtshof
BKartA	Bundeskartellamt
BNetzA	Bundesnetzagentur
BT	British Telecom
DSL	Digital Subscriber Line
DTAG	Deutsche Telekom AG
EF	Essential Facility
ERG	European Regulators Group
EuG	Europäisches Gericht erster Instanz
EuGH	Europäischer Gerichtshof
FCC	Federal Communications Commission
GSM	Global System for Mobile Communications
GWB	Gesetz gegen Wettbewerbsbeschränkungen
Hvt	Hauptverteiler
ILEC	Incumbent Local Exchange Carrier
IPR	Intellectual Property Rights
ISDN	Integrated Services Digital Network
ISP	Internet Service Provider
KeL	Kosten der effizienten Leistungserbringung
NGN	Next Generation Network
NRA	National Regulation Authorities
OLG	Oberlandesgericht
PSTN	Public Switched Telephone Network
RahmenRL	Rahmenrichtlinie
RegTP	Regulierungsbehörde für Telekommunikation und Post
RPP	Receiving Party Pays
SMP	Significant Market Power
TAL	Teilnehmeranschlussleitung
TK	Telekommunikation
TKG	Telekommunikationsgesetz
VDSL	Very High Speed Digital Subscriber Line
VG	Verwaltungsgericht
ZugangRL	Zugangsrichtlinie

Zusammenfassung

A. Der stärker ökonomisch fundierte Ansatz (more economic approach) für Wettbewerbspolitik und Regulierung

Anlass für die vorliegende Untersuchung sind drei Entwicklungen, und zwar

(1) die Diskussion um eine stärker ökonomische Ausrichtung der EU-Kartellrechtspraxis mit ihren potenziellen Auswirkungen auf die Entlassung von regulierten Märkten ins Wettbewerbsrecht. Dies lenkt das Augenmerk auf die Kontrolle wesentlicher Einrichtungen.

(2) ein Mangel an Fassbarkeit der Ziele der Regulierung.

(3) eine zunehmende Ambivalenz der Regulierung, hervorgerufen durch Abbau der Marktstellung des Incumbent und Aufbau von Infrastruktur durch Wettbewerber sowie konkurrierende Geschäftsmodelle, die teilweise ohne Regulierung auskommen, während andere ohne Regulierung nicht überlebensfähig sind.

Die vorliegende Studie versucht, diese Probleme einer Lösung zuzuführen.

Der im Mittelpunkt stehende stärker ökonomisch fundierte Ansatz für Wettbewerbspolitik und Regulierung setzt sich in seiner Zielsetzung mit Konzentration auf die Verbraucherwohlfahrt sowie in seiner Methode der Wirkungsanalyse anstelle der Marktstruktur- und Marktverhaltensanalyse von dem überkommenen kartellrechtlichen Ansatz ab. Zur Anwendung des stärker ökonomisch fundierten Ansatzes bedarf es möglicherweise einer Uminterpretation des Ziels der Wettbewerbsfreiheit und einer stärkeren Konzentrierung auf Einzelfallbetrachtungen, wodurch Abwägungsentscheidungen gegenüber Per-se-Entscheidungen an Boden gewinnen.

B. Ausgangslage aus kartellrechtlicher und telekommunikationsrechtlicher Sicht

I. Kartellrecht

Im Rahmen der Verwirklichung des More Economic Approach in der europäischen Wettbewerbspolitik hat die Europäische Kommission im Dezember 2005 umfangreiche Vorschläge zur Neugestaltung der Missbrauchsaufsicht gem. Art. 82 EG zur Diskussion gestellt. Für Essential Facilities im Bereich der elektronischen Kommunikation strebt die Kommission hier jedoch keine Neuerungen an. Vielmehr stellt sie klar, dass ihre in der „Mitteilung über die Anwendung der Wettbewerbsregeln auf Zugangsvereinbarungen im Telekommunikationsbereich“ vom 22.08.1998 niedergelegten Grundsätze weiterhin Anwendung finden sollen. Hiernach gewährt die Kommission einem Petenten einen Zugangsanspruch zu einer Essential Facility gegen den Einrichtungsbetreiber unter den folgenden Tatbestandsvoraussetzungen:

(1) Kontrolle einer wesentlichen Einrichtung (Einrichtung zur Teilnahme am Wettbewerb von einer Vielzahl von Wettbewerbern benötigt und *„für einen durchschnittlichen Bewerber"* nicht duplizierbar),
(2) ausreichende Kapazität,
(3) Zugangsverweigerung,
(4) der Betreiber der Essential Facility
   - verhindert durch die Verweigerung die Entstehung eines potenziellen neuen Dienstes oder Produkts,
   - beeinträchtigt den Wettbewerb auf dem bestehenden oder potenziellen Dienste- oder Produktmarkt,
   - oder befriedigt die Nachfrage nach einem Produkt oder Dienst nicht vollständig,
(5) der Zugangspetent ist zur Zahlung eines angemessenen Entgelts bereit und akzeptiert auch sonstige nichtdiskriminierende Zugangsbedingungen,
(6) keine sachliche Rechtfertigung.

Bei der Gewährung von Zugangsansprüchen auf Basis der Essential-Facilities-Doktrin ist die Kommission an die Rechtsprechung des EuGH gebunden. Anders als die Kommission hat der Gerichtshof bislang diese Doktrin noch nicht ausdrücklich anerkannt. Gleichwohl ist festzustellen, dass der EuGH in der Sache durchaus Zugangsansprüche zu wesentlichen Einrichtungen auf Basis von Art. 82 EG gewährt. Im Vergleich zur Kommission wird hier jedoch ein eher zurückhaltender Ansatz verfolgt. Insbesondere in seinem Bronner-Urteil hat der EuGH deutlich gemacht, dass er eine extensive Herangehensweise an Fragen der Zugangsgewährung für nicht tunlich hält. Dies zeigt sich beispielsweise bei der Frage, wann der Zugang zur Einrichtung für den Konkurrenten wesentlich ist. Während die Kommission hier Wesentlichkeit bereits dann annimmt, wenn die Einrichtung durch einen (durchschnittlichen) Wettbewerber nicht dupliziert werden kann, stellt der EuGH höhere Anforderungen, indem er auf rein objektive Gesichtspunkte abstellt. Es komme nicht auf die tatsächlichen Möglichkeiten des nachfragenden Konkurrenten an, sondern allein auf die objektive Durchführbarkeit und Rentabilität der Erstellung einer potenziellen Alternative. Zudem seien existierende Einrichtungen selbst dann zu nutzen, wenn sie ungünstiger seien als die begehrten.

Im deutschen Kartellrecht findet sich ein Zugangsanspruch in § 19 Abs. 4 Nr. 4 GWB. Er ist jedoch auf Netze und andere Infrastruktureinrichtungen beschränkt, so dass Immaterialgüterrechte (wie IPR) nicht erfasst sind. Nach der Rechtsprechung des Bundesgerichtshofs ist auch keine marktbeherrschende Stellung auf dem nachgelagerten Markt erforderlich. Demgegenüber gehen die Kommission und der EuGH davon aus, dass der Essential-Facilities-Betreiber selbst auf dem abgeleiteten Markt tätig sein und auch dort über eine beherrschende Stellung verfügen muss (sog. doppelte Marktbeherrschung). In der Sache läuft die Sicht des Bundesgerichtshofs auf eine erhebliche Ausweitung der Zugangsansprüche heraus.

II. Telekommunikationsrecht

Im Unterschied zum allgemeinen Kartellrecht verfolgt das Telekommunikationsrecht eine breitere Zielsetzung. Es entspricht in Deutschland nicht der gerichtlichen und kartellbehördlichen Praxis, im Rahmen der Missbrauchsaufsicht die Auswirkungen einer Entscheidung auf Verbraucherschutzbelange, individuelle Interessen der Marktgegenseite oder wohlfahrtsökonomische Ziele hin zu überprüfen. Schutzgut des GWB ist nach vorherrschender Ansicht der „Wettbewerb als Institution". Demgegenüber enthält sowohl das nationale (§ 2 Abs. 2 TKG) als auch das europäische TK-Recht (Art. 8 RahmenRL, Art. 1 ZugangsRL) einen breiten Zielkanon, der u. a. die Wahrung der Verbraucher- und Wettbewerberinteressen, wie auch Interessen der öffentlichen Sicherheit und Innovationsförderung umfasst.

Im allgemeinen Kartellrecht wird von einer ungestörten Marktlage als Normalfall ausgegangen. Die Kartellbehörden greifen daher immer nur punktuell und im Hinblick auf ein konkretes angezeigtes missbräuchliches Verhalten ein. Das Telekommunikationsrecht soll hingegen die Wettbewerbsprobleme bei einer grundsätzlich gestörten Marktlage bewältigen. Dies erfordert eine kontinuierliche Marktbeobachtung und ein auf Strukturveränderung angelegtes Einschreiten des Regulierers. Zu diesem Zweck kann der Regulierer auf ein besonders einschneidendes Instrumentarium zurückgreifen. Dementsprechend sind die Regulierungsunterworfenen mit erheblichen Eingriffen in ihre wirtschaftlichen Freiheiten konfrontiert. Telekommunikationsmärkte unterliegen daher nur dann einer Regulierung, wenn zuvor eine (anhaltende) „Störung" und damit eine Regulierungsbedürftigkeit explizit festgestellt wurde. Die Regulierungsbedürftigkeit wird im derzeitigen Rechtsregime insbesondere durch den Drei-Kriterien-Test (§ 10 Abs. 2 TKG) abgeprüft.

Anknüpfungspunkt für eine Ex-ante-Regulierung ist im Telekommunikationsrecht die Absolvierung des Drei-Kriterien-Testes und das Vorliegen einer SMP-Stellung. § 21 Abs. 1 TKG fordert zudem eine Prüfung, ob eine Zugangsverpflichtung gerechtfertigt ist und ob diese in einem angemessenen Verhältnis zu den Regulierungszielen nach § 2 Abs. 2 TKG steht. Diese Voraussetzungen würden bei korrekter Anwendung darauf hinauslaufen, dass auch das Telekommunikationsrecht das Vorliegen einer wesentlichen Einrichtung bzw. Essential Facility erfordert. Im Drei-Kriterien-Test hat der stärker ökonomisch fundierte Ansatz insbesondere für Kriterium drei Relevanz. Dieses Kriterium wird jedoch weder von der Kommission in ihrer (neuen) Märkteempfehlung noch von der BNetzA systematisch oder gar i. S. des stärker ökonomisch fundierten Ansatzes angewendet. In der Praxis besteht daher sehr wohl ein Unterschied zwischen Essential Facility und dem Anknüpfungspunkt der Regulierung nach dem Telekommunikationsrecht. Nach den Vorgaben der Zugangsrichtlinie hat der Regulierer keinen Ermessenspielraum dahingehend, ob er eine Regulierungsmaßnahme anordnen will oder nicht. Er ist vielmehr verpflichtet, eine Ex-ante-Maßnahme aus dem zur Verfügung stehenden Instrumentarium auszuwählen (Art. 8 Abs. 2 ZugangsRL). Ein weites Entscheidungsermessen besteht indes im Hinblick auf die Wahl des Instruments (Transparenzverpflichtungen, Gleichbehandlungsverpflichtungen, Verpflichtung zur getrennten Buchführung, Zugangsverpflichtungen, Verpflichtung zur Preiskontrolle und Kostenrechnung). Im TKG wird der BNetzA bei der Auferlegung von Zugangsverpflichtungen ebenfalls ein Ermessen eingeräumt. Bei der Auswahl der Maßnahmen ist jedoch die BNetzA nicht frei, sondern der Gesetzgeber hat ihr durch ermessensleitende Vorgaben Grenzen gesetzt. So gibt es Maßnahmen, welche die BNetzA auferlegen „soll" (z. B. Zusammenschaltung von TK-Netzen, § 21 Abs. 3 Nr. 2 TKG), und solche, die die BNetzA auferlegen „kann" (z. B. Zugang zu bestimmten Netzkomponenten oder Netzeinrichtungen einschließlich des entbündelten Breitbandzugangs, § 21 Abs. 2 Nr. 1 TKG).

Anders als im europäischen Rechtsrahmen vorgesehen, kann der deutsche Regulierer auf eine Ex-post-Regulierung (§§ 42 TKG, 39 TKG, 30 Abs. 1 S. 2 TKG) zurückgreifen. Der Überprüfungsmaßstab entspricht hier weitgehend der kartellrechtlichen Missbrauchsaufsicht. Einen wichtigen Unterschied bei der Entgeltregulierung gibt es jedoch dahingehend, dass ein Missbrauch für bestimmte Fallkonstellationen (z. B. bei Preis-Kosten-Scheren) vermutet wird (§ 28 Abs. 2 TKG). Eine solche Vorkehrung kennt das allgemeine Kartellrecht nicht, so dass sich das Kartellamt in ähnlichen Fällen mit erheblichen Beweisproblemen konfrontiert sehen würde.

Durch die GWB-Novelle aus dem Jahre 2005 wurden die Befugnisse der Kartellbehörden deutlich ausgeweitet. Dies bringt eine gewisse Annäherung an das herkömmliche telekommunikationsrechtliche Regulierungsinstrumentarium mit sich. Für den Bereich der Entgeltregulierung bleibt es jedoch bei den bestehenden Unterschieden. Hier darf die Kartellbehörde weiterhin nur eine Missbrauchsgrenze festlegen, die sämtliche oberhalb dieser Grenze liegenden Preise erfasst. Positive Preisfestsetzungen sind dagegen nicht möglich. Zu beachten ist weiter, dass die BNetzA im Vergleich zu den Kartellbehörden über einen höheren Informationsstand über die Geschehnisse auf den Telekommunikationsmärkten verfügt. Dieser ergibt sich u. a. aus den laufenden Berichtspflichten der Marktteilnehmer und der darauf aufbauenden systematischen Marktbeobachtung. Zudem liegt die Nachweispflicht für missbräuchliches Verhalten grundsätzlich beim BKartA. Bei der Ex-ante-Regulierung nach TKG sind demgegenüber die SMP-Unternehmen selbst verpflichtet, Nachweise über ihre tatsächlichen Kosten der Netzunterhaltung zu erbringen. All dies zeigt, dass das Telekommunikationsrecht im Vergleich zum allgemeinen Kartellrecht eine höhere Steuerungskraft entfaltet, wenn es darum geht, anhaltende Marktstörungen aufzubrechen.

C. Auswirkung auf Regulierung

I. Regulierungsziele und Regulierungsbedürftigkeit

Die gegenwärtigen Regulierungsziele der EU und des TKG lassen sich ohne große Schwierigkeit im Sinne des stärker ökonomisch fundierten Ansatzes interpretieren. Bei Durchsetzung dieses Ansatzes im Kartellrecht würden tendenziell Konflikte mit Regulierungszielen abgebaut.

Regulierungsbedürftigkeit in der EU baut auf Marktabgrenzung, Drei-Kriterien-Test und SMP-Feststellung auf. Im Zuge der Weiterentwicklung wird die Marktabgrenzung in bestimmten Fällen auf regionale Märkte als Markttyp einzuschränken sein. Ggf. sind auch „neu entstehende" von „neuen" Märkten zu unterscheiden. Nur letztere sind für die Anwendung von § 9 a TKG relevant.

Im Drei-Kriterien-Test hat der stärker ökonomisch fundierte Ansatz insbesondere für Kriterium drei Relevanz. Dieses Kriterium wird jedoch weder von der EU-Kommission in ihrer (neuen) Märkteempfehlung noch von der BNetzA systematisch oder gar i. S. des stärker ökonomisch fundierten Ansatzes angewendet. Hingegen wird nur oberflächlich der Frage nachgegangen, inwieweit das Kartellrecht bei Vorliegen der Kriterien eins und zwei zum Scheitern verurteilt ist. Weiterentwicklungen des Kartellrechts in den letzten Jahren auf nationaler und europäischer Ebene und mögliche Verschärfungen durch Pönalen finden sich nicht in den Anwendungen von Kriterium drei wieder. Dabei lässt sich der Bereich der regulierungsbedürftigen Fälle durch Anpassung der Wettbewerbspolitik (z. B. durch Anpassung des Standards für die Beweisanforderungen, Umkehr der Beweislast, Stärkung der privaten Kartellrechtsdurchsetzung) einschränken, so dass der zu regulierende Bereich dadurch schrumpfen würde.

Wir stellen als Mängel des Kartellrechts die Beschränkung auf nachträgliche Missbrauchsfeststellung, Schwierigkeiten bei der kartellrechtlichen Preisfestsetzung sowie die Notwendigkeit eines administrativen Apparates heraus. Dem stehen aber Mängel regulatorischer Eingriffe gegenüber, die insbesondere in der Beschränkung der Wettbewerbsfreiheit des Incumbent, in dem Einfluss von Interessengruppen und in der Ineffizienz und Rigidität der Preissetzung liegen. Regulierungsbedürftigkeit besteht daher nur, wenn nicht nur mögliche Wettbewerbsprobleme erkannt werden (wie es die ERG versucht), sondern sichergestellt ist, dass diese Wettbewerbsprobleme zu nicht korrigierbaren Problemen führen und mit hoher Wahrscheinlichkeit und wiederholt auftreten.

Einer gesonderten Marktdominanzuntersuchung bedarf es bei systematischer Anwendung des Drei-Kriterien-Tests nur zur Identifikation des zu regulierenden Unternehmens. Die Frage nach der Regulierungsbedürftigkeit kann nach dem bestehenden EU-Ansatz nur mit „ja" oder „nein" beantwortet werden. Unsere Diskussion des Drei-Kriterien-Tests und der Marktdominanz zeigte aber, dass es durchaus Zweifelsfälle und Grauzonen geben kann. Wir untersuchen als Lösung für Zweifelsfälle den Essential-Facilities-Ansatz als potenziell schärferes Kriterium der Regulierungsbedürftigkeit.

Eine Diskussion der in den USA auf Regulierungsebene praktizierten Bottleneck-Konzepte sowie der verwandten Konzepte von Faulhaber (2005) und Knieps (1997; 2006) zeigt, dass mit Hilfe der stabilen Bottleneck-Eigenschaft zwar hinreichende Bedingungen für Regulierung definiert werden können. Es gibt aber durchaus Situationen, in denen reguliert werden sollte, ohne dass die strikte Bottleneck-Eigenschaft vorliegt. Auch ist die Bottleneck-Eigenschaft nicht so leicht feststellbar, dass sie sich als einfaches Aufgreifkriterium für die Regulierungsbedürftigkeit eignen würde.

Da stabile Bottlenecks aber bestimmter Instrumente unbedingt bedürfen, eignet sich die Bottleneck-Eigenschaft gut zur Differenzierung der Eingriffsinstrumente.

Die Schlussfolgerung zur Regulierungsbedürftigkeit ist, dass der Drei-Kriterien-Test in Verbindung mit dem Marktdominanzkriterium beibehalten, aber stärker ökonomisch fundiert werden sollte. Das bedeutet insbesondere eine Prüfung des Drei-Kriterien-Tests auf nationaler Ebene. Dies gilt zuvörderst auch für das dritte Kriterium, dessen Erfüllung von nationalen Gegebenheiten hinsichtlich der Wettbewerbsgesetze, der Gerichte und der umsetzenden Behörden abhängig ist.

II. Instrumenteneinsatz

Die strikte Bottleneck-Eigenschaft könnte insbesondere zur Vereinheitlichung der Regulierung in der EU benutzt werden, indem bestimmte Remedies als Soll- oder gar Muss-Verpflichtungen vorgeschrieben werden, während andere Remedies zu Kann-Verpflichtungen werden. Eine funktionelle Trennung des Incumbent in regulierte und unregulierte Bereiche sollte selbst als Kann-Verpflichtung nicht von der EU angeboten werden, sondern allein den Einzelstaaten überlassen bleiben.

Für regulierungsbedürftige Nicht-Bottleneck-Bereiche sollte es bei der bestehenden EU-Regel bleiben, dass mindestens eine Ex-ante-Remedy einzusetzen ist, es aber den NRAs offen steht, welche der Remedies sie auswählen. Dabei sollten weichere Instrumente zum Tragen kommen und auch die Baumol-Willig-Regel als zusätzliches Instrument verfügbar sein, wenn wirksamer Wettbewerb im nachgelagerten Markt auch ohne Regulierung stattfinden würde.

Ähnlich der Ladder of Investment sehen wir eine Stufenentwicklung bei der Regulierung von Ex-ante-Soll-Verpflichtungen zu Ex-ante-Kann-Verpflichtungen zu Ex-post-Verpflichtungen durch die BNetzA zu Ex-post-Missbrauchsverboten durch das BKartA und schließlich zur Entlassung aus der Missbrauchsaufsicht. Ein Markt muss natürlich nicht all diese Stufen dieser *Instrumentenleiter (Ladder of Remedies)* durchlaufen, und die Reihenfolge kann sich durchaus einmal umkehren.

In der Bundesrepublik sind die einzelnen Stufen der Instrumentenleiter für den Übergang vom sektorspezifischen Recht ins allgemeine Kartellrecht bereits in das TKG 2004 aufgenommen worden. Dies gilt auch für eine Ex-post-Regulierung, die von der BNetzA durchgeführt wird. U. E. sollte diese Regulierungskonzeption auch bei der Novellierung des Richtlinienpaketes für elektronische Kommunikationsdienste und -netze Berücksichtigung finden.

III. Konsequenzen für ausgewählte Fälle

Seit der Marktliberalisierung haben sich viele Geschäftsmodelle im Telekommunikationssektor herausgebildet, die im Zeitablauf unterschiedlichen Erfolg hatten, von denen aber einige jetzt durch neuere Entwicklungen der Technik (NGN, Breitbandanschlüsse) sowie durch Deregulierung im Gefolge zunehmenden Wettbewerbs gefährdet sein könnten. Hier stellt sich die Frage, inwieweit zum Erhalt von Geschäftsmodellen Bestandsschutz durch Regulierung gewährt werden sollte.

U. E. sollte es keinen Bestandsschutz zur Förderung ineffizienter/überholter Geschäftsmodelle durch den Regulierer geben. Letztlich sind Wettbewerber den Launen des Marktes ebenso wie dynamischen Entscheidungen der Regulierer ausgesetzt. Solche Entscheidungen folgen dem Gesetz (EU-Rechtsrahmen und TKG) und seinen Änderungen und werden i. Allg. nach Anhörung aller betroffenen Parteien getroffen. Wichtig ist dabei die Regulierungsbedürftigkeit aus Sicht des Wettbewerbs im Markt, nicht aus Sicht einzelner Wettbewerber und Geschäftsmodelle. Stranded Investments der Wettbewerber lassen sich teilweise dadurch vermeiden, dass der Incumbent nicht mehr benötigte Einrichtungen (wie z. B. Hvt) den Wettbewerbern vor Schließen zum Kauf anbieten muss. In Härtefällen, z. B. bei hohen versunkenen Kosten, sind aber Übergangszeiten (und Gleitpfade) durchaus zu erwägen. Hierfür sollten NRAs hinreichende Entscheidungsfreiheit haben.

Eine zweite Fallgruppe betrifft die regionale Verteilung der Bottlenecks, die stark von der regionalen Kundendichte abhängt. Dies gilt insbesondere für die TAL, den Backhaul-Bereich sowie für Bitstrom-Zugang und hängt insofern mit der soeben behandelten Geschäftsmodell-Problematik zusammen. Der Thematik regionaler Marktabgrenzung steht die EU-Kommission zwar aufgeschlossen gegenüber. Aus ihr könnten sich aber praktische Regulierungsprobleme hinsichtlich Kostenermittlung und Abschaffung der Tarifeinheit im Raum ergeben. Als Folge könnten die aus den Ballungsgebieten herrührenden Wettbewerbsgewinne dem flachen Land wieder verlorengehen.

IV. Schlussfolgerungen

Wir ziehen aus der Analyse die folgenden Schlussfolgerungen:

- Die Regulierungsziele sind schon jetzt im Lichte eines stärker ökonomisch fundierten Ansatzes auslegbar.
  Die bisherige Prüfung der Regulierungsbedürftigkeit sollte keine formale Veränderung erfahren. Sie sollte lediglich stärker ökonomisch fundiert und von den nationalen Regulierungsbehörden angewendet werden.
- Eine Konkretisierung der Rechtsfolgenseite der Vorschrift durch die strikte Bottleneck-Eigenschaft sollte bestimmte Remedies als Soll- oder Muss-Verpflichtungen vorschreiben, andere als Kann-Verpflichtung.
- Es besteht keine Notwendigkeit zur Einführung einer funktionellen Trennung in das Instrumentenarsenal.
- Wir empfehlen die Zuweisung von Ex-post-Befugnissen an den Regulierer.
- Es sollte keinen Bestandsschutz zur Förderung ineffizienter/überholter Geschäftsmodelle durch den Regulierer geben.
- Regionale Marktabgrenzung ist schon nach geltendem Recht möglich, birgt aber Gefahren in sich.

1. Einführung und Motivation

Anlass für die vorliegende Untersuchung sind drei in jüngster Zeit auftretende Entwicklungen:

Eine stärker ökonomische Ausrichtung der EU-Kartellrechtspraxis hat in Bereichen wie der Fusionskontrolle bereits stattgefunden und wird seit zwei Jahren für die Missbrauchsaufsicht heftig diskutiert. Diese Diskussion hat potenzielle Auswirkungen auf die Entlassung von regulierten Märkten ins Wettbewerbsrecht. Solch eine Entlassung konzentriert sich bislang auf Endnutzermärkte, so dass für Regulierung fast nur noch Vorleistungsmärkte übrig bleiben. Dies lenkt das Augenmerk auf die Kontrolle wesentlicher Einrichtungen.

Für die regulierten Märkte hat sich ein Mangel an Fassbarkeit der Ziele der Regulierung gezeigt. Es gibt u. a. deshalb Unklarheiten bei der Regulierungsbedürftigkeit sowie bei dem Einsatz der Remedies. Können z. B. Remedies auf einen geographischen oder sachlichen Bereich eingeschränkt werden, der kleiner ist als der für Regulierungsbedürftigkeit definierte Markt?

Im Zeitablauf hat sich eine zunehmende Ambivalenz der Regulierung ergeben, und zwar hervorgerufen durch Abbau der Marktstellung des Incumbent und Aufbau von Infrastruktur durch Wettbewerber sowie konkurrierende Geschäftsmodelle, die teilweise ohne Regulierung auskommen, während andere ohne Regulierung nicht überlebensfähig sind.

Die vorliegende Studie versucht diese Probleme durch Fokussierung auf den stärker ökonomisch fundierten Ansatz einer Lösung zuzuführen.

1.1. Charakterisierung des stärker ökonomisch fundierten Ansatzes (More Economic Approach) für Wettbewerbspolitik und Regulierung

Der stärker ökonomisch fundierte Ansatz in der Wettbewerbspolitik geht ursprünglich auf das Zusammenwirken von Juristen und Volkswirten in den USA zurück und hat in den letzten Jahrzehnten die amerikanische Wettbewerbspolitik von Grund auf verändert. Insbesondere drückt sich dies dort in der Zielsetzung sowie in den Maßstäben für wettbewerbswidrige Marktstrukturen und für wettbewerbswidriges Verhalten aus. Heute werden z. B. von der Federal Trade Commission und dem Department of Justice vertikale und horizontale Fusionen genehmigt, die vor einigen Jahrzehnten ohne Federlesen abgelehnt worden wären. Verhaltensweisen wie die Preisbindung der zweiten Hand, die bis vor kurzem per se verboten waren, unterliegen jetzt nach höchstrichterlicher Rechtsprechung einer Einzelfallabwägung (Rule of Reason). Außerdem ist es zu einer Verschiebung des Marktdominanzkriteriums für Monopolisierungs- und Fusionsfälle mit höheren Marktanteilen gekommen. Der Nachweis von Predatory Pricing hat sich erheblich verschärft. All dies hat auch auf die Regulierung im TK-Bereich abgefärbt, und zwar sowohl in der Literatur (z. B. durch Hausman und Sidak, 1999) als auch in der Praxis durch die FCC und die Gerichte (teilweise ermöglicht durch den Telecommunications Act of 1996).

In der EU hat erst vor wenigen Jahren ein ökonomisch fundierter Ansatz in kartellrechtlichen Fusionsverfahren Einzug gehalten; ein solcher Ansatz wird nun auch für die Missbrauchsaufsicht (ebenso wie für die Beihilfenkontrolle) erwogen und diskutiert. Hürden bilden dabei die eingesessenen Zielvorstellungen, die auf ökonomischem Gedankengut des Ordoliberalismus und des Marktstruktur-Verhalten-Ergebnis-Ansatzes beruhen, das vor einigen Jahrzehnten modern war. Im Gegensatz dazu ist die TK-Regulierung in der EU jüngeren Datums und daher auch von neueren ökonomischen Erwägungen geprägt. Sie baut aber gleichzeitig auf wettbewerbspolitischem Gedankengut auf und will letztlich die regulierten Märkte in die Wettbewerbspolitik entlassen. Es ist deshalb angebracht, den ökonomischen Ansatz für die Regulierungspolitik neu zu charakterisieren und daraus ggf. Schlussfolgerungen für den kommunikationsrechtlichen Regulierungsrahmen und dessen Anwendung zu ziehen.

1.2. Wirkungsanalyse: Stärkere Einzelfallbetrachtung

Die herkömmliche Wettbewerbspolitik geht entweder von Wettbewerbsfreiheit aus, die durch bestimmte Marktstrukturen (z. B. Monopol) oder -verhalten (Kartellabsprachen) unmittelbar eingeschränkt werde; oder aber sie folgt dem Struktur-Verhaltens-Ergebnis-Ansatz, wonach Marktstrukturen bestimmte Verhaltensweisen und diese wiederum bestimmte Ergebnisse nach sich ziehen. In beiden Fällen kann man aufgrund dieser postulierten Zusammenhänge wettbewerbsrechtlich gegen bestimmte Marktstrukturen oder -verhaltensweisen vorgehen. So sind nach der bisherigen Interpretation von Art. 82 EG bestimmte Verhaltensweisen einem marktbeherrschenden Unternehmen per se verboten. Die stärker ökonomisch fundierte Analyse von Märkten betont demgegenüber die Endogenität von Marktstrukturen und -verhaltensweisen, wodurch die postulierte Kausalität nicht oder nur sehr schwach bestehe.

Ökonomische Wettbewerbsanalyse bedeutet heute fast ausschließlich die Anwendung spieltheoretischer Methoden auf Marktkonstellationen und darauf aufbauende empirische Schätzungen und Simulationsrechnungen. Dabei hat sich gezeigt, dass Marktverhalten und Marktergebnisse von vielerlei Faktoren abhängen und dass manchmal geringe Änderungen in diesen Faktoren große Änderungen in den Resultaten bewirken. Außerdem besteht wegen der Mehrdeutigkeit von Gleichgewichten oft Unsicherheit in den Resultaten. Dies bedeutet, dass man aus einfach messbaren Struktur- und Verhaltensvariablen nur in ganz seltenen Fällen auf relativ eindeutige Marktergebnisse schließen kann. Solche Schlüsse aber sind die Grundlage von Per-se-Verboten im Kartellrecht und in gewissem Umfang von Ex-ante-Regulierung. In beiden Fällen geht man davon aus, dass bestimmte Marktstrukturen und bestimmtes Marktverhalten praktisch immer zu unerwünschten Resultaten führen und Fehler somit sehr selten sind. Per-se-Verbote sind z. B. immer noch richtig im Fall von horizontalen Preisabsprachen, aber nicht bei Produktbündelung und Kopplungsverträgen. Ex-ante-Regulierung ist immer noch angebracht in nicht bestreitbaren Monopolen, aber zweifelhaft, wenn infrastrukturbasierter Marktzutritt zu einem dauerhaften Duopol geführt hat. Der stärker ökonomisch fundierte Ansatz würde in diesem Fall eine Wirkungsanalyse vornehmen, um festzustellen, ob und inwieweit (1) die unregulierte Situation zu befriedigenden Marktergebnissen führen wird, (2) wettbewerbspolitische Instrumente diesen Ausgang verbessern und (3) ggf. welche regulatorischen Instrumente darüber hinaus das Marktergebnis verbessern würden. Erst in einer Wirkungsanalyse dieser drei (hypothetischen, kontrafaktischen) Situationen lässt sich die Eignung der Ex-ante-Regulierung ökonomisch beurteilen.

1.3. Kriterium Wettbewerbsförderung

Eine Wirkungsanalyse erfordert Bewertungskriterien, aufgrund derer Wirkungen beurteilt und miteinander verglichen werden können. Das in der Wettbewerbspolitik gängigste Kriterium ist die Förderung des Wettbewerbs. Dies ist freilich kein eindeutiges Kriterium, da ein Mehr an Wettbewerb z. B. an der Struktur der Wettbewerber oder an den Preisen und der Vielfältigkeit des Angebots im Markt gemessen werden könnte. Die Struktur der Wettbewerber wäre z. B. relevant, wenn das ursprüngliche Ziel die Wettbewerbsfreiheit (Kontrolle wirtschaftlicher Macht) wäre. Preise und Vielfältigkeit des Angebots hingegen deuten auf gesamtgesellschaftliche Wohlfahrt/Effizienz (bzw. Maximierung des sozialen Überschusses) als Ziel hin. Selbst bei dem Ziel der Wettbewerbsfreiheit könnte es aber um die gesamtgesellschaftliche Wohlfahrt gehen, und zwar (1) weil aus gesellschaftspolitischer Sicht Wettbewerb eigentlich kein Selbstzweck zur Befriedigung der Wettbewerber sein darf, sondern letztendlich der Gesellschaft zugute kommen muss und (2) weil die Begrenzung der Freiheit der Wettbewerber untereinander durch irgendeine Leistung markiert sein muss. M. a. W. ist es ein Zeichen von gesundem Wettbewerb, wenn der leistungsfähige Wettbewerber belohnt und der nicht leistungsfähige bestraft wird, selbst wenn dies zur Ausschaltung von Wettbewerbern führt. Auch für das dominierende Unternehmen muss Wettbewerbsfreiheit bestehen. Nur darf es sie nicht missbrauchen, wohl aber zur Erzielung von Leistung einsetzen. Dabei weist Immenga (2006, S. 351) auf die besondere Verantwortung dominanter Unternehmen im leistungsgerechten Wettbewerb hin.[1] Was aber ist Leistungsfähigkeit anderes als der Beitrag zur gesamtgesellschaftlichen Effizienz? Daraus folgt, dass das unmittelbare Ziel des Wettbewerbs nicht die Förderung einzelner Wettbewerber zu Lasten der Effizienz sein kann, sondern dass Förderung des Wettbewerbs mit Förderung der gesamtwirtschaftlichen Effizienz einhergehen sollte.

1 Siehe auch Hayek, 2003 (zitiert in Hellwig, 2006), der die Monopolstellung als Belohnung für besondere Leistung herausstellt.

1.4. Kriterium langfristiger Verbrauchernutzen vs. gesamtwirtschaftliche Wohlfahrt/Effizienz

Obwohl die gesamtgesellschaftliche Wohlfahrt das unter Ökonomen herrschende Ziel ist, hat sich in letzter Zeit unter Wettbewerbs- und Regulierungsökonomen die (langfristige) Verbraucherwohlfahrt anstelle der gesamtwirtschaftlichen Wohlfahrt/Effizienz als Ziel der Wettbewerbs- und Regulierungspolitik herausgebildet. Diese Entwicklung hat insbesondere zwei Gründe. Zum ersten steht der Verbrauchernutzen im Zentrum vieler Normen, insbesondere im Regulierungsbereich. Will man heute Institutionen ökonomisch beraten, muss man aus pragmatischer Sicht den Verbrauchernutzen als Ziel nehmen. Zum zweiten sind im politökonomischen Gleichgewicht die Interessen der Unternehmen i. Allg. besser repräsentiert als die der Verbraucher. Eine Konzentrierung auf das Ziel des Verbrauchernutzens schafft daher ein Gegengewicht.[2] Dies führt nicht zu einer Vernachlässigung der Unternehmensinteressen, da diese ja prosperieren müssen, um den Verbrauchern hinreichend Nutzen zu stiften. Außerdem spielen unter gesamtwirtschaftlich optimalen Wettbewerbsbedingungen (über die Marktverzinsung des Kapitals hinausgehende) Unternehmensgewinne nur bei Innovationen und riskanten Investitionen eine Rolle. Der Gegensatz zwischen den Zielen Verbrauchernutzen und gesamtgesellschaftliche Wohlfahrt ist also nur in Einzelfällen relevant, die aber im Bereich der TK-Regulierung eine Rolle spielen können. Von daher ist die Betonung von Innovationen und effizienten Investitionen in § 2 Abs. 2 TKG und in Art. 8 der Rahmenrichtlinie ökonomisch als Ausnahme vom Ziel des Verbrauchernutzens begründbar.

1.5. Unterschiede zum bisherigen Ansatz

1.5.1. Wettbewerbspolitik

Der stärker ökonomisch fundierte Ansatz würde für die Wettbewerbspolitik nach Ansicht einiger Autoren insbesondere eine potenzielle Zielverschiebung von Wettbewerbsfreiheit in Richtung auf Verbrauchernutzen (bzw. gesamtgesellschaftliche Effizienz) sowie tendenziell eine stärkere Einzelfallbetrachtung mit Abkehr von marktstrukturellen und Verhaltensvariablen in Richtung auf eine Wirkungsanalyse bedeuten. Dies sind große Schritte, die bislang nur zögerlich und partiell durchgeführt worden sind. Letzteres gilt insbesondere für den Bereich der Missbrauchsaufsicht. Dabei stellt sich die Frage, ob eine durch den ökonomischen Ansatz bewirkte

2 Das Argument findet sich bei Neven und Röller, 2005. Dazu kommen Informationsasymmetrien, da das Unternehmen besser informiert ist als Verbraucher oder Behörden und dies ausnutzen wird (Heidhues und Lagerlöf, 2005). Hellwig (2006) sieht das Ziel des Verbrauchernutzens als Mittel zur Abwägung zwischen positiven und negativen Wettbewerbswirkungen bei Missbrauchsnachweisen und begründet es als Nutzen der Marktgegenseite, auf die der Wettbewerb ausgerichtet sei.

Zielverschiebung – falls dies wirklich eine Zielverschiebung darstellt – mit den gesetzlichen Normen kompatibel wäre oder einer Normänderung bedürfte.[3] Der Umstand, dass unter Ökonomen unterschiedliche Auffassungen zu den ökonomischen Zielen bestehen, verringert dabei den Zugzwang der normgebenden Instanzen.

1.5.2. Regulierung

Für den Regulierungsbereich bedeutet der stärker ökonomisch fundierte Ansatz eine geringere konzeptionelle Änderung als in der Wettbewerbspolitik. Das Ziel des Verbrauchernutzens ist bereits integrierter Bestandteil, wenngleich nicht das alleinige Ziel, des EU-Rechtsrahmens und des TKG. Freilich wird bei Feststellung der Regulierungsbedürftigkeit weitgehend auf wettbewerbspolitische Methoden zurückgegriffen, die eigentlich zielkongruent angewendet werden müssten. Eine Wirkungsanalyse findet im Prinzip auch im Regulierungsbereich statt. Ofcom (2006) z. B. untersucht die Auswirkungen regulatorischer Eingriffe und vergleicht sie mit den erwarteten Marktergebnissen ohne Eingriff (wobei freilich die kontrafaktischen Auswirkungen wettbewerbspolitischer Eingriffe fehlen).

1.6. Gang der Studie

Im folgenden Kapitel 2 wird die Ausgangslage aus kartellrechtlicher und telekommunikationsrechtlicher Sicht analysiert. Dabei geht es zuvörderst um die – Kartellrecht und Regulierung verbindende – Essential-Facilities-Doktrin. Kapitel 3 analysiert darauf aufbauend die Auswirkungen des stärker ökonomisch fundierten Ansatzes auf Regulierungsziele, Regulierungsbedürftigkeit und Regulierungsinstrumente. Dem folgen zwei Anwendungen. Kapitel 4 zieht Schlussfolgerungen.

3 Immenga (2006) meint, dass eine Zielverschiebung den bestehenden gesetzlichen Normen widersprechen würde.

2. Ausgangslage aus kartellrechtlicher und telekommunikationsrechtlicher Sicht

2.1. Kartellrecht

2.1.1. Zugangssicherung durch die Essential-Facilities-Doktrin

Wesentlich für die Gewährleistung von Wettbewerb in netzgebundenen Sektoren ist die Sicherung des diskriminierungsfreien Zugangs zu wesentlichen Infrastruktureinrichtungen. Vor diesem Hintergrund ist im Kartellrecht das Instrument der allgemeinen Missbrauchsaufsicht ausgedeutet und weiterentwickelt worden. Die Debatte zur Zugangssicherung durch die kartellrechtliche Missbrauchskontrolle erfolgt dabei unter dem Stichwort der sog. Essential-Facilities-Doktrin.

Die Essential-Facilities-Doktrin wurde ursprünglich im US-amerikanischen Antitrust Law von der Rechtsprechung entwickelt. Als Geburtsstunde wird regelmäßig die *Terminal Railroad*-Entscheidung des US-Supreme Court aus dem Jahre 1912 genannt.[4] Ein nach dem Recht des Staates Missouri zulässiger Zusammenschluss von selbständigen Eisenbahngesellschaften kontrollierte die einzigen Eisenbahnübergänge (zwei Brücken und eine Fährschiffverbindung) über den Mississippi nach St. Louis. Dieser verweigerte Konkurrenten den Zugang zu diesen Einrichtungen. Das Gericht stellte eine Verletzung der Sec. 1 und 2 Sherman Act fest und verfügte, jeder zugangswilligen Eisenbahngesellschaft den Zugang zu diskriminierungsfreien und angemessenen Bedingungen zu gewähren. In der Praxis wurde die Essential-Facilities-Doktrin vor allem auf den Zugang zu Netzmonopolen der Energieversorgungs- und Telekommunikationsunternehmen, zu Eisenbahnen, Bahnhöfen, Flughäfen und großen Sportstadien angewandt (vgl. Möschel, 2007, § 19, Rn. 178 ff.).

Die Rechtsprechung des Court of Appeal stellte gem. Sec. 2 Sherman Act folgende Tatbestandsvoraussetzungen auf:[5]

- Monopolstellung des Unternehmens, das eine wesentliche Einrichtung kontrolliert,
- Errichtung einer eigenen Einrichtung (Duplizierung) ist in praktikabler und vernünftiger Weise nicht möglich,
- Weigerung des Monopolisten, die Mitbenutzung durch den Wettbewerber zu gestatten,
- Zumutbarkeit einer solchen Mitbenutzung.

4 Grundlegend United States v. Terminal Railroad Ass., 224, U. S. 383, 398 ff. (1912).

5 MCI Communications Corp. v. American Tel. & Tel., Co. 708 F. 2 d 1081, 1132 f. (7th Cir. 1982); cert. denied 464 U. S. 891 (1983); appeal after remand 748 F. 2 d 799 (7th Cir. 1984).

Im Folgenden sollen die Ausprägungen dieser Doktrin auf europäischer und nationaler Ebene nachgezeichnet werden.

2.1.2. Europäische Ebene

In das europäische Wettbewerbsrecht wurde die Essential-Facilities-Doktrin zuerst durch die sog. Hafenentscheidungen der EU-Kommission übernommen. Normativer Anknüpfungspunkt ist die Missbrauchsaufsicht gem. Art. 82 EG.

2.1.2.1. Art. 82 EG als Grundlage für die Missbrauchsaufsicht

Nach Art. 82 EG ist mit dem europäischen Binnenmarkt unvereinbar

> „die missbräuchliche Ausnutzung einer beherrschenden Stellung auf dem Gemeinsamen Markt oder auf einem wesentlichen Teil desselben durch ein oder mehrere Unternehmen, soweit dies dazu führen kann, den Handel zwischen Mitgliedstaaten zu beeinträchtigen."

Daraus ergibt sich grob folgende Normstruktur:

(1) Unternehmen

(2) Marktbeherrschende Stellung

- (a) **Abgrenzung des relevanten Marktes** in sachlicher, räumlicher und zeitlicher Hinsicht
- (b) **Marktbeherrschung**
- (c) **Gemeinsamer Markt oder wesentlicher Teil desselben**
- (d) **Durch ein oder mehrere Unternehmen:** Möglichkeit der kollektiven marktbeherrschenden Stellung

(3) Missbrauch

- Missbrauchsbegriff *„erfasst die Verhaltensweisen eines Unternehmens in beherrschender Stellung, die die Struktur eines Marktes beeinflussen können, auf dem der Wettbewerb gerade wegen der Anwesenheit des fraglichen Unternehmens bereits geschwächt ist, und die die Aufrechterhaltung des auf dem Markt noch bestehenden Wettbewerbs oder dessen Entwicklung durch die Verwendung von Mitteln behindern, welche von den Mitteln eines normalen Produkt- oder Dienstleistungswettbewerbs auf der Grundlage der Leistungen der Marktbürger abweichen."*
- Regelbeispiele in Art. 82 S. 2 lit. a) – d) EG: Ausbeutung, Leistungseinschränkung, Diskriminierung und Kopplung

(4) Zwischenstaatlichkeitsklausel

- Da eine beherrschende Stellung auf einem wesentlichen Teil des Gemeinsamen Marktes vorausgesetzt wird, liegt das grenzüberschreitende Element in der Regel vor.

Tabelle 1: Normstruktur des Art. 82 EG

Das grundsätzliche Ziel der Missbrauchskontrolle ist die Sicherstellung unverfälschten Wettbewerbs. Dieser Grundsatz kommt bereits in Art. 3 Abs. 1 g) EG zum Ausdruck. Danach umfasst die Gemeinschaft *„ein System, das den Wettbewerb innerhalb des Binnenmarkts vor Verfälschungen schützt"*. Soweit in der Anwendungspraxis des Art. 82 EG als Tatbestandsmerkmal auch gefordert wird, dass die wirtschaftliche Tätigkeit entweder der Deckung einer potenziellen spezifischen, ständigen und regelmäßigen Nachfrage dient, besteht neben dem Schutz des Wettbewerbs an sich auch der Schutz einer ausreichenden Versorgung der Verbraucher als Zielrichtung (vgl. de Bronett, 1999, § 22 Rn. 64). Während Kommission und EuGH hier in früheren Entscheidungen noch sehr kasuistisch vorgingen und den Missbrauchstatbestand nicht immer mit Gesichtspunkten des Verbraucherschutzes begründeten, legen neuere Entscheidungen hierauf deutlich mehr Wert. So hat der EuGH insbesondere in seinen neuesten Entscheidungen zu Intellectual Property Rights (IPR) deutlich gemacht, dass – um einen Missbrauch zu begründen – die Lizenzverweigerung geeignet sein muss, *„das Auftreten eines neuen Erzeugnisses zu verhindern, nach dem eine potenzielle Nachfrage der Verbraucher besteht"*.[6] Auch die Kommission sieht in ihrem Diskussionspapier zur zukünftigen Anwendung von Art. 82 EG-Vertrag die Auswirkungen auf den Verbrauchernutzen als zentrales Kriterium zur Beurteilung der potenziell missbräuchlichen Verhaltensweisen an.[7] So muss der Einrichtungsbetreiber nachweisen, dass sein Verhalten (z. B. eine Zugangsverweigerung) für die Endkunden vorteilhafter ist als der andernfalls entstehende Wettbewerb, um den Missbrauchsvorwurf zu entkräften (EU-Kommission, 2005, Rn. 224).

Insgesamt lässt die neuere Entwicklung der Anwendungspraxis zu Art. 82 EG deutliche Tendenzen weg von einer rein wettbewerbsbezogenen Auslegung und hin zu einer stärkeren Einbeziehung von Dritt-, insb. Verbraucherinteressen, erkennen.

2.1.2.2. Entscheidungspraxis der Kommission zur Essential-Facilities-Doktrin

In der Entscheidungspraxis der Kommission taucht der Begriff der Essential Facilities in den Leitentscheidungen *Sealink I und II*[8] sowie zum *Hafen von Rødby*[9] auf. *Sealink I* lag im Wesentlichen folgender Sachverhalt zugrunde: Die Reederei der Stena-Gruppe betrieb durch ihre britische Tochtergesellschaft Sealink den Hafen von Holyhead (Wales) und bot von diesem Hafen aus zugleich auch Fährverkehr nach Irland an. Stena Sealink wies der Konkurrentin und späteren Klägerin B&I Lines (die ebenfalls Fährfahrten nach Irland anbot) keine konkurrenzfähigen Abfahrtszeiten zu, sondern nutzte sämtliche attraktiven Zeiten selbst. Darüber hinaus wurde die Abfertigung der Schiffe der Klägerin u. a. durch vorbeifahrende Schiffe der Stena-Gruppe behindert. Der Hafen von Holyhead besaß für den relevanten Markt der Passagier- und Autofährdienste nach Irland eine signifikante verkehrspo-

6 EuGH, Slg. 2004, 310 – IMS Health GmbH & Co. OHG/NDC Health GmbH & Co. KG, Rn. 38.

7 So heißt es z. B. in Rn. 4 wörtlich: *"With regard to exclusionary abuses the objective of Article 82 is the protection of competition on the market as a means of enhancing consumer welfare and of ensuring an efficient allocation of resources"* (EU-Kommission, 2005, Rn. 4).

8 Bull. EG Nr. 6, 1992 = 5 C. M. L. R. (1992) 255 – B & I Line plc/Sealink Harbours Ltd. (Sealink I); Abl. EG Nr. L 15 v. 18.01.1994, 8 – Sea Containers/Stena Sealink (Sealink II).

9 Abl. EG Nr. L 55/52 v. 21.12.1993 – Hafen von Rødby.

litische Bedeutung, da keine ebenbürtigen Ausweichhäfen existierten. In der Entscheidung *Sealink II* begehrte eine andere Konkurrentin (die Fährgesellschaft Sea Containers) ebenfalls von der Stena Zugang zum Hafen von Holyhead. Stena Sealink hatte den Zugang zu den von Sea Containers geforderten Bedingungen verweigert und alle weiteren Verhandlungen abgelehnt, um die eigenen Fähraktivitäten vor Wettbewerb zu schützen. Die dritte Leitentscheidung betraf ebenfalls den Zugang zu einem Hafen, dem Hafen von Rødby in Dänemark. Diesen verwaltete die dänische Staatsbahn (DSB), die zugleich von dort aus Fährverbindungen nach Deutschland exklusiv anbot. Diese Fährverbindung war angesichts der gegebenen geographischen Situation einzigartig. Beide Zielhäfen verfügten über die kürzesten Überfahrtszeiten und die beste Anbindung an nationale Straßenverkehrsnetze.[10] Anlass für die Auseinandersetzung war hier, dass der zuständige dänische Verkehrsminister sich sowohl geweigert hatte, der Stena-Gruppe die Genehmigung für den Bau eines privaten Hafens in der Nähe des Hafens von Rødby zu erteilen, als auch den Hilfsantrag abgelehnt hatte, Fährdienste vom Hafen von Rødby aus anbieten zu können.[11]

Die Kommission stellte in ihren Entscheidungen fest, dass ein Unternehmen, das eine marktbeherrschende Stellung für die Bereitstellung einer wesentlichen Einrichtung innehat und diese Einrichtung selbst benutzt, gegen Art. 82 EG verstößt, wenn es anderen Gesellschaften den Zugang ohne objektiv gerechtfertigten Grund verweigert oder nur zu wesentlich ungünstigeren Bedingungen gewährt, als es sich selbst einräumt. In Tz. 66 der *Sealink II*-Entscheidung heißt es wörtlich:

> „Der Eigentümer einer wesentlichen Einrichtung, der seine Macht auf dem Markt dazu nutzt, seine Stellung auf einem anderen, zu diesem in Bezug stehenden Markt zu stärken, indem er insbesondere einem Wettbewerber den Zugang verweigert oder den Zugang unter weniger günstigen Bedingungen als für die eigenen Dienste gewährt und damit seinem Wettbewerber einen Wettbewerbsnachteil aufzwingt, verstößt gegen Art. 86 [heute Art. 82 EG, Anm. d. Verf.]".

Als wesentlich sah die Kommission hier diejenigen Einrichtungen und Infrastrukturen an, bei denen die Wettbewerber ihren Kunden keinerlei Dienste anbieten können, wenn sie keinen Zugang haben. Von besonderer Bedeutung war auch, dass die monopolistischen Hafenanbieter ebenfalls auf dem nachgelagerten Markt für Fährdienste auftraten und so durch die Ausnutzung der Bottleneck-Einrichtung Hafen den Wettbewerb auf dem verbundenen Fährmarkt beeinflussen konnten.[12] Eine Verweigerung sei zwar grundsätzlich aus objektiven Kriterien wie Kapazitätsgründen, Sicherheitserfordernissen oder wirtschaftlicher Unzuverlässigkeit des Zugangspetenten zu rechtfertigen, derartige Rechtfertigungsgründe hat die Kommission aber in keinem der Fälle anerkannt.

10 Abl. EG Nr. L 55/52 v. 21.12.1993 – Hafen von Rødby, Tz. 5.

11 Entscheidend war, dass der Wettbewerber aufgrund der geographischen Lage zwingend auf die Nutzung des Hafens angewiesen war, um selbst ähnlich attraktive Fährverbindungen anzubieten.

12 Abl. EG Nr. L 15 v. 18.01.1994, 8 – Sea Containers/Stena Sealink (Sealink II), Tz. 66; Abl. EG Nr. L 55/52 v. 21.12.1993 – Hafen von Rødby, Tz. 12.

2.1.2.3. Entscheidungspraxis des EuGH zur Essential-Facilities-Doktrin

Die Essential-Facilities-Doktrin ist vom EuGH niemals explizit in den einschlägigen Urteilen erwähnt worden. Dennoch hat er in verschiedenen Urteilen Grundlagen für den Zugang Dritter zu wesentlichen Einrichtungen geschaffen. Im Wesentlichen lassen sich drei Fallgruppen ausmachen, in denen der EuGH sachlich zu den Zugangsvoraussetzungen zu wesentlichen Einrichtungen Stellung nimmt. Es handelt sich konkret um Fallgestaltungen aus dem Bereich von Lieferverweigerungen, dem Pressebereich und dem Recht des geistigen Eigentums.

2.1.2.3.1. Entscheidungen zu Lieferverweigerungen

Mit dem Bereich der Lieferverweigerungen hatte sich der EuGH erstmals in der Entscheidung *Commercial Solvents*[13] auseinanderzusetzen. Die Commercial Solvents Corporation, die über eine marktbeherrschende Stellung in der Produktion und im Verkauf bestimmter Rohstoffe zur Medikamentenherstellung verfügte, verweigerte einem italienischen Hersteller die Lieferung dieser Rohstoffe, um das Medikament künftig selbst herzustellen. Der EuGH entschied, dass ein marktbeherrschender Hersteller von Rohstoffen, der in der Lage ist, die Versorgung nachgelagerter Produzenten zu kontrollieren, die Lieferung nicht verweigern darf, wenn das Risiko besteht, dass hierdurch Wettbewerb im nachgelagerten Verarbeitungsmarkt eliminiert wird.[14] Im ähnlich gelagerten Fall *United Brands*[15] entschied das Gericht, dass die Handelsgesellschaft United Brands ihre dominante Marktstellung dadurch missbraucht hatte, dass sie Lieferungen gegenüber einem Kunden einstellte, der sich entschieden hatte, einen konkurrierenden Bananenvertrieb zu eröffnen. Den drohenden Umsatzrückgang von United Brands im Bereich des Bananenvertriebs sah der EuGH nicht als ausreichenden Rechtfertigungsgrund dafür an, die Belieferung des früheren Kunden völlig einzustellen. Ein solches Vorgehen hätte nämlich die ohnehin bestehende Marktdominanz von United Brands noch intensiviert.

Ein Jahr später vertiefte der EuGH diese Ansätze in der sog. *Telemarketing*-Entscheidung.[16] Hier ging es darum, ob die luxemburgische CLT das Recht hatte, bestimmte Telemarketing-Dienste im Bereich der Fernsehwerbung für sich zu reservieren, wenn diese auch durch Dritte ausgeführt werden konnten. Der EuGH stellte fest, dass die CLT eine marktbeherrschende Stellung im Bereich der Fernsehwerbung auf dem Fernsehmarkt hatte.[17] Ein Missbrauch liege vor, weil das Unterneh-

13 EuGH, Slg. 1974, 223 – Instituto Chemioterapico Italiano S. p. A. und Commercial Solvents/Kommission.

14 EuGH, Slg. 1974, 223, 250 – Commercial Solvents.

15 EuGH, Slg. 1978, 207 – United Brands Company und United Brands Continental BV/Kommission.

16 EuGH, Slg. 1985, I-3261 – Telemarketing.

17 EuGH, Slg. 1985, I-3272-Telemarketing.

men ohne objektiven Grund untergeordnete Produkte eines benachbarten Marktes (wie die Telemarketing-Dienste) für sich reserviere, die auch durch andere Anbieter angeboten werden könnten, soweit hierdurch die Gefahr bestehe, dass der Wettbewerb im benachbarten Markt völlig eliminiert werde.[18] Zwar könnten objektive technische oder wirtschaftliche Gründe die Zugangsverweigerung rechtfertigen, eine derartige Rechtfertigung war nach Auffassung des Gerichts aber nicht erkennbar.

2.1.2.3.2. Entscheidungen aus dem Pressebereich (Verweigerung der Nutzung von Vertriebsstrukturen)

Im sog. *Bronner*-Urteil[19] konkretisierte der EuGH die Umstände, unter denen ein Zugangsanspruch zur Nutzung von Vertriebsstrukturen im Pressebereich besteht. Im Fall ging es um die Klage der österreichischen Oscar Bronner GmbH & Co. KG gegen die Mediaprint Zeitungs- und Zeitschriftenvertriebsgesellschaft mbH & Co. KG. Während die Mediaprint mit ihren Tageszeitungen einen Marktanteil von 46,8 % bei den Werbeeinnahmen und 42 % bei den Auflagen erreichte, beschränkte sich die Tageszeitung von Bronner („Der Standard") auf einen Marktanteil von 3,6 % bei der Auflage und 6 % bei den Werbeeinnahmen. Für den Vertrieb ihrer Zeitungen hatte die Mediaprint ein österreichweites Hauszustellungssystem mit besonders frühen Zustellungszeiten aufgebaut, zu dem Bronner Zugang gegen Zahlung einer angemessenen Nutzungsgebühr verlangte. Die Verweigerung durch Mediaprint betrachtete Bronner als Missbrauch einer marktbeherrschenden Stellung. Die Mediaprint betreibe das einzige landesweite rentable Zustellungssystem und mithin eine wesentliche Einrichtung, die für Bronner angesichts seiner geringen Abonnentenzahl nicht duplizierbar sei. Auch die Postzustellung stelle aufgrund ihrer späteren Zustellungszeiten keine wirkliche Alternative dar.

In einem Vorabentscheidungsverfahren legte das OLG Wien dem EuGH die Frage vor, ob die Weigerung der Mediaprint gegen Art. 82 EG verstoße. Ohne explizit auf die Essential-Facilities-Doktrin einzugehen, beurteilte der EuGH die Vorlagefrage nach den zu Art. 82 EG entwickelten Kriterien einer ungerechtfertigten Lieferverweigerung. Er entschied, dass es sich bei der Einrichtung, zu der ein Unternehmen Zugang begehrt, nicht zwingend um eine physische Einrichtung handeln müsse. Auch Dienstleistungen oder Koppelungen von physischen Komponenten und Dienstleistungen (wie das Zustellungssystem der Mediaprint) könnten eine wesentliche Einrichtung darstellen. Weiterhin stellte der EuGH folgende Kriterien auf, bei deren Vorliegen die Zugangsverweigerung den Missbrauch einer dominanten Marktstellung i. S. d. Art. 82 EG darstellen kann:

- Die Einrichtung muss durch einen marktbeherrschenden Anbieter kontrolliert werden.

18 EuGH, Slg. 1985, I-3273-Telemarketing.

19 EuGH, Slg.1998, I-7791 ff. – Oscar Bronner GmbH & Co. KG/Mediaprint Zeitungs- und Zeitschriftenvertriebsgesellschaft mbH & Co. KG u. a.

- Die Einrichtung ist *„für die Ausübung der Tätigkeit des Wettbewerbers in dem Sinne unentbehrlich [...], dass kein tatsächlicher oder potenzieller Ersatz“*[20] für sie besteht. Als tatsächlichen Ersatz sah der EuGH im Bronner-Fall indes die Möglichkeit an, auf alternative Vertriebswege wie die Postzustellung oder den Laden- bzw. Kioskverkauf zurückzugreifen. Dies gelte selbst dann, wenn diese im Einzelfall ungünstiger wären.[21] Insofern ist nach Auffassung des EuGH keine vollständige Gleichwertigkeit der Alternativen erforderlich.[22] Für den Ausschluss des Zugangsanspruchs reicht die Möglichkeit aus, dass der Konkurrent irgendwie auf dem nachgelagerten Markt tätig werden kann. Für die Frage der Duplizierbarkeit der Einrichtung stellt der EuGH allein auf objektive Kriterien ab. Es komme nicht auf die tatsächlichen finanziellen Möglichkeiten des nachfragenden Konkurrenten an, sondern allein auf die objektive Durchführbarkeit und Rentabilität der Erstellung einer potenziellen Alternative.
- Die Verweigerung muss dazu geeignet sein, jeglichen Wettbewerb des nachfragenden Unternehmens auf dem nachgelagerten Markt auszuschalten.[23]
- Die Verweigerung darf nicht objektiv gerechtfertigt sein.
- Insgesamt ist die Bronner-Entscheidung im Schrifttum als starke Einschränkung des Zugangsanspruchs aus der Essential-Facilities-Doktrin aufgefasst worden[24]. Insbesondere die Anforderungen an die Unzumutbarkeit der Erschließung und Nutzung von potenziellen Alternativen zu der nachgefragten Infrastruktur beschränken die Möglichkeiten eines Zugangsanspruchs. Der aus Art. 82 EG ableitbare Zugangsanspruch besteht nach den Ausführungen des EuGH lediglich in wenigen Ausnahmefällen. Zudem leitet ein Großteil des Schrifttums aus dem Urteil ab, dass eine Verallgemeinerung der Grundsätze der Essential-Facilities-Doktrin und damit eine Erstreckung auf andere sektorspezifische Rechtsbereiche (wie etwa Energieversorgung und Telekommunikation) vom EuGH als unzulässig erachtet wird.[25]

20 EuGH, Slg.1998, I-7791 ff. – Oscar Bronner GmbH & Co. KG/Mediaprint Zeitungs- und Zeitschriftenvertriebsgesellschaft mbH & Co. KG u. a., Rn. 41.

21 EuGH, Slg.1998, I-7791 ff. – Oscar Bronner GmbH & Co. KG/Mediaprint Zeitungs- und Zeitschriftenvertriebsgesellschaft mbH & Co. KG u. a., Rn. 43.

22 Eine Entscheidung zugunsten von Bronner hätte dem Impair-Standard entsprochen, wie ihn die FCC ursprünglich angewendet hatte und wie er auch vom US-Gericht abgelehnt wurde. Vgl. hierzu im Einzelnen unter 3.2.2.

23 Dies entspräche dem strikten Necessary-Standard.

24 Vgl. nur Scherer, 1999, 315 ff.; Enaux, 2004, 177; Beckmerhagen, 2002, 269; Fleischer und Weyer, 1999, 350 (362)

25 Fleischer und Weyer, 1999, 350 (354); Schwarze, 1999, 11, 20 f.; Enaux, 2004, 178.

2.1.2.3.3. Entscheidungen zu Intellectual Property Rights (Verweigerung einer Lizenzerteilung)

(1) Volvo

Der erste Fall, in dem sich der EuGH mit der Zwangslizenzierung von Immaterialgüterrechten beschäftigte, basierte auf folgendem Sachverhalt: Der Automobilhersteller Volvo besaß das Designrecht für die Vorderkotflügel der Volvo-Serie 200. Die Firma Veng importierte identische Vorderkotflügel, die ohne Genehmigung von Volvo hergestellt wurden, zum Verkauf aus Italien nach Großbritannien. Der High Court of Justice in London legte dem EuGH die Frage zur Vorabentscheidung vor, ob die Weigerung von Volvo, der Firma Veng eine Lizenz am Designrecht zwecks Herstellung und Import der Karosserieteile einzuräumen, einen Missbrauch einer marktbeherrschenden Stellung darstelle. Der EuGH führte in seinem Urteil aus, dass eine dem Inhaber eines Immaterialgüterrechts

> „[...] auferlegte Verpflichtung, Dritten eine Lizenz zu erteilen, diesem Inhaber selbst dann, wenn dies gegen eine angemessene Vergütung erfolgen würde, die Substanz seines ausschließlichen Rechts nehmen würde und dass die Weigerung, eine solche Lizenz zu erteilen, als solche keinen Missbrauch einer beherrschenden Stellung darstellen kann“.[26]

Der EuGH wies aber sogleich darauf hin, dass eine Lizenzverweigerung gem. Art. 82 EG verboten sein kann, *„wenn sie bei einem Unternehmen, das eine beherrschende Stellung einnimmt, zu bestimmten missbräuchlichen Verhaltensweisen führt [...]"*. Im vorgelegten Fall konnte der EuGH allerdings keine solchen missbräuchlichen Verhaltensweisen erkennen.

Die Rechtssache Volvo machte klar, dass eine Lizenzverweigerung grundsätzlich kein wettbewerbswidriges Verhalten darstellt, sondern zum normalen Leistungswettbewerb gehört. Dieser Grundsatz gilt aber nicht uneingeschränkt: Unter spezifischen Umständen, die der EuGH erst im Urteil *Magill* präzisierte, sind marktbeherrschende Unternehmen zur Lizenzerteilung an Konkurrenten verpflichtet.

(2) Magill

Die Firma Magill[27] wollte in Irland und in Nordirland eine umfassende Fernsehwochenzeitschrift herausgeben, in der alle relevanten Fernsehprogramme abgedruckt sein sollten. Zwei britische (BBC und ITV) sowie ein irischer (RTE) Fernsehsender weigerten sich, ihr die notwendigen Informationen über Sendekanal, Tag, Uhrzeit und Titel der Sendungen herauszugeben. Die betreffenden Informationen genossen nach britischem und irischem Recht Immaterialgüterrechtsschutz. Eine wöchentliche Fernsehzeitschrift, wie die von der Firma Magill geplante, existierte zum Urteilszeitpunkt in Irland und Nordirland nicht. Die drei fraglichen Fernsehsender veröffentlichten Programmvorschauen nur für ihre eigenen Sendungen und nur für den

26 EuGH, Slg. 1988, 621, Rn. 8 – AB Volvo/Erik Veng (UK) Ltd.

27 EuGH, Slg. 1995, I-743 – Radio Telefis Eireann (RTE) und Independent Television Publications Ltd (ITP)/Kommission (i. F. Magill).

jeweiligen Folgetag.[28] In seinem Urteil kam der EuGH zum Schluss, dass die Weigerung der drei Fernsehanstalten, die Firma Magill mit den immaterialgüterrechtlich geschützten Programminformationen zu beliefern, gegen Art. 82 EG verstieß: Er führte in Bezug auf die beherrschende Stellung der drei Fernsehanstalten aus, dass die *„Grundinformationen über den Sendekanal, den Tag, die Uhrzeit und den Titel der Sendungen [...] die notwendige Folge der Programmplanung der Fernsehanstalten"* sind.[29] Deshalb verfügten die drei Fernsehanstalten *„zwangsläufig [...] über ein faktisches Monopol an den Informationen"*, womit die beherrschende Stellung auf dem Markt der Programmvorschauen gegeben war. Im Unterschied zur Rechtssache *Volvo* bejahte der EuGH hier das Vorliegen *„außergewöhnlicher Umstände"* und sah deshalb einen Verstoß gegen Art. 82 EG als gegeben an. Er begründete das Vorliegen von außergewöhnlichen Umständen wie folgt:

- Grundinformationen über die Programmplanung sind das „unentbehrliche Ausgangsmaterial für die Herstellung eines wöchentlichen Fernsehprogrammführers".[30]
- Die Nichtlizenzierung betraf ein „neues Erzeugnis [...], nach dem eine potenzielle Nachfrage der Verbraucher bestand".[31]
- Die Nichtlizenzierung konnte im Fall auch nicht durch objektive Rechtfertigungsgründe legitimiert werden.[32]
- Schließlich führte das Verhalten der Fernsehanstalten dazu, dass sich diese den von den Programmvorschauen abgeleiteten Markt der Fernsehwochenzeitschriften vorbehielten, indem sie durch ihre Lizenzverweigerung jeden Wettbewerb auf diesem Markt verhindern.

„Unter Berücksichtigung aller dieser Umstände"[33] sah der EuGH im Fall Magill den Missbrauch einer marktbeherrschenden Stellung im Sinne von Art. 82 EG als gegeben an. Das Urteil wurde im Schrifttum sehr kontrovers aufgenommen. Heftig diskutiert wurde namentlich die Frage nach dem Verhältnis der verschiedenen, vorstehend erwähnten Voraussetzungen einer Zwangslizenzierung (alternativ oder kumulativ?). Diese blieb bis zum Urteil des EuGH in der Rechtssache *IMS Health* im Jahre 2004 ungeklärt.

28 EuGH (Fn. 27), Rn. 6 bis 10.
29 EuGH (Fn. 27), Rn. 47.
30 EuGH (Fn. 27), Rn. 53.
31 EuGH (Fn. 27), Rn. 54.
32 EuGH (Fn. 27), Rn. 55. Bis zur Entscheidung *Microsoft* blieb offen, welche Argumente in Zwangslizenzierungsfällen überhaupt als objektive Rechtfertigungsgründe geltend gemacht werden können. Bei physischen Gütern lässt sich eine Geschäftsverweigerung namentlich durch Kapazitätsgrenzen rechtfertigen. Diese Rechtfertigung fällt bei einer Zwangslizenzierung von Immaterialgüterrechten aus, da ein Immaterialgüterrecht in beliebiger Anzahl und mit geringem Aufwand vervielfältigt werden kann.
33 EuGH (Fn. 27), Rn. 54.

(3) IMS Health

IMS Health[34] erstellte für Pharmaunternehmen Marktberichte über den regionalen Absatz von Arzneimitteln und Gesundheitserzeugnissen. Die Marktberichte beruhten auf einer immaterialgüterrechtlich geschützten „Bausteinstruktur", die Deutschland in verschiedene an die Postleitzahlengebiete angelehnte Zonen unterteilte. Die Bausteinstruktur hatte IMS Health gemeinsam mit ihren Kunden nach deren Bedürfnissen geschaffen. Sie entwickelte sich zu einem De-facto-Standard, an den die Kunden von IMS Health ihre EDV- und Vertriebsstrukturen anpassten.

Andere Anbieter von Marktberichten, die auf einer anderen Bausteinstruktur basieren, konnten aus diesem Grund faktisch keine Abnehmer finden. Die Firma NDC, welche ebenfalls Marktberichte im Medizinalbereich anbieten wollte, ersuchte IMS Health deshalb um eine Lizenz an der Bausteinstruktur, was IMS Health ablehnte. Der EuGH bejahte eine Pflicht der Firma IMS Health zur Lizenzerteilung unter folgenden kumulativen Voraussetzungen:

- Die Bausteinstruktur muss für die Marktberichte der Firma NDC *„unentbehrlich"* sein.[35]
- Die Lizenzverweigerung muss *„das Auftreten eines neuen Erzeugnisses verhindern, nach dem eine potenzielle Nachfrage der Verbraucher besteht,*
- *sie darf nicht objektiv gerechtfertigt sein, und*
- *sie muss geeignet sein, jeden Wettbewerb auf einem abgeleiteten Markt auszuschließen".*[36]

Durch die explizite Erwähnung der Kumulativität der Voraussetzungen hat der EuGH den Streit zur Auslegung des Urteils *Magill* entschieden.

(4) Microsoft

Das im Jahr 2000 eröffnete Missbrauchsverfahren der Kommission gegen Microsoft wegen vermuteter Ausweitung der dominanten Stellung bei PC-Betriebssystemen war durch eine zwei Jahre zuvor eingelegte Beschwerde des US-Unternehmens Sun Microsystems ins Rollen gekommen. Im anschließenden Verfahren vor dem EuG erster Instanz wurde nunmehr am 17.09.2007 das Urteil verkündet.[37] Der EuG verurteilte Microsoft dazu, solche Teile des Betriebssystems Windows offenzulegen, die notwendig sind, damit Anwendungen anderer Hersteller auf Rechnern mit dem Windows-Betriebssystem funktionieren.

In der Urteilsbegründung legt das Gericht die in IMS Health und den vorangegangenen Entscheidungen entwickelten oben aufgelisteten Grundsätze der Essential-Facilities-Doktrin an.[38] Microsoft habe bei PC-Betriebssystemen mit einem Markt-

34 EuGH, Slg. 2004, 310 – IMS Health GmbH & Co. OHG/NDC Health GmbH & Co. KG.

35 EuGH (Fn. 34), Rn. 28 und 30.

36 EuGH (Fn. 34), Rn. 38.

37 EuG, T-201/04, Urteil v. 17.09.2007 – Microsoft.

38 So ausdrücklich EuG (Fn. 37), Rn. 329. In Rn. 107 ff. wird zudem in die Probleme und Grundsätze der Essential-Facilities-Doktrin eingeführt und die bekannte Rspr. des EuGH zitiert (*Bronner, IMS Health, Magill* etc.).

anteil von über 90 Prozent eine Stellung als Quasi-Monopolist.[39] Microsoft versuche nun, auf dem benachbarten Markt für größere Unternehmensrechner Fuß zu fassen, indem es seine Marktmacht im Ausgangsmarkt missbräuchlich ausnutze. Ferner sei Microsoft gegenüber Konkurrenten bei der Lizenzvergabe diskriminierend vorgegangen und habe grundsätzliche Informationen über das Windows-Betriebssystem ungerechtfertigt verweigert.

(5) Zusammenfassung

In den aufgeführten Entscheidungen zur Verweigerung von Lizenzerteilungen präzisiert der EuGH die Voraussetzungen zum Zugang zu einer wesentlichen Einrichtung. Seine Argumentation zeigt dabei stets das Spannungsfeld auf, in dem sich die wirtschaftlichen Probleme bei infrastrukturellen Zugangsfragen (insb. bei Intellectual Property Rights) bewegen: Zum einen haben Ausschlussrechte prima facie zwar eine wettbewerbsbeschränkende Wirkung, da der Rechtsinhaber ein rechtliches Monopol erwirbt. Diese Beschränkung wirkt sich aber unter Umständen wiederum positiv auf den Wettbewerb aus, da erst der Schutz einen Anreiz zu Innovationen schafft. Zum anderen ist die mit einem Immaterialgüterrecht verbundene Monopolstellung nicht notwendigerweise auch ein wirtschaftliches Monopol i. S. d. Kartellrechts. Denn das Kartellrecht beschränkt Missbräuche auf Ausschlussrechte. Daher können nur bestimmte Arten der Ausübung von Immaterialgüterrechten (z. B. wettbewerbsbeschränkende Lizenzklauseln) als Missbrauch einer marktbeherrschenden Stellung anzusehen sein.[40]

39 EuG (Fn. 37), Rn. 387.
40 Vgl. dazu EuGH, Magill (Fn. 27); EuGH, IMS Health (Fn. 34).

2.1.2.3.4. Vergleich der vom EuGH beurteilten Fallgruppen

<table>
<tr><th></th><th>Lieferverweigerungen</th><th>Pressebereich</th><th>IPR</th></tr>
<tr><td>Voraus-setzungen
❶</td><td colspan="3">Wesentliche Einrichtung. Diese muss nicht zwingend physische Einrichtung sein; auch Dienstleistungen oder Koppelungen können Essential Facilities darstellen.</td></tr>
<tr><td>❷</td><td>--</td><td colspan="2">Einrichtung ist für die Ausübung der Tätigkeit des Wettbewerbers unentbehrlich, weil kein tatsächlicher oder potenzieller Ersatz für sie besteht (allein objektive Kriterien maßgeblich).</td></tr>
<tr><td>❸</td><td colspan="2">Die Einrichtung muss durch einen marktbeherrschenden Anbieter kontrolliert werden.</td><td>--</td></tr>
<tr><td>❹</td><td colspan="3">Gefahr, dass Wettbewerb im vor- oder nachgelagerten Markt eliminiert wird.</td></tr>
<tr><td>❺</td><td>--</td><td>--</td><td>Lizenzverweigerung muss das Auftreten eines neuen Erzeugnisses verhindern, nach dem eine potenzielle Nachfrage der Verbraucher besteht.</td></tr>
<tr><td>❻</td><td colspan="3">Kein objektiver (technischer oder wirtschaftlicher) Rechtfertigungsgrund.</td></tr>
</table>

Tabelle 2: Gegenüberstellung der vom EuGH aufgestellten Voraussetzungen

Grundsätzlich sind keine großen Unterschiede zwischen den Fallgruppen erkennbar. Den divergierenden Formulierungen und wenigen Abweichungen in den Voraussetzungen liegen auf der einen Seite die Besonderheiten des jeweiligen Wirtschafts- und Rechtsbereichs zugrunde. Auf der anderen Seite sind sie auch als eine ständige Fortentwicklung und Präzisierung der Dogmatik durch den EuGH zu verstehen.

2.1.2.4. Veränderungen durch den More Economic Approach

Im Rahmen der Verwirklichung des More Economic Approach in der europäischen Wettbewerbspolitik hat die Europäische Kommission im Dezember 2005 umfangreiche Vorschläge zur Neugestaltung der Missbrauchsaufsicht zur Diskussion gestellt (EU-Kommission, 2005). Auch im Bereich der Zugangsverweigerung zu Essential Facilities nimmt die Kommission Stellung zur Auslegung des Art. 82 EG. Zwar orientiert sich das Papier hier an der bisherigen Entscheidungspraxis, doch werden die Ansichten der Kommission in drei Fallgruppen (Beendigung eines bestehenden Zugangsvertrags, Zugangsverweigerung von Beginn an, Verweigerung des Zugangs zu Informationen, die für die Interoperabilität notwendig sind) anschaulich konkretisiert (EU-Kommission, 2005, Rn. 215 ff.).

2.1.2.4.1. Beendigung eines bestehenden Zugangsvertrags

Unter vier Voraussetzungen ordnet die Kommission die Beendigung eines bestehenden Vertragsverhältnisses als missbräuchlich i. S. d. Art. 82 EG ein:

- Das Verhalten ist klar als Vertragsbeendigung charakterisierbar: Dies sei auch bei Verzögerungstaktiken, unfairen Zugangsbedingungen und -entgelten sowie Margin und Price Squeeze der Fall (EU-Kommission, 2005, Rn. 220).
- Das verweigernde Unternehmen hat eine marktbeherrschende Stellung: *„A termination of a supply relationship can only raise competition problems if the undertaking refusing to supply has a dominant position on a defined market. This will often be an upstream input market, but it may also be a distinct market where access is needed to link this market with another market, for example to interface information"* (EU-Kommission, 2005, Rn. 221).
- Durch die Verweigerung besteht die Gefahr negativer Effekte für den Wettbewerb: Der Grad, zu dem der Wettbewerb im abgeleiteten Markt beeinträchtigt werden muss, hängt von der Marktsituation ab: Sind dort bspw. mehrere Unternehmen tätig und der Essential-Facility-Betreiber selbst nicht, nimmt die Kommission an, dass die kompetitiven Auswirkungen der Vertragsbeendigung eher gering sind und daher i.d.R. nicht ausreichen, um einen Zugangsanspruch zu begründen. Wenn der Betreiber demgegenüber selbst mit wenigen Wettbewerbern im nachgelagerten Markt tätig ist, nimmt die Kommission regelmäßig negative Effekte i. S. d. Voraussetzung an (EU-Kommission, 2005, Rn. 222).
- Die Verweigerung ist nicht objektiv oder durch Effizienzgründe gerechtfertigt: Soweit sich der Essential-Facility-Betreiber darauf beruft, dass er die Endkunden effizienter versorgen kann als das gekündigte Unternehmen, trägt er die Beweislast für die vorteilhaften Auswirkungen auf die Situation der Kunden (EU-Kommission, 2005, Rn. 224).

2.1.2.4.2. Zugangsverweigerung von Beginn an

Zur Frage, wann die Weigerung eines Essential-Facility-Betreibers, einem Konkurrenten überhaupt Zugang zu gewähren, missbräuchlich ist, zählt die Kommission fünf Voraussetzungen auf:

- Das Verhalten ist klar als Zugangsverweigerung charakterisierbar.
- Das verweigernde Unternehmen hat eine marktbeherrschende Stellung.
- Der Zugang ist unentbehrlich für Wettbewerber, um auf einem vor- oder nachgelagerten Markt aktiv sein zu können.
- Durch die Verweigerung besteht die Gefahr negativer Effekte für den Wettbewerb.
- Die Verweigerung ist nicht objektiv gerechtfertigt.
- Nur für Lizenzverweigerungen: Die Entwicklung eines Marktes, für den die Lizenz unentbehrliche Voraussetzung ist, wird zum Nachteil der Verbraucher behindert.

Unterschiede im Vergleich zur Beendigung des Zugangsverhältnisses ergeben sich hier nur an wenigen Stellen: Zum einen muss der Zugang unentbehrlich sein. Dies ist der Fall, wenn ohne den gewünschten Zugang keine Möglichkeit besteht, das Produkt oder die Dienstleistung im nachgelagerten Markt anzubieten. Wenn also tatsächliche oder potenzielle Alternativen bestehen, ist der Zugang nicht unentbehrlich. Dies gilt auch, wenn es anderen durchschnittlichen Unternehmen möglich wäre, die Einrichtung zu duplizieren (EU-Kommission, 2005, Rn. 228). Beachtlich ist zum anderen, dass die Kommission im Rahmen möglicher Rechtfertigungsgründe für eine Zugangsverweigerung hier ausdrücklich das hohe Risiko der Einrichtungsbetreiber bei innovativen Investitionen betont. Hier sollte nach ihrer Auffassung das dominante Unternehmen in Bezug auf die Erzielung angemessener Renditen aus der Investition nicht über Gebühr eingeschränkt werden (EU-Kommission, 2005, Rn. 235). Um dies zu gewährleisten, könne es angebracht sein, dem Betreiberunternehmen zu erlauben, seine Konkurrenten für gewisse Zeiträume von der Mitbenutzung der innovativen Einrichtung auszuschließen, um ein angemessenes Return-on-Investment zu erzielen (sog. regulatory holidays).[41]

41 EU-Kommission, 2005, Rn. 235. Dort heißt es wörtlich: *"In the assessment of a refusal to supply it must also be kept in mind that the indispensable input, be it a raw material, an essential facility or an intellectual property right, often is the result of substantial investments entailing significant risks. In order to maintain incentives to invest and innovate, the dominant firm must not be unduly restricted in the exploitation of valuable results of the investment. For these reasons the dominant firm should normally be free to seek compensation for successful projects that is sufficient to maintain investment incentives, taking the risk of failed projects into account. To achieve such compensation, it may be necessary for the dominant firm to exclude others from access to the input for a certain period of time. The risks facing the parties and the sunk investment that must be committed may thus mean that a dominant firm should be allowed to exclude others for a certain period of time in order to ensure an adequate return on such investment, even when this entails eliminating effective competition during this period."*

Schließlich nimmt die Kommission im Bereich der Weigerung, IPR-Lizenzen zu erteilen, eine Einschränkung vor (EU-Kommission, 2005, Rn. 238 ff.). Denn der rechtliche Zweck von exklusiven IPRs bestehe gerade darin, Dritte von der unbefugten Nutzung dieser Rechte auszuschließen. Diese Schutzwirkung werde nach Ansicht der Kommission erodiert, wenn der Inhaber gezwungen werde, Lizenzen zu gewähren, sobald er im betreffenden Markt dominant werde (EU-Kommission, 2005, Rn. 238). Aus diesen Gründen könne die Lizenzverweigerung nur unter *„außergewöhnlichen Umständen"*[42] als Missbrauch gewertet werden. Solche lägen etwa vor, wenn (neben den beschriebenen Voraussetzungen) die Entwicklung eines Marktes, für den die Lizenz unentbehrliche Voraussetzung ist, durch die Lizenzverweigerung zum Nachteil der Verbraucher behindert werde. Dies könne freilich nur dann der Fall sein, wenn sich das nachfragende Unternehmen nicht darauf beschränke, Imitationen und bereits im nachgelagerten Markt bestehende Produkte anzubieten. Vielmehr müsse der Zugangspetent beabsichtigen, neue Güter oder Dienste anzubieten, für die eine potenzielle Verbrauchernachfrage bestehe.

2.1.2.4.3. Zugangsverweigerung zu Informationen, die für die Interoperabilität notwendig sind

Ein Sonderfall liegt nach Auffassung der Kommission vor, wenn ein Unternehmen den Informationszugang derart verweigert, dass es seine Dominanz von einem Markt auf einen anderen ausweiten kann. Dies sei insbesondere der Fall bei Informationen, die für die Interoperabilität zwischen verschiedenen Märkten notwendig sind. Obwohl es selbst für marktdominante Unternehmen keine generelle Pflicht gebe, Interoperabilität sicherzustellen, könne der Transfer von Marktmacht durch Vorenthaltung von Informationen einen Missbrauch i. S. d. Art. 82 EG darstellen (EU-Kommission, 2005, Rn. 241 f.).

2.1.2.4.4. Zugangsverweigerung im Bereich der elektronischen Kommunikation

Für Essential Facilities im Bereich der elektronischen Kommunikation erstrebt die Kommission keine Neuerungen, sondern verweist auf ihre Mitteilung von 1998:

> "As far as specific issues of access to networks in the electronic communications sector are concerned, the principles laid down in the relevant notice on the application of the competition rules should be applied" (EU-Kommission, 2005, Rn. 216).

42 EU-Kommission, 2005, Rn. 238. Dies ist genau der Grund, weshalb in den USA der Necessary-Standard auf Proprietary Network Elements angewendet wird.

2.1.2.5. Leitlinien zur Anwendung der Wettbewerbsregeln im Telekommunikationsbereich

In der „Mitteilung über die Anwendung der Wettbewerbsregeln auf Zugangsvereinbarungen im Telekommunikationsbereich“[43] hat die Kommission bereits am 22.08.1998 Inhalt, Reichweite und Grenzen ihrer Entscheidungspraxis zur Essential-Facilities-Doktrin konkretisiert. Eine Mitteilung hat keinen rechtsverbindlichen Charakter.[44] Gleichwohl ist sie von großer praktischer Bedeutung, weil sie die Rechtsauffassung der Kommission zur Auslegung des Art. 82 EG im Hinblick auf den Telekommunikationsbereich näher darlegt.

2.1.2.5.1. Voraussetzungen des Zugangs zu Essential Facilities

Unter folgenden Voraussetzungen gewährt die Kommission dem Petenten einen Zugangsanspruch gegen den Einrichtungsbetreiber zu seiner Essential Facility:

(1) Wesentlichkeit der Einrichtung

Der Zugang muss für die wirtschaftliche Betätigung des Konkurrenten im betreffenden Markt wesentlich sein. Als Essential Facility definiert die Kommission eine

> „Einrichtung oder Infrastruktur (...) die wesentlich ist, um Kunden zu erreichen und/oder Wettbewerbern die Durchführung ihrer Geschäftstätigkeit zu ermöglichen, und die mit angemessenen Mitteln nicht neu geschaffen werden kann.“[45]

Dabei kommt es darauf an, dass die Einrichtung zur Teilnahme am Wettbewerb von einer Vielzahl von Wettbewerbern benötigt und diese *„für einen durchschnittlichen Bewerber“*[46] auch nicht duplizierbar ist. Durch das Abstellen auf den durchschnittlichen Konkurrenten bringt die Kommission damit subjektive Elemente ins Spiel.[47] Hierdurch wird der Anwendungsbereich der Doktrin im Vergleich zu einer rein objektiven Vergleichsbetrachtung ausgeweitet (so auch Ibsch, 2007, 150, Fn. 525).

(2) Ausreichende Kapazität

Es muss eine ausreichende Kapazität zur Bereitstellung der Einrichtung vorhanden sein. Eine Verpflichtung zur Schaffung neuer Kapazitäten besteht grundsätzlich nicht.

(3) Zugangsverweigerung

43 Abl. EG Nr. C 265 v. 22.08.1998.
44 Vgl. Art. 249 EGV.
45 Abl. EG Nr. C 265 v. 22.08.1998, Tz. 68.
46 Vgl. nur Entscheidung der KOM, Abl. EG Nr. L 317/47 v. 04.11.1988, Tz. 14 – London European/SABENA; Abl. EG Nr. L. 96/34 v. 26.02.1992, Tz. 26 – British Midland/Aer Lingus.
47 Abl. EG Nr. C 265 v. 22.08.1998, Tz. 91, Fn. 67.

Das Verhalten des Betreibers muss als Zugangsverweigerung zu bewerten sein. Hierzu zählen:

- Diskriminierung
  Als Diskriminierung bezeichnet die Kommission diejenigen Fälle der Zugangsverweigerung, wenn sowohl der Nachfrager als auch der Anbieter des Zugangs selbst auf dem entsprechenden nachgelagerten Dienstleistungsmarkt tätig sind. Diese Form der Verweigerung ist auch dann erfüllt, wenn der Betreiber einem Konkurrenten des Zugangspetenten den Zugang ermöglicht, dem Petenten selbst hingegen nicht. Eine Verweigerung ist jedoch nur dann relevant, wenn dadurch der Wettbewerb auf dem nachgelagerten Markt (oder einem eng benachbarten Markt[48]) eingeschränkt wird.[49]
- Verweigerung ohne Tätigkeit auf dem nachgeordneten Markt
  Verweigert der Essential-Facility-Betreiber den Zugang, ohne selbst auf dem nachgelagerten Dienstleistungsmarkt tätig zu sein und vermittelt er auch nicht anderen dort tätigen Unternehmen den Zugang hierzu, sieht die Kommission hierin ebenfalls einen Verstoß gegen Art. 82 Abs. 2 b) EG. Grund hierfür ist, dass die Verweigerung die Entwicklung neuer Märkte oder Produkte einschränkt und daher die Entfaltung innovativer Dienste auf bestehenden Märkten verhindert.[50]
- Entzug des Zugangs
  Die ungerechtfertigte Entziehung des Zugangs in bereits bestehenden Vertragsverhältnissen fällt nach der Kommission ebenfalls in die Kategorie der Zugangsverweigerung.[51]
- Manipulationen bei der Zugangsgewährung
  Ähnliche Auswirkungen wie eine Totalverweigerung („ob" des Zugangs) können auch Manipulationen bei der Zugangsgewährung („wie" des Zugangs) haben, durch die sich das dominante Unternehmen einen Wettbewerbsvorteil verschaffen will. Probleme sieht die Kommission insbesondere beim Zeitpunkt der Zugangsgewährung, bei der konkreten technischen Konfiguration und beim Zugangspreis.[52] Neben dem abstrakten Zugangsanspruch hat der Petent daher auch einen Anspruch auf Zugang zu nicht-

48 So erwähnt die Kommission explizit, dass die Berechnung unterschiedlicher Zusammenschaltungsentgelte gegenüber Mobilfunk- und Festnetzbetreibern das Zusammenwachsen beider Märkte verhindern würde und daher eine unerlaubte Diskriminierung darstellt. Vgl. Abl. EG Nr. C 265 v. 22.08.1998, Tz. 121.

49 Abl. EG Nr. C 265 v. 22.08.1998, Tz. 85.

50 Abl. EG Nr. C 265 v. 22.08.1998, Tz. 88.

51 Abl. EG Nr. C 265 v. 22.08.1998, Tz. 99. Hierzu verweist sie auf die gefestigte Rechtsprechung des EuGH; insbesondere erwähnt sie die Entscheidung *Commercial Solvents*, in der der EuGH feststellte, dass Commercial Solvents seine marktbeherrschende Stellung auf dem Markt für Rohstoffe dadurch ausgenutzt hatte, dass *„es sich in der Absicht, sich den Rohstoff für die Herstellung seiner eigenen Derivate vorzubehalten, auch auf die Gefahr hin, jeglichen Wettbewerb durch einen Kunden auszuschalten, der seinerseits Hersteller dieser Derivate ist, weigert, diesen Kunden zu beliefern"* (EuGH, Slg. 1974, 223 – Commercial Solvents).

52 Abl. EG Nr. C 265 v. 22.08.1998, Tz. 94.

diskriminierenden Modalitäten in zeitlicher, technischer und preislicher Hinsicht.

(4) Auswirkungen der Zugangsverweigerung
Der Betreiber der Essential Facility
- verhindert durch die Verweigerung die Entstehung eines potenziellen neuen Dienstes oder Produkts,
- beeinträchtigt den Wettbewerb auf dem bestehenden oder potenziellen Dienste- oder Produktmarkt,
- oder befriedigt die Nachfrage nach einem Produkt oder Dienst nicht vollständig.

(5) Entgelt und Zugangsbedingungen
Der Zugangspetent ist zur Zahlung eines angemessenen und nicht diskriminierenden Entgelts bereit und akzeptiert auch sonstige nicht diskriminierende Zugangsbedingungen.

(6) Die Zugangsverweigerung darf nicht sachlich gerechtfertigt sein
Hierzu die Kommission:

> „Relevante Rechtfertigungsgründe können in diesem Zusammenhang unter anderem übermäßige Schwierigkeiten bei der Gewährung des Zugangs zugunsten des beantragenden Unternehmens oder der Umstand sein, dass der Eigentümer, der Investitionen zur Einführung eines neuen Produkts oder Dienstes getätigt hat, hinreichend Zeit und Gelegenheit zur Nutzung dieser Einrichtung benötigt, um das neue Produkt oder den neuen Dienst auf den Markt zu bringen."

(1) Kontrolle einer wesentlichen Einrichtung Einrichtung zur Teilnahme am Wettbewerb von einer Vielzahl von Wettbewerbern benötigt und *„für einen durchschnittlichen Bewerber"* nicht duplizierbar = subjektive Sichtweise.
(2) Ausreichende Kapazität
(3) Zugangsverweigerung → Diskriminierung, nachträglicher Entzug, zeitliche und technische Manipulationen
(4) Der Betreiber der Essential Facility verhindert durch die Verweigerung • die Entstehung eines potenziellen neuen Dienstes oder Produkts, • beeinträchtigt den Wettbewerb auf dem bestehenden oder potenziellen Dienste- oder Produktmarkt, • oder befriedigt die Nachfrage nach einem Produkt oder Dienst nicht vollständig.
(5) Zugangspetent ist zur Zahlung eines angemessenen Entgelts bereit und akzeptiert auch sonstige nichtdiskriminierende Zugangsbedingungen
(6) Keine sachliche Rechtfertigung

Tabelle 3: Zusammenfassung der Voraussetzungen für den Missbrauch einer marktbeherrschenden Stellung

2.1.2.6. Rechtsfolgen des Art. 82 EG nach Kommission und EuGH

Liegen die Voraussetzungen des Art. 82 EG kumulativ vor, hat das nachfragende Unternehmen grundsätzlich einen Anspruch gegen den Betreiber der Essential Facility auf Zugangsgewährung. Soweit der Essential-Facility-Betreiber den Zugang dann verweigert, kann der Petent den Zugangsanspruch gerichtlich einklagen. Weitere Rechtsfolgen sind:

- Das Verhalten, das gegen Art. 82 EG verstößt, ist verboten, ohne dass es einer Entscheidung der Wettbewerbsbehörden bedarf (so explizit auch Art. 1 Abs. 3 VO Nr. 1/2003).[53]
- Die Wettbewerbsbehörden können Geldbußen in Höhe von bis zu 10 % des Jahresumsatzes des Unternehmens verhängen, vgl. insb. zu den entsprechenden Befugnissen der Kommission Art. 23 Abs. 2 und 3 VO Nr. 1/2003.
- Die Kommission kann gegen Unternehmen und Unternehmensvereinigungen durch Entscheidung Zwangsgelder von bis zu 5 % des im vorausgegangenen Geschäftsjahr erzielten durchschnittlichen Tagesumsatzes für jeden Tag des Verzugs von dem in ihrer Entscheidung bestimmten Zeitpunkt an festsetzen, um sie zu zwingen, eine Zuwiderhandlung gegen Artikel 82 EG abzustellen (Art. 24 VO Nr. 1/2003).
- Vor nationalen Gerichten können die Wettbewerber Schadensersatzansprüche erheben.
- Hat ein Unternehmen vorsätzlich oder fahrlässig gegen Art. 82 EG verstoßen und dadurch einen wirtschaftlichen Vorteil erlangt, kann das BKartA die Abschöpfung des wirtschaftlichen Vorteils anordnen und dem Unternehmen die Zahlung eines entsprechenden Geldbetrags auferlegen (§ 34 GWB).
- Andere differenzierte Instrumente, wie bspw. Transparenzverpflichtungen (etwa transparente Rechnungslegung) sind zwar nicht ausdrücklich vorgesehen. Sie werden aber – soweit es sich um verhältnismäßig mildere Maßnahmen handelt – aus den Informationspflichten abgeleitet (vgl. hierzu Anweiler, 2005, Art. 7, Rn. 50).
- Auf Art. 7 VO 1/2003 lassen sich theoretisch sogar eingriffsintensive Strukturmaßnahmen bis hin zur Entflechtung stützen. Sie sind jedoch subsidiär zu Verhaltensmaßnahmen,[54] aber nur als Ultima Ratio: Nur, wenn es keine verhaltensbezogene Maßnahme gleicher Wirksamkeit gibt oder wenn letztere mit einer größeren Belastung für die beteiligten Unternehmen verbunden wären, können strukturelle Maßnahmen ergriffen werden. Dies ist in der Praxis noch nie vorgekommen.

53 VO 1/2003/EG zur Durchführung der in den Artikeln 81 und 82 EG niedergelegten Wettbewerbsregeln v. 16.12.2002, Abl. EG Nr. L 1 v. 04.01.2003, 1 ff.

54 Rehbinder, 2006, § 32, Rn. 17. Vgl. zum europäischen Recht inhaltsgleich Erwägungsgrund 12 sowie Art. 7 VO 1/2003, dazu Ritter, 2007, Rn. 42.

- Gebotsverfügungen, wie etwa positive Preisfestsetzungen, sind *nicht* möglich. Zulässig ist lediglich ein Verbot kartellrechtswidriger Preise.[55]

2.1.3. Nationale Ebene

2.1.3.1. § 19 GWB als Grundlage für die Missbrauchsaufsicht

Im deutschen Kartellrecht ist die Missbrauchsaufsicht in § 19 GWB geregelt. Nach § 19 Abs. 1 GWB, der strukturell weitgehend an Art. 82 EG angelehnt ist, ist die *„missbräuchliche Ausnutzung einer marktbeherrschenden Stellung durch ein oder mehrere Unternehmen [...] verboten."* Eine signifikante Abweichung gegenüber dem EG-Kartellrecht resultiert nur aus der ausführlichen Definition der marktbeherrschenden Stellung in § 19 Abs. 2 GWB und vor allem den Marktbeherrschungsvermutungen in § 19 Abs. 3 GWB, die relativ niedrig angesetzt sind: So begründet ein Marktanteil eines Unternehmens von mindestens einem Drittel bereits eine marktbeherrschende Stellung. 1998 ist § 19 Abs. 4 Nr. 4 in das GWB aufgenommen worden, um die gesonderten Probleme der Netzwirtschaft adressieren zu können.

Im deutschen Kartellrecht steht die Missbrauchskontrolle als „letzter Notbehelf gegenüber einer auf Offenhaltung der Märkte gerichteten Wettbewerbspolitik".[56] Dies entspricht der generellen Zielsetzung des GWB, die „Freiheit des Wettbewerbs" zu gewährleisten (Möschel, 2007, § 19, Rn. 5). In diese teleologische Konzeption ist auch § 19 GWB eingebunden. Als entscheidend wird dabei der aus der Verknüpfung einer vertikalen Integration und einer verfestigten Marktstruktur folgende Ausschluss von Wettbewerb auf den vor- oder nachgelagerten Märkten angesehen. Es geht um die Gewährleistung von Wettbewerb auf dem vom Zugangsobjekt abgeleiteten Markt (Möschel, 2007, § 19, Rn. 186). Von diesem Ausgangspunkt aus beantwortet die vorherrschende Ansicht im Schrifttum ebenso wie das BKartA die Frage nach dem Schutzobjekt: Die Förderung von Wettbewerb als eigenständiges wettbewerbspolitisches Anliegen habe primär den Schutz des „Wettbewerbs als Institution" im Auge (vgl. Möschel, 2007, § 19, Rn. 186). Verbraucherschutzbelange, individuelle Interessen der Marktgegenseite oder wohlfahrtsökonomische Ziele sollen nach dieser Auffassung nur insoweit Berücksichtigung finden, als sie mittelbar aus der Sicherstellung einer wettbewerblichen Marktlandschaft resultieren. Als eigenständiger Zielkanon des allgemeinen deutschen Kartellrechts seien sie hingegen nach herrschender Ansicht nicht anzuerkennen.

Demgegenüber steht in der Gesetzesbegründung zum GWB von 1955 unter der Überschrift „Marktaufsicht bei unvollständigem Wettbewerb":

55 Anweiler, 2005, Art. 7, Rn. 53. In der Entscheidung *United Brands* (EuGH, Fn. 15) wurde dem betroffenen Unternehmen lediglich „vorgeschlagen", die Preise um durchschnittlich mindestens 15 % zu senken.

56 Götting, 2006, § 19, Rn. 2; ähnlich Möschel, 2007, § 19, Rn. 12; Wiedemann, 1999, § 23, Rn. 1.

„In einer Reihe von Märkten ist aus verschiedenen Gründen (...) die Marktform des vollständigen Wettbewerbs nicht herzustellen. Da der Wettbewerb nicht Selbstzweck, sondern Mittel zur Leistungssteigerung und Fortschrittsförderung ist, würde sich der Gesetzgeber der Gefahr eines wirklichkeitsfremden Schematismus aussetzen und schwere wirtschaftliche Schäden heraufbeschwören, wenn er eines theoretischen Prinzips wegen auf diesen Märkten den vollständigen Wettbewerb wieder herstellen wollte."

Unter der Überschrift „Wirtschaftsbereiche mit unvollständigem Wettbewerb" heißt es:

„Weiterhin müssen grundsätzlich diejenigen gemeinsamen Marktmaßnahmen statthaft sein, die durch Beschränkung des Wettbewerbs erst die Voraussetzungen für eine Leistungssteigerung und verbesserte Versorgung der Verbraucher bewirken (Rationalisierung)."

Daraus kann man wohl kaum schließen, dass Wettbewerb ein Selbstzweck sein soll.[57]

Der allererste Satz der Gesetzesbegründung lautet:

„Das ‚Gesetz gegen Wettbewerbsbeschränkungen' stellt eine der wichtigsten Grundlagen zur Förderung und Erhaltung der Marktwirtschaft dar. Es soll die Freiheit des Wettbewerbs sicherstellen und wirtschaftliche Macht da beseitigen, wo sie die Wirksamkeit des Wettbewerbs und die ihm innewohnenden Tendenzen zur Leistungssteigerung beeinträchtigt und die bestmögliche Versorgung der Verbraucher in Frage stellt."

Dies suggeriert, dass Marktmacht nicht überall beseitigt werden soll, sondern nur da wo dies (ökonomisch formuliert) effizient ist. Die herrschende Meinung, dass nämlich Wettbewerb Selbstzweck sei, ist daher zumindest in Frage zu stellen.

2.1.3.2. Zugangsanspruch nach § 19 Abs. 4 Nr. 4 GWB

Der Zugangsanspruch nach § 19 Abs. 4 Nr. 4 GWB setzt voraus, dass der Netzbetreiber sich als Anbieter einer bestimmten Art von gewerblichen Leistungen weigert, einem anderen Unternehmen gegen angemessenes Entgelt Zugang zu den eigenen Netzen zu gewähren, wenn es dem Unternehmen aus rechtlichen oder tatsächlichen Gründen ohne die Mitbenutzung nicht möglich ist, auf dem vor- oder nachgelagerten Markt als Wettbewerber des marktbeherrschenden Unternehmens tätig zu werden.

2.1.3.2.1. Normadressat: Marktbeherrschendes Unternehmen

Das zu verpflichtende Unternehmen muss eine marktbeherrschende Stellung innehaben. Dies ergibt sich unmittelbar aus dem Wortlaut des § 19 Abs. 4 Nr. 4 GWB. Zu den Formen der Marktbeherrschung zählen das Monopol (§ 19 Abs. 2 S. 1 Nr. 1

57 In der ersten Lesung des GWB im Deutschen Bundestag sagte Ludwig Erhard: „Denn gerade dieses Gesetz wird dafür Sorge tragen, dass der Drang und Zwang zur Leistung in der deutschen Wirtschaft lebendig bleiben und dass diese Vorteile [...] dann auch tatsächlich dem gesamten Volk, dem Verbraucher, zugute kommen. Das ist der Sinn dieses Gesetzes."

Alt. 1 GWB), das Fehlen wesentlichen Wettbewerbs (§ 19 Abs. 2 S. 1 Nr. 1 Alt. 2 GWB), die überragende Stellung (§ 19 Abs. 2 S. 1 Nr. 2 GWB) sowie das Oligopol (§ 19 Abs. 2 S. 2 GWB).

Uneinigkeit besteht allerdings in der Frage, auf welchem Markt diese Marktbeherrschung vorliegen muss. Ausgangspunkt für die tatbestandliche Struktur des § 19 Abs. 4 Nr. 4 GWB ist das Vorliegen zweier getrennter, aber in Beziehung zueinander stehender Märkte: der Markt für die Mitbenutzung der Infrastruktureinrichtung und der von diesem abgeleitete Markt (Möschel, 2007, § 19, Rn. 192). Die Marktabgrenzung erfolgt vor allem nach der Substituierbarkeit der Nachfrageseite (vgl. Enaux, 2004, 185 m. w. N). Umstritten ist in diesem Kontext die Zuordnung der „marktbeherrschenden Stellung" zu einem dieser beiden Märkte. Die Formulierung des § 19 Abs. 4 Nr. 4 GWB gibt keine klare Antwort darauf, ob das zum Zugang verpflichtete Unternehmen den Markt für die wesentliche Einrichtung beherrschen, oder ob es (auch) über eine marktbeherrschende Stellung auf dem abgeleiteten Markt verfügen muss. Das BKartA[58] ist in seinen bisherigen zwei Entscheidungen ebenso wie das LG Dortmund[59] und Teile der Literatur[60] davon ausgegangen, dass es für einen Zugangsanspruch ausreicht, wenn das betreffende Unternehmen über eine beherrschende Stellung auf dem Markt für die wesentliche Einrichtung verfügt.[61] Hintergrund ist, dass man den Wettbewerbern nur auf diese Weise einen umfassenden, auch langfristig gesicherten Zugangsanspruch gewähren kann (so auch Enaux, 2004, 187). Ein Korrektiv, um eine zu große Ausweitung der Zugangsverpflichtung zu vermeiden, könne nach wie vor über die Frage der Wesentlichkeit der Einrichtung erzielt werden.

Teile des Schrifttums[62] halten dieser Auslegung systematische Bedenken entgegen. Zum einen stehe das alleinige Abstellen auf eine Marktbeherrschung auf dem Markt der Infrastruktureinrichtung im Konflikt mit der ratio legis, den Wettbewerb auf vor- und nachgelagerten Märkten zu ermöglichen (hierzu u. a. Klimisch und Lange, 1998, 15, 23). Daher komme es maßgeblich auf die dortige Wettbewerbssituation (und nicht allein auf den Infrastrukturmarkt) an. Da der Besitz der Infrastruktureinrichtung fast immer mit Marktbeherrschung gleichzusetzen sei, liefe zum anderen das Tatbestandsmerkmal „Marktbeherrschung" praktisch leer.[63] In diesem Fall hätte die gesetzliche Formulierung ausgereicht, dass ein Unternehmen, das eine wesentliche Einrichtung besitzt, zur Zugangsgewährung verpflichtet sei. Der aus-

58 BKartA, WuW/E DE-V 149 (152 f.) – Berliner Stromdurchleitung; WuW/DE-V 253, 256 – Puttgarten.

59 LG Dortmund, WuW DE-R 565 (566).

60 Götting, 2006, § 19, Rn. 91; Schultz, 2006, § 19, Rn. 152; Lutz, 1999, 102, 106; Weyer, 1999, 257, 261; ähnlich Schwintowski, 1999, 842, 850 f., der allerdings eine wesentliche Beeinträchtigung des Wettbewerbs auf dem nachgelagerten Markt verlangt.

61 BKartA, Berliner Stromdurchleitung (Fn. 58), 152 f.; Puttgarten (Fn. 58), 10 f.

62 So Möschel, 2007, § 19, Rn. 192; Dreher, 1999, 833, 835; v. Wallenberg, 1999, 152, 155; Martenczuk und Thomaschki, 1999, 15, 23; Haus, 1999, 1190, 1191; Emmerich, 2008, 204; Beckmerhagen, 2002, 374 f.; Klimisch und Lange, 1998, 15, 21; Enaux, 2004, 189.

63 Möschel, 2007, § 19, Rn. 192; Emmerich, 2008, 204; Haus, 1999, 1190, 1191.

drücklichen Erwähnung der marktbeherrschenden Stellung hätte es dann nicht bedurft. Vorzugswürdig sei daher, für die Marktbeherrschung auf eben diese vor- *und* nachgelagerten Märkte abzustellen.[64]

Für die Praxis hat der BGH die Streitfrage 2005 zugunsten der Auslegung des BKartA entschieden.[65] Im Rahmen des § 19 Abs. 4 Nr. 4 GWB sei es ausreichend, dass die beherrschende Stellung auf dem Markt für die Mitbenutzung der Infrastruktureinrichtung bestehe. Sinn und Zweck der Bestimmung des § 19 Abs. 4 Nr. 4 GWB sei es, den Zugang zu wesentlichen Einrichtungen zu ermöglichen, wenn sich das den Zugang verweigernde Unternehmen auf diese Weise auf einem vor- oder nachgelagerten Markt vor Wettbewerb schütze. Diese Gefahr bestehe bereits dann, wenn das Unternehmen auf dem Markt, auf dem es den Zugang eröffnen könnte, über eine beherrschende Stellung verfüge. Nicht erforderlich sei dagegen, dass es auch auf dem vor- oder nachgelagerten Markt eine solche Stellung innehabe. Diese Auslegung der Essential-Facilities-Doktrin hat eine beachtliche Ausweitung des Anwendungsbereichs auf der Tatbestandsseite gegenüber der europäischen und US-amerikanischen Lesart zur Konsequenz. Denn die beiden Letzteren fordern über die marktbeherrschende Stellung im Infrastrukturmarkt hinaus auch eine Dominanz auf dem abgeleiteten Markt. Inwieweit sich diese bundesdeutsche Besonderheit auf die Rechtsprechung des EuGH auswirken wird, bleibt (auch angesichts seiner restriktiven Haltung gegenüber der Essential-Facilities-Doktrin) abzuwarten.

2.1.3.2.2. Zugangsobjekt: Netze und andere Infrastruktureinrichtungen

Zugangsobjekte für einen Anspruch gem. § 19 Abs. 4 Nr. 4 GWB sind Netze und andere Infrastruktureinrichtungen. Unter Infrastruktureinrichtungen sind sämtliche personellen, sachlichen oder organisatorischen Vorkehrungen zu verstehen, die eine Raum und Zeit überwindende Vermittlungsfunktion erfüllen (Hermes, 1998, 162 ff.). Netze sind als Spezialfall der Infrastruktureinrichtungen entfernungsüberwindende Transport- oder raumintegrierende Logistikmittel für Güter, Personen oder Informationen mit einer räumlichen Ausdehnung (Möschel, 2007, § 19, Rn. 197). Auf den Gemeinwohlbezug der Einrichtung kommt es nicht an. Allerdings muss die Infrastruktureinrichtung als Grundlage für die Erbringung von Dienstleistungen dienen. Produktionsanlagen, die andere Unternehmen zur Herstellung bestimmter Produkte benötigen, werden nicht erfasst (Götting, 2006, § 19, Rn. 89).

Im Unterschied zum Gemeinschaftsrecht fallen Immaterialgüterrechte nicht unter die Regelung.[66] Daher können Zwangslizenzen an Immaterialgüterrechten in Deutschland nicht auf § 19 Abs. 4 Nr. 4 GWB, sondern allenfalls auf den allgemei-

64 So auch Zimmer und Büchner, 2001, 164 (169); v. Wallenberg, 1999, 152 (155); Möschel, 2007, § 19, Rn. 192; Emmerich, 2008, 204; Martenczuk und Thomaschki, 1999, 15, 23.

65 BGH, Beschluss vom 28.06.2005 - KVR 27/04 – Arealnetz, LS 1, Tz. 33.

66 Bericht des Ausschusses für Wirtschaft, BT-Drucks. 13/10633, 72.

nen Missbrauchstatbestand des § 19 Abs. 1 GWB gestützt werden (Emmerich, 2008, § 18, 14 b).

2.1.3.2.3. Zugangsgrund: Unmöglichkeit des Marktzugangs

Zentrales Tatbestandsmerkmal der Vorschrift ist der Zugangsgrund, also die Frage, ob es dem Wettbewerber *„aus rechtlichen oder tatsächlichen Gründen nicht möglich ist“*, auf dem nachgelagerten Markt tätig zu werden.

(1) Bestehen eines Wettbewerbsverhältnisses
Voraussetzung ist zunächst überhaupt das Bestehen eines Wettbewerbsverhältnisses zwischen dem Inhaber der Infrastruktureinrichtung und dem zugangsbegehrenden Unternehmen auf dem nachgelagerten Markt (statt vieler Enaux, 2004, 186). Hierin unterscheidet sich die allgemeine Zugangsregelung von den meisten sektorspezifischen Zugangsregelungen. Schutzzweck der Norm ist es nämlich, Wettbewerbsbehinderungen auf dem vor- oder nachgelagerten Markt zu bekämpfen, die dadurch entstehen, dass das marktbeherrschende Unternehmen Inhaber der wesentlichen Einrichtung ist.[67] Eine rein vertikale Schutzrichtung kann deswegen nicht aus § 19 Abs. 4 Nr. 4 GWB folgen (Möschel, 2007, § 19, Rn. 202).

(2) Mangelnde Duplizierbarkeit und Substituierbarkeit
Die Frage, ob es dem Wettbewerber *„aus rechtlichen oder tatsächlichen Gründen nicht möglich ist“*, auf dem nachgelagerten Markt tätig zu werden, ist in zwei Schritten zu beantworten: Zum einen ist zu prüfen, ob nicht der Wettbewerber die Einrichtung selbst schaffen kann (Duplizierbarkeit), zum anderen, ob der Zugang nicht auf andere Art und Weise erreicht werden kann (Substituierbarkeit) (Möschel, 2007, § 19, Rn. 199). In beiden Fällen sind hier ausschließlich objektive rechtliche und wirtschaftliche Kriterien maßgeblich,[68] bspw. dass keine Genehmigung erteilt wird oder kein Platz für weitere Infrastrukturen existiert. Dem steht auch die wirtschaftliche Unmöglichkeit gleich. Sie wird angenommen, wenn

> „in Anbetracht der erforderlichen Aufwendungen bei Anlegung eines Maßstabs kaufmännischer Vernunft die Schaffung eigener Infrastruktureinrichtungen nicht ernsthaft in Erwägung gezogen werden kann“ (Götting, 2006, § 19, Rn. 92).

Liegen diese Voraussetzungen vor, ist weiterhin danach zu fragen, ob die Mitbenutzung der fremden Infrastruktur zwingend notwendig ist, um im nachgelagerten Markt wettbewerblich aufzutreten, oder ob dies auch auf anderen Wegen erreicht werden kann. Entscheidend ist auch hier, ob *objektiv* kein drittes Unternehmen in den nachgelagerten Markt eintreten kann.[69] Dabei rücken insbeson-

67 BR-Drucks. 852/97, 5.
68 Begr. z. RegE, BT-Drucks. 13/9720, 51.
69 Vgl. Martenczuk und Thomaschki, 1999, 15 (23); v. Wallenberg, 1999, 152 (156 f.); Möschel, 2007, § 19, Rn. 199.

dere andere Struktureinrichtungen ins Blickfeld; so ist z. B. im Kommunikationsbereich zu prüfen, ob nicht die sog. „letzte Meile“ anderweitig, etwa durch Richtfunk, überbrückt werden kann (vgl. Bechtold, 2008, § 19, Rn. 84).

(3) Angemessenes Entgelt

Der Infrastrukturbetreiber ist nur dann verpflichtet, den Zugang zu gewähren, wenn ihm hierfür ein angemessenes Entgelt gezahlt wird. Ein Missbrauch liegt also nicht vor, wenn der Petent hierzu nicht bereit ist. Primärer Vergleichsmaßstab ist der tatsächliche oder fiktive Marktpreis für die Mitbenutzung der Infrastruktureinrichtung (Schultz, 2006, § 19, Rn. 168).

Zwar ordnet § 19 Abs. 4 Nr. 4 GWB seinem Wortlaut nach nur die Verweigerung des Zugangs gegen angemessenes Entgelt als missbräuchlich ein, dem steht aber nach allgemeiner Ansicht die Zugangsgewährung zu lediglich diskriminierenden Bedingungen gleich. Maßstab sind hier diejenigen Bedingungen, die der Inhaber der Infrastruktur für die eigene Benutzung berechnet.[70]

(4) Fehlende sachliche Rechtfertigung

Die Zugangsverweigerung stellt keinen Missbrauch dar, wenn sie sachlich gerechtfertigt ist. Dies ist der Fall, wenn *„das marktbeherrschende Unternehmen nachweist, dass die Mitbenutzung aus betriebsbedingten oder sonstigen Gründen nicht möglich oder nicht zumutbar ist“* (§ 19 Abs. 4 Nr. 4 GWB). Unter den Ausschlusstatbestand der Unmöglichkeit fällt v. a. das Fehlen ausreichender Kapazität aus tatsächlichen oder rechtlichen Gegebenheiten.[71] Eine Pflicht zur Schaffung zusätzlicher Kapazitäten besteht hingegen bereits nach dem Wortlaut nicht, da dieser nur zur Mitbenutzung verpflichtet (Enaux, 2004, 200; Götting, 2006, § 19, Rn. 96). Umstritten ist, inwieweit der Einrichtungsbetreiber verpflichtet ist, zur Ermöglichung des Wettbewerbs auch selbst genutzte Kapazitäten den Wettbewerbern zur Verfügung zu stellen. Während Teile des Schrifttums vertreten, dass eine derartige „Repartierung“ bereits genutzter Kapazitäten nicht in Betracht komme (Bechtold, 2008 § 19, Rn. 87; Haus, 1999, 1190, 1192), hat das BKartA aus § 19 Abs. 4 Nr. 4 GWB eine Verpflichtung zur Bereitstellung von bereits genutzten Kapazitäten für Wettbewerber abgeleitet.[72]

Der Begriff der Unzumutbarkeit bedarf im Einzelfall der Konkretisierung durch eine umfassende Interessenabwägung. Einzelne Faktoren, die hierbei eine Rolle spielen können, sind:

- Technischer Anschlussaufwand,
- Errichtung der Einrichtung mit eigenen Mitteln oder im Rahmen eines staatlichen Monopols errichtet,
- Kreditwürdigkeit des Zugangspetenten,
- In der Vergangenheit liegende schwere Vertragsverletzung des Zugangspetenten,

70 Vgl. im Einzelnen zur Berechnung der Bedingungen Götting, 2006, § 19, Rn. 93.

71 Bspw. eine Kapazitätsbegrenzung aufgrund einer Maßnahme der Energieaufsicht. Vgl. BKartA (Fn. 58), 149.

72 BKartA, Berliner Stromdurchleitung (Fn. 58), 149, 151 ff.

- Massive Einschränkung der eigenen Nutzungsmöglichkeiten.

Allein die Umsatz- und Gewinnmöglichkeiten des Netzinhabers stellen hingegen keine ausreichende Grundlage für die Zugangsverweigerung dar, da ansonsten der Normzweck (Herstellung von Wettbewerb auf dem nachgelagerten Markt) nicht erfüllt werden könnte.[73]

2.1.3.2.4. Rechtsfolgen

- Zugangsanspruch;
- Das Verhalten, das gegen § 19 Abs. 4 Nr. 4 GWB verstößt, ist gem. § 134 BGB verboten, ohne dass es einer Untersagungsverfügung bedarf (Götting, 2006, § 19, Rn. 98). Eine solche kann aber dennoch erlassen werden. Dies spielt in der Praxis wegen der häufig komplexen Sachverhalte eine wichtige Rolle für die Rechtssicherheit;
- Vorteilsabschöpfung: Hat ein Unternehmen vorsätzlich oder fahrlässig gegen § 19 Abs. 4 Nr. 4 GWB verstoßen und dadurch einen wirtschaftlichen Vorteil erlangt, kann das BKartA die Abschöpfung des wirtschaftlichen Vorteils anordnen und dem Unternehmen die Zahlung eines entsprechenden Geldbetrags auferlegen (§ 34 TKG);
- Die Zugangsverweigerung kann mit einer Geldbuße bis zu einer Million Euro geahndet werden (§ 81 Abs. 1 Nr. 2, Abs. 4 GWB). Wird in diesen Fällen eine Geldbuße gegen ein Unternehmen oder eine Unternehmensvereinigung verhängt, so darf die Geldbuße für jedes an der Zuwiderhandlung beteiligte Unternehmen oder jede beteiligte Unternehmensvereinigung darüber hinaus 10 % seines bzw. ihres jeweiligen im vorausgegangenen Geschäftsjahr erzielten Gesamtumsatzes nicht übersteigen;
- Zivilrechtliche Unterlassungs- und Schadensersatzansprüche (Götting, 2006, § 19, Rn. 101);
- Bzgl. sonstiger Instrumente (wie positive Preisfestsetzungen, Transparenzverpflichtungen, Entflechtung) vgl. oben zu den Rechtsfolgen des Art. 82 EG.[74]

2.1.4. Vergleich zwischen EuGH, Kommission und GWB

	EuGH	Kommission	GWB
Voraus-setzungen ❶	Kontrolle eines marktbeherrschenden Unternehmens über eine wesentliche Einrichtung (auch IPR)		Kontrolle eines marktbeherrschenden Unternehmens über *Netze und*

73 BKartA, Puttgarten (Fn. 58), 261; Bechtold, 2008 § 19, Rn. 88; Enaux, 2004, 201.
74 Gliederungspunkt 2.1.2.6.

			andere Infrastruktureinrichtungen (keine IPR).
❶	*„Unentbehrlichkeit"* des Zugangs = objektiv keine Duplizierbarkeit möglich; existierende Einrichtungen müssen genutzt werden, auch wenn sie ungünstiger sind.	KOM legt niedrige Schwelle an, indem sie auf Leistungsfähigkeit des *„durchschnittlichen Wettbewerbers"* abstellt.[75]	Objektiv keine Duplizierbarkeit möglich; existierende Einrichtungen müssen genutzt werden, auch wenn sie ungünstiger sind.
❷	Ausreichende Kapazität zur Bereitstellung der Einrichtung vorhanden.		
❸	Essential-Facilities-Betreiber ist selbst auf dem abgeleiteten Markt tätig.		
	Essential-Facilities-Betreiber ist selbst auf dem abgeleiteten Markt tätig und verfügt dort derart über eine dominante Stellung, dass negative Effekte für den Wettbewerb zu befürchten sind.		Nach BGH *keine* marktbeherrschende Stellung auf dem nachgelagerten Markt erforderlich (= erhebliche Ausweitung des Anwendungsbereichs).
❹	Der Betreiber der Essential Facility verhindert durch die Verweigerung:		--
	ein neues Erzeugnis, nach dem eine potenzielle Nachfrage der Verbraucher besteht.	die Entstehung eines potenziellen neuen Dienstes oder Produkts, beeinträchtigt den Wettbewerb auf dem bestehenden oder potenziellen Dienste- oder Produktmarkt, oder befriedigt die Nachfrage nach einem Produkt oder Dienst nicht vollständig.	

75 Vgl. nur Entscheidung der KOM, Abl. EG Nr. L 317/47 v. 04.11.1988, Tz. 14 – London European/SABENA; Abl. EG Nr. 1992 L. 96/34 v. 26.02.1992, Tz. 26 – British Midland/Aer Lingus. Vgl. auch Ibsch, 2007, 150, Fn. 525.

❺	Zugangspetent ist zur Zahlung eines nicht diskriminierenden Entgelts bereit und akzeptiert auch sonstige nichtdiskriminierende Zugangsbedingungen.
❻	Die Zugangsverweigerung darf nicht sachlich gerechtfertigt sein.
Rechtsfolgen	Zugangsanspruch, Geldbußen, Zwangsgeld, Vorteilsabschöpfung, zivilrechtliche Ansprüche, Transparenzverpflichtungen, Strukturmaßnahmen als ultima ratio.

Tabelle 4: Vergleich der Zugangsvoraussetzungen zur Essential Facility

Im Gegensatz zur Kommission hat der EuGH sich bislang einer ausdrücklichen und verbindlichen Positionierung hinsichtlich der gemeinschaftsrechtlichen Berechtigung und Reichweite der Essential-Facilities-Doktrin enthalten (Ibsch, 2007, 146). Signifikante Anhaltspunkte zur Haltung des EuGH lassen sich dennoch den zahlreichen einschlägigen Urteilen entnehmen. Hier wird im Vergleich zur Herangehensweise der Kommission eine restriktivere Auslegung deutlich. Insbesondere in seinem *Bronner*-Urteil hat der EuGH deutlich gemacht, dass er eine extensive Herangehensweise an Fragen der Zugangsgewährung, wie sie die Kommission befürwortet, für nicht wettbewerbsgerecht hält. Dies zeigt sich bspw. bei der Frage, wann der Zugang zur Einrichtung für den Konkurrenten wesentlich ist. Während die Kommission hier Wesentlichkeit bereits dann annimmt, wenn die Einrichtung durch einen durchschnittlichen Wettbewerber nicht dupliziert werden könnte, stellt der EuGH höhere Anforderungen, indem er auf rein objektive Gesichtspunkte abstellt. Zudem seien existierende Einrichtungen selbst dann zu nutzen, wenn sie ungünstiger seien als die begehrte.

Im Vergleich zum deutschen Kartellrecht bestehen wohl zwei wesentliche Unterschiede: Zum einen ist der Zugangsanspruch aus § 19 Abs. 4 Nr. 4 GWB auf Netze und andere Infrastruktureinrichtungen beschränkt, so dass Immaterialgüterrechte (wie IPR) nicht erfasst sind.[76] Zum anderen entspricht es in Deutschland nicht der gerichtlichen und kartellbehördlichen Praxis, im Rahmen des § 19 Abs. 4 Nr. 4 GWB die Auswirkungen der Zugangsverweigerung auf die Produktpalette und die Verbraucherbelange im nachgelagerten Markt zu berücksichtigen. Hier wird einmal mehr deutlich, dass sich das deutsche Kartellrecht jedenfalls in der Lesart der Kartellgerichte und -behörden auf den Schutz des Wettbewerbs als solchen und nicht auf einzelne Wettbewerber oder Verbraucher konzentriert.

Ein weiterer zentraler Unterschied liegt in dem relevanten Markt für die beherrschende Stellung. Hier gehen Kommission und EuGH davon aus, dass der Essential-Facility-Betreiber selbst auf dem abgeleiteten Markt tätig sein und dort derart über

76 Allerdings besteht theoretisch die Möglichkeit, den Zugang zu Zwangslizenzen auf § 19 Abs. 1 GWB zu stützen. Vgl. Götting, 2006, § 19, Rn. 90.

eine dominante Stellung verfügen muss, dass negative Effekte für den Wettbewerb zu befürchten sind (sog. doppelte Marktbeherrschung). Demgegenüber ist nach Auffassung des BGH keine marktbeherrschende Stellung auf dem nachgelagerten Markt erforderlich. Dies bedeutet in der Rechtsfolge eine erhebliche Ausweitung des Anwendungsbereichs der Essential-Facilities-Doktrin.

2.2. Telekommunikationsrecht

2.2.1. Ziele der Regulierung

EU-Recht	§ 2 Abs. 2 TKG
Art. 8 RahmenRL: Die nationalen Regulierer fördern den Wettbewerb, indem sie... • sicherstellen, dass die Nutzer größtmögliche Vorteile in Bezug auf Auswahl, Preise und Qualität genießen, • gewährleisten, dass es keine Wettbewerbsverzerrungen oder -beschränkungen im Bereich der elektronischen Kommunikation gibt, • effiziente Infrastrukturinvestitionen fördern und die Innovation unterstützen, • für eine effiziente Nutzung der Funkfrequenzen und der Nummerierungsressourcen sorgen und deren effiziente Verwaltung sicherstellen. Art. 1 ZugangsRL: Ziel ist es, einen Rechtsrahmen für die Beziehungen zwischen Netzbetreibern und Diensteanbietern zu schaffen, der... • einen nachhaltigen Wettbewerb und die Interoperabilität der elektronischen Kommunikationsdienste gewährleistet und • die Interessen der Verbraucher fördert.	Ziele der Regulierung sind... • die Wahrung der Nutzer-, insbesondere der Verbraucherinteressen auf dem Gebiet der Telekommunikation und die Wahrung des Fernmeldegeheimnisses, • die Sicherstellung eines chancengleichen Wettbewerbs und die Förderung nachhaltig wettbewerbsorientierter Märkte der Telekommunikation im Bereich der Telekommunikationsdienste und -netze sowie der zugehörigen Einrichtungen und Dienste, auch in der Fläche, • effiziente Infrastrukturinvestitionen zu fördern und Innovationen zu unterstützen, • die Entwicklung des Binnenmarktes der Europäischen Union zu fördern, • die Sicherstellung einer flächendeckenden Grundversorgung mit Telekommunikationsdiensten (Universaldienstleistungen) zu erschwinglichen Preisen, • die Förderung von Telekommunikationsdiensten bei öffentlichen Einrichtungen, • die Sicherstellung einer effizienten und störungsfreien Nutzung von Frequenzen, auch unter Berücksichtigung der Belange des Rundfunks, • eine effiziente Nutzung von Nummerierungsressourcen zu gewährleisten,

	• die Wahrung der Interessen der öffentlichen Sicherheit.
→ Regulierungsziele sind hier nicht nur auf Wettbewerb gerichtet, sondern auf mehrere Aspekte; die Behörde muss hier jeweils eine Abwägung vornehmen. → Der Zweck der Wahrung der Nutzer- und Verbraucherinteressen bildet sowohl im nationalen wie auch im EU-Recht einen Kernpunkt der Regulierungsziele.[77]	

Tabelle 5: Ziele der Regulierung im TK-Recht

2.2.2. Prüfung der Regulierungsbedürftigkeit

§ 10 Abs. 2 TKG ist eine Schlüsselnorm des TKG. Der darin enthaltene Drei-Kriterien-Test markiert die Schwelle, bei deren Erreichen auf eine sektorspezifische Regulierung verzichtet werden sollte. Diese wird dann abgelöst vom allgemeinen Wettbewerbsrecht. Der Drei-Kriterien-Test geht auf Erwägungsgründe 9-16 der Märkteempfehlung der Kommission[78] und Erwägungsgrund 27 der RahmenRL zurück. § 10 Abs. 2 TKG normiert drei Voraussetzungen, die kumulativ vorliegen müssen:

- Es bestehen dauerhafte strukturelle oder rechtlich bedingte Marktzutrittsschranken,
- im betroffenen Markt ist keine längerfristige Tendenz zu wirksamem Wettbewerb zu erkennen,
- das allgemeine Wettbewerbsrecht reicht nicht aus, um dem genannten Marktversagen entgegenzuwirken.

Welche Bedeutung dem Drei-Kriterien-Test insbesondere im Verhältnis zum Marktanalyseverfahren zukommt, ist umstritten. Es geht dabei im Kern um die Frage, ob der Drei-Kriterien-Test ein eigenständiges Deregulierungskriterium aufstellt, oder ob er lediglich einen Teil der Marktanalyse ohne eigenständige Bedeutung darstellt. In Deutschland ist die Ansicht weit verbreitet, der Drei-Kriterien-Test sei ein selbständiges Deregulierungskriterium im Rahmen der sektorspezifischen Regulierung.[79] Ein Markt sei aus der sektorspezifischen Regulierung zu entlassen, wenn eines der drei Kriterien nicht (mehr) erfüllt sei, selbst wenn dort Unternehmen noch über eine SMP-Stellung verfügten. Vertreter der Kommission sehen den Sinn des Drei-Kriterien-Tests demgegenüber allein in der Feststellung eines Anfangsver-

77 Holznagel, Enaux und Nienhaus, 2006, Rn. 58.

78 Empfehlung der Kommission v. 11.02.2003 über relevante Produkt- und Dienstmärkte des elektronischen Kommunikationssektors, die auf Grund der Richtlinie 2002/21/EG des Europäischen Parlaments und des Rates über einen gemeinsamen Rechtsrahmen für elektronische Kommunikationsnetze und -dienste für eine Vorabregulierung in Betracht kommen, ABl. EG Nr. L 114 v. 08.05.2003, 45-49.

79 Doll, Rommel und Wehmeyer, 2003, 522, 523; Wegmann, 2003, 25, 26; Ruhle, 2003, 55, 58.

dachts für die Abwesenheit von wirksamem Wettbewerb im Rahmen der Marktanalyse (Klotz, 2004, 233, 235; Elkettani, 2004, 11, 12 ff.). Eine eigenständige Möglichkeit, außerhalb des Marktanalyseverfahrens Märkte aufgrund eines der drei Kriterien aus der sektorspezifischen Regulierung zu entlassen, folge daraus nicht.

Ganz aufzulösen dürfte diese Streitfrage letztlich nicht sein. Hintergrund sind die unterschiedlichen Perspektiven, aus denen deutsche Vertreter und Vertreter der Kommission argumentieren. Für Deutschland hat der nationale Gesetzgeber in § 10 Abs. 2 TKG der BNetzA den Drei-Kriterien-Test an die Hand gegeben, obwohl diese gem. § 11 TKG zugleich mit der Marktanalyse (d. h. mit der Prüfung wirksamen Wettbewerbs) betraut ist. Er geht also davon aus, dass Marktanalyse und Drei-Kriterien-Test zu unterschiedlichen Ergebnissen führen können (vgl. hierzu ausführlich Hombergs, 2006, 125 f.). Demgegenüber argumentiert die Kommission aus der Perspektive ihrer eigenen Zuständigkeit aufgrund Art. 15 f. RahmenRL, wonach sie selbst keine zusätzlich einschränkenden Kriterien (hierzu zählt insb. das dritte Kriterium) verwenden darf, wenn sie die Märkteempfehlung aufstellt. Letztlich sind der nationale Drei-Kriterien-Test und der europäische Drei-Kriterien-Test also nicht vollständig deckungsgleich.

Für die Praxis spielt diese Kontroverse indes kaum eine Rolle, denn auch die BNetzA prüft das dritte Kriterium nur kursorisch. Die Leistungsfähigkeit des allgemeinen Wettbewerbsrechts wird regelmäßig mit zwei Überlegungen verneint:

> „Die alleinige Anwendung des allgemeinen Wettbewerbsrechts würde nämlich nur ein punktuelles Eingreifen in einzelnen Verfahren ermöglichen. Erforderlich sind wesentlich detailliertere Befugnisse zur Vornahme positiver Regelungen, z. B. fortlaufende Überwachung und häufiges Einschreiten. Außerdem ermöglicht das TKG in der Regel ein schnelleres Einschreiten, weil Verfügungen der Bundesnetzagentur grundsätzlich sofort vollzogen werden können" (BNetzA, 2007, 107; vgl. auch Möschel, 2007, 343, 345).

Hiermit rekurriert die BNetzA im Kern auf Strukturunterschiede zwischen allgemeinem Wettbewerbsrecht und sektorspezifischem TK-Recht, so dass sie das dritte Kriterium praktisch immer bejaht. In diesem Punkt gleicht sie die Rechtsanwendung an die Praxis der Kommission an, die dem Drei-Kriterien-Test keine eigene Deregulierungsfunktion zuerkennt.

2.2.3. Voraussetzungen der Zugangsansprüche

2.2.3.1. Vorliegen der SMP-Lage

Die Bundesnetzagentur kann auf Antrag oder von Amts wegen Betreiber öffentlicher Telekommunikationsnetze, *„die über beträchtliche Marktmacht verfügen, verpflichten, anderen Unternehmen Zugang zu gewähren"* (§ 21 Abs. 1 TKG). Ebenso wie § 21 Abs. 1 TKG knüpft auch Art. 8 Abs. 2 ZugangsRL die Auferlegung von Zugangsverpflichtungen ausschließlich an die Eigenschaft als *„Betreiber mit beträchtlicher Marktmacht"*. Maßnahmen zur Zugangssicherung können freilich im TK-Recht erst ergriffen werden, wenn der Drei-Kriterien-Test und eine SMP-

Stellung bejaht wurden. Einer Feststellung, dass die marktbeherrschende Stellung missbraucht wurde, bedarf es demgegenüber nicht.

Ein Unternehmen gilt gem. Art. 14 Abs. 2 RahmenRL als Unternehmen mit beträchtlicher Marktmacht, wenn es

> „entweder allein oder gemeinsam mit anderen eine der Beherrschung gleichkommende Stellung einnimmt, d. h. eine wirtschaftlich starke Stellung, die es ihm gestattet, sich in beträchtlichem Umfang unabhängig von Wettbewerbern, Kunden und letztlich Verbrauchern zu verhalten."

Sowohl die Märkteempfehlung der Kommission als auch ihre Leitlinien zur Ermittlung beträchtlicher Marktmacht für elektronische Kommunikationsnetze und -dienste[80] enthalten ausführliche Kriterien zur näheren Bestimmung der SMP-Stellung. In den Leitlinien nimmt die Kommission zudem ausführlich Stellung zum Verhältnis der Essential-Facilities-Doktrin und dem Konzept wesentlicher Marktmacht i. S. v. Art. 14 der RahmenRL, das der Auferlegung von Remedies im TK-Recht im Wesentlichen zugrunde liegt. Dabei betont die Kommission, die Essential-Facilities-Doktrin sei vor allem als Ergänzung zu den allgemeinen Verpflichtungen zu sehen, die einem Unternehmen in beherrschender Stellung aufgrund sektorspezifischer Regeln im Telekommunikationsbereich auferlegt werden könnten. Eine völlige Deckungsgleichheit der Anwendungsvoraussetzungen und -reichweite der Essential-Facilities-Doktrin und des Konzepts der beträchtlichen Marktmacht existiere jedoch nicht. So nehme zwar ein Unternehmen, das über eine wesentliche Einrichtung im Sinne der Essential-Facilities-Doktrin verfüge, auch stets zugleich in Bezug auf diese Einrichtung eine beherrschende Marktstellung ein. Der Umkehrschluss sei jedoch nicht immer zutreffend: Auch ohne dass die betriebene Einrichtung wesentlich sei, könne dem Betreiber der Einrichtung (im Einklang mit der ständigen Rechtsprechung des EuGH[81]) beträchtliche Marktmacht zukommen. Bspw. könne ein Netzbetreiber eine beherrschende Stellung einnehmen, obwohl es alternative Konkurrenznetze gebe, wenn die Größe oder die Bedeutung seines Netzes ihn in die Lage versetze, sich unabhängig von anderen Netzbetreibern zu verhalten.[82]

Im Ergebnis versteht die Kommission also den Anwendungsbereich des sektorspezifischen Konzepts beträchtlicher Marktmacht weiter als die Essential-Facilities-Doktrin. Auch ohne die Wesentlichkeit der Einrichtung können Zugangsverpflichtungen und Ex-ante-Maßnahmen der Entgeltregulierung auferlegt werden. Daher sei die Essential-Facilities-Doktrin für eine Ex-ante-Anwendung von Artikel 14 RahmenRL weniger relevant als für die Ex-post-Anwendung von Art. 82 EG.

80 Leitlinien der Kommission zur Marktanalyse und Ermittlung beträchtlicher Marktmacht nach dem gemeinsamen Rechtsrahmen für elektronische Kommunikationsnetze und -dienste, Abl. EG Nr. C 165/03 v. 11.07.2002, hier v. a. Tz. 81.

81 EuGH, Magill (Fn. 27); Bronner (Fn. 19); verbundene Rechtssachen T-374/94, T-375/94, T-384/94 und T-388/94 – European Night Services u. a./Kommission, Slg. 1998, II-3141.

82 KOM, Entscheidung vom 21.02.2000, COMP/M.1741 – MCI WorldCom/Sprint, Rn. 196.

2.2.3.2. Zugangsbegriff

Art. 2 a) der ZugangsRL definiert Zugang als „die ausschließliche oder nicht ausschließliche Bereitstellung von Einrichtungen und/oder Diensten für ein anderes Unternehmen unter bestimmten Bedingungen, zur Erbringung elektronischer Kommunikationsdienste“. Darunter fallen u. a.:	§ 3 Nr. 32 TKG definiert Zugang in Übereinstimmung mit den europarechtlichen Vorgaben als *„die Bereitstellung von Einrichtungen oder Diensten für ein anderes Unternehmen unter bestimmten Bedingungen zum Zwecke der Erbringung von Telekommunikationsdiensten“*. Hierunter fallen u. a.:
• Zugang zu Netzkomponenten und zugehörigen Einrichtungen, wozu auch der feste oder nicht feste Anschluss von Einrichtungen gehören kann; • Zugang zu physischen Infrastrukturen wie Gebäuden, Leitungen und Masten; • Zugang zu einschlägigen Softwaresystemen, einschließlich Systemen für die Betriebsunterstützung; • Zugang zur Nummernumsetzung oder zu Systemen, die eine gleichwertige Funktion bieten; • Zugang zu Fest- und Mobilfunknetzen, insbesondere um Roaming zu ermöglichen; • Zugang zu Diensten für virtuelle Netze.	• Zusammenschaltung bestehender Netze; • Zugang zu physischen Infrastrukturen wie Gebäuden, Leitungen und Masten; • Zugang zu einschlägigen Softwaresystemen, einschließlich Systemen für die Betriebsunterstützung; • Zugang zur Nummernumsetzung oder zu Systemen, die eine gleichwertige Funktion bieten; • Zugang zu Fest- und Mobilfunknetzen, insbesondere um Roaming zu ermöglichen; • Zugang zu Diensten für virtuelle Netze.

Tabelle 6: Zugangsbegriff im nationalen und europäischen Telekommunikationsrecht

2.2.3.3. Rechtsfolgen

2.2.3.3.1. Zugangsrichtlinie

Kernstück der ZugangsRL ist eine nicht abschließende Liste von Verpflichtungsmöglichkeiten, die die Mitgliedsstaaten den nationalen Regulierungsbehörden gewissermaßen als „Werkzeugkasten“ zur Regulierung von Anbietern mit beträchtlicher Marktmacht an die Hand geben müssen. Hierzu zählen:

- Transparenzverpflichtungen wie z. B. die Veröffentlichung technischer Spezifikationen, von Netzmerkmalen oder von Tarifen (Art. 9 ZugangsRL);

- Gleichbehandlungsverpflichtungen (Art. 10 ZugangsRL);
- Verpflichtung zur getrennten Buchführung (Art. 11 ZugangsRL);
- Verpflichtungen in Bezug auf den Zugang zu bestimmten Netzeinrichtungen und deren Nutzung (Art. 12 ZugangsRL): Gem. Art. 12 der ZugangsRL kann die nationale Regulierungsbehörde Betreiber[83] mit beträchtlicher Marktmacht[84] dazu verpflichten, berechtigten Anträgen von Petenten auf Zugang zu bestimmten Netzkomponenten und zugehörigen Einrichtungen und auf deren Nutzung stattzugeben, unter anderem wenn sie der Auffassung ist, dass die Verweigerung des Zugangs oder unangemessene Bedingungen mit ähnlicher Wirkung die Entwicklung eines nachhaltig wettbewerbsorientierten Marktes auf Endverbraucherebene behindern oder den Interessen der Endnutzer zuwiderlaufen würden;
- Verpflichtung zur Preiskontrolle und Kostenrechnung (Art. 13 ZugangsRL): Weist eine Marktanalyse darauf hin, dass ein Betreiber aufgrund eines Mangels an wirksamem Wettbewerb seine Preise zum Nachteil der Endnutzer auf einem übermäßig hohen Niveau halten oder Preisdiskrepanzen durchsetzen könnte, so kann die nationale Regulierungsbehörde dem betreffenden Betreiber hinsichtlich bestimmter Arten von Zusammenschaltung und/oder Zugang Verpflichtungen betreffend die Kostendeckung und die Preiskontrolle einschließlich kostenorientierter Preise auferlegen und ihm bestimmte Auflagen in Bezug auf Kostenrechnungsmethoden erteilen.

2.2.3.3.2. Telekommunikationsgesetz

(1) Prinzip der abgestuften Regelungsdichte

Im aktuellen TKG hat sich das den Zugangsverpflichtungen zugrunde liegende Konzept weg vom kartellrechtlichen Prinzip wesentlicher Marktmacht hin zu einem SMP-Konzept verlagert. Nach § 21 Abs. 1 TKG kann die Regulierungsbehörde Netzbetreiber mit beträchtlicher Marktmacht verpflichten, anderen Unternehmen auf Nachfrage Zugang zu gewähren. Dieser umfasst sowohl den Netzzugang, wie bspw. die Verbindung von Endeinrichtungen mit Netzen als auch von Netzen untereinander, als auch sonstige Einrichtungen (Gebäude, Masten) und virtuelle Einrichtungen. Anders als im bisherigen TKG 1996 sieht das jetzige TKG keine bindende gesetzliche Verpflichtung vor, dass ein dominanter Anbieter Zugang zu diesen Einrichtungen gewähren muss. Vielmehr räumt das TKG der BNetzA nunmehr Ermessen bei der Auferlegung von Zugangsverpflichtungen ein. Das Ermessen der BNetzA bei der Auswahl der Verpflichtungsmöglichkeiten ist aber gleichwohl nicht völlig frei, sondern der Gesetzgeber hat ihm durch ermessensleitende Vorgaben bestimmte

83 Ein Betreiber ist in Art. 2 c) ZugangsRL definiert als *„ein Unternehmen, das ein öffentliches Kommunikationsnetz oder eine zugehörige Einrichtung bereitstellt, oder zur Bereitstellung hiervon befugt ist“*.

84 Dass es sich um Betreiber mit beträchtlicher Marktmacht handeln muss, ergibt sich aus dem Verweis auf Art. 8 ZugangsRL.

Grenzen gesetzt. Hier sind Muss-, Soll- und Kann-Verpflichtungen zu unterscheiden. Als Muss-Verpflichtungen sind die Pflicht zur Betreiberauswahl und -vorauswahl nach § 40 Abs. 1 TKG sowie die Pflicht zum Angebot von Mietleitungen nach § 41 TKG ausgestaltet. Hier bleibt der Behörde kein Entscheidungsspielraum. Anders verhält es sich bei den sog. Soll-Vorschriften des § 21 Abs. 3 TKG. Bzgl. dieser Verpflichtungen ist das Ermessen der Behörde reduziert, d. h. nur in einem atypischen Sonderfall darf die BNetzA von einer Auferlegung absehen. Im Einzelnen handelt es sich um folgende Verpflichtungen:

- vollständig entbündelter Zugang zum Teilnehmeranschluss sowie gemeinsamer Zugang zum Teilnehmeranschluss,
- Zusammenschaltung von Telekommunikationsnetzen,
- offener Zugang zu technischen Schnittstellen, Protokollen oder anderen Schlüsseltechnologien, die für die Interoperabilität von Diensten oder für Dienste für virtuelle Netze unentbehrlich sind, sowie
- Kollokation oder andere Formen der gemeinsamen Nutzung von Einrichtungen sowie Zutritt zu diesen Einrichtungen.

Bei den Kann-Verpflichtungen des § 21 Abs. 2 TKG hat die BNetzA schließlich größeres Ermessen. Hier muss sie nur das Verhältnismäßigkeitsprinzip beachten. Die Kann-Verpflichtungen umfassen:

- Zugang zu bestimmten Netzkomponenten oder -einrichtungen,
- Verpflichtung, bereits gewährten Netzzugang nicht nachträglich zu verweigern,
- Ermöglichung des Wiederverkaufs,
- Gewährleistung der Interoperabilität einschließlich Roaming,
- Zugang zu notwendigen Softwaresystemen,
- Zulassung von Nutzungsmöglichkeiten anderer Anbieter und
- Fakturierung und Inkasso.

(2) Vergleich mit den europäischen Vorgaben

Die ZugangsRL gibt den Instrumentenrahmen vor, mit dem die Mitgliedsstaaten ihre Regulierer ausstatten müssen. Sie sieht ein abgestuftes System unterschiedlicher Verpflichtungsmöglichkeiten vor. Innerhalb dieses Systems unterschiedlich intensiver Eingriffe müssen die Regulierer dann die Möglichkeit haben, jeweils angemessene Verpflichtungen herauszusuchen und dem Betreiber mit beträchtlicher Marktmacht aufzuerlegen.

Hierzu enthält sie eine Auflistung an möglichen Verpflichtungsmaßnahmen, die mit denen im TKG weitgehend identisch ist. Dadurch will die ZugangsRL sicherstellen, dass nationale Regulierer zur Eindämmung von beträchtlicher Marktmacht über ein abgestuftes System von unterschiedlichen Verpflichtungsmöglichkeiten verfügen, das sich von eingriffsarmen Transparenzverpflichtungen bis hin zu einer umfassenden Kostenregulierung erstreckt. Innerhalb dieses Systems unterschiedlich intensiver Eingriffe müssen die Regulierer dann die Möglichkeit haben, jeweils angemessene Verpflichtungen herauszusuchen und dem SMP-Betreiber nach den Grundsätzen der Verhältnismäßigkeit aufzuerlegen (Holznagel, Enaux und Nienhaus, 2006, Rn. 800). Eine Ausnahmestellung nehmen hier die Verpflichtungen zur Carrier-Selection und hinsichtlich Mietleitungen ein. Hier ist das Ermessen des

Regulierers nach der Universaldiensterichtlinie auf Null reduziert; sie müssen angeordnet werden.[85] Der deutsche Gesetzgeber ist dieser Konzeption in § 21 TKG durch eine explizite Unterscheidung nach Muss-, Soll- und Kann-Verpflichtungen nachgekommen.

(3) Unterschiede zum TKG 1996

Nach § 33 TKG 1996 waren marktbeherrschende Anbieter verpflichtet, Wettbewerbern diskriminierungsfrei Leistungen zur Verfügung zu stellen. Anspruchsberechtigt war ein Wettbewerber auf einem Markt für TK-Dienstleistungen für die Öffentlichkeit. Keine Voraussetzung war, dass der Wettbewerber bereits auf dem Markt tätig war. Es genügte, wenn er dort tätig werden wollte. Anspruchsverpflichtet waren Anbieter, die auf dem betreffenden TK-Markt über eine marktbeherrschende Stellung nach § 19 GWB verfügten. Dieser musste den Konkurrenten Zugang zu seinen Leistungen ermöglichen, soweit sie „wesentlich" waren. Unter den Begriff der Leistung fielen neben bloßen TK-Dienstleistungen auch etwa das Zurverfügungstellen des „blanken Drahtes" der Teilnehmeranschlussleistung sowie sonstige Fragen des Netzzugangs. Leistungen des Marktbeherrschers waren dann als wesentlich anzusehen, wenn Wettbewerber auf sie typischerweise angewiesen waren, um ihre eigenen Leistungen anzubieten. Der einzelne Wettbewerber brauchte also nicht nachzuweisen, dass er im konkreten Fall die Leistungen benötigte.[86] Vielmehr kam es auf die Leistungsfähigkeit eines durchschnittlichen Wettbewerbers an (Manssen, 2006, § 33, Rn. 7).

Soweit diese Voraussetzungen erfüllt waren, hatte der Konkurrent einen Anspruch auf diskriminierungsfreien Zugang. Diskriminierungsfreiheit war dann gegeben, wenn das marktbeherrschende Unternehmen den Wettbewerbern den Zugang zu den gleichen Bedingungen einräumte, die es sich selbst gewährte. Ausnahmsweise erlaubte das TKG die Auferlegung ungünstigerer Bedingungen, soweit dies sachlich gerechtfertigt war. Das Vorliegen eines sachlichen Grundes war unter Abwägung der gegenseitigen legitimen Interessen festzustellen. In diesem Zusammenhang war auch zu überprüfen, ob die berechtigten Interessen des marktbeherrschenden Unternehmens nicht durch mildere Mittel wahrgenommen werden konnten. Ferner konnte eine Zugangsbeschränkung zu Netzen vorgenommen werden, soweit dies aus Gründen der Sicherheit des Netzbetriebs, der Aufrechterhaltung der Netzintegrität, zur Interoperabilität oder aus datenschutzrechtlichen Gründen angebracht war. Ein weiterer Zugangsbeschränkungsgrund wurde dann angenommen, wenn die vorhandenen Kapazitäten nicht zur vollständigen Deckung der Zugangswünsche der Nachfrager ausreichten.

85 Art. 18, 19 UniversaldienstRL.
86 OVG Münster, MMR 1998, 98, 99.

2.2.4. Vergleich der Steuerungskraft von Kartellrecht und Telekommunikationsrecht

2.2.4.1. Zugangsregulierung

	§ 21 TKG	§ 19 Abs. 4 Nr. 4 GWB
Voraus-setzungen	• Drei-Kriterien-Test • SMP-Stellung (§ 21 Abs. 1 S. 1 TKG) • Prüfung, ob eine Zugangsverpflichtung gerechtfertigt ist und ob diese in einem angemessenen Verhältnis zu den Regulierungszielen nach § 2 Abs. 2 TKG steht (§ 21 Abs. 1 S. 2 TKG)	Missbrauch einer marktbeherrschenden Stellung Dieser liegt nach § 19 Abs. 4 Nr. 4 GWB insbes. unter folgenden Voraussetzungen vor: • Kontrolle eines marktbeherrschenden Unternehmens über *Netze und andere Infrastruktureinrichtungen* (keine IPR) • Keine Duplizierbarkeit • Ausreichende Kapazität zur Bereitstellung der Einrichtung vorhanden • EF-Betreiber ist selbst auf dem abgeleiteten Markt tätig • Zugangspetent ist zur Zahlung eines nicht diskriminierenden Entgelts bereit und akzeptiert auch sonstige nichtdiskriminierende Zugangsbedingungen • Zugangsverweigerung ist nicht sachlich gerechtfertigt *Beachte*: Keine Marktbeherrschung auf den nachgelagerten Märkten nach BGH erforderlich, damit gewisse Angleichung an die sektorspezifische Regulierung und zentraler Unterschied zum europäischen Verständnis der EF-Doktrin.
Rechts-folgen	Instrumente: • Transparenzverpflichtungen, wie z. B. die Veröffentlichung technischer Spezifikationen, von Netzmerkmalen oder von Tarifen (§ 20 TKG) • § 24 TKG: Für bestimmte Tätigkeiten kann die BNetzA	Instrumente: • Transparenzverpflichtungen sind nicht ausdrücklich vorgesehen, aber dennoch als Informationspflicht möglich (§ 32 GWB; Art. 7 VO 1/2003) • Getrennte Buchführung als Strukturmaßnahme möglich, je-

	einem Unternehmen die Verpflichtung getrennter Rechnungsführung auferlegen • Gleichbehandlungsverpflichtungen (§ 19 TKG) Zugangsverpflichtungen: *Muss*-Verpflichtungen: • Call-by-call und Preselection im Festnetz • Mindestangebot an Mietleitungen • Missbrauchsverbot *Soll*-Verpflichtungen: • Entbündelter Zugang zum Teilnehmeranschluss • Zusammenschaltung von Telekommunikationsnetzen • offener Zugang zu technischen Schnittstellen und Protokollen • Kollokation und andere Formen der gemeinsamen Nutzung von Einrichtungen *Kann*-Verpflichtungen (§ 21 Abs. 2 TKG) • Zugang zu bestimmten Netzkomponenten oder -einrichtungen • Keine Verweigerung bereits gewährten Zugangs • Wiederverkauf • Interoperabilität einschl. Roaming • Zugang zu notwendigen Softwaresystemen • Zulassung von Kooperationen anderer Anbieter • Fakturierung und Inkasso	doch subsidiär zu Verhaltensmaßnahmen (Art. 7 I 3 VO 1/2003; § 32 GWB) • Gleichbehandlungsgebot möglich Zugangsverpflichtungen: Das BKartA kann gem. §§ 19, 32 Abs. 2 GWB den Unternehmen *„alle Maßnahmen aufgeben, die für eine wirksame Abstellung der Zuwiderhandlung erforderlich und gegenüber dem festgestellten Verstoß verhältnismäßig sind"*. Im Schrifttum wird hieraus abgeleitet, dass den Kartellbehörden sämtliche Instrumente verhaltensbezogener und struktureller Art zur Verfügung stehen. Dies umfasse grds. auch alle im TKG geregelten Zugangspflichten.[87] Höchstrichterliche Rspr. zu diesen Fragen existiert jedoch noch nicht. Mit dem explizit erwähnten Verhältnismäßigkeitsgebot bringt die Norm aber zum Ausdruck, dass für solch detaillierte Verfügungen jdf. ein erhöhter Rechtfertigungszwang besteht.[88] Die Rechtssicherheit ist u. E. insgesamt höher, wenn sektorspezifisch das Instrumentarium „standardisiert" wird. Es ist einfacher anzuwenden.
	Behördliche Entscheidungsspielräume: ausdifferenziert nach soll und kann	Behördliche Entscheidungsspielräume: Ermessen („kann")

87 Möschel, 2007, 343, 346.
88 Rehbinder, 2006, § 32, Rn. 15.

Gerichtliche Überprüfung	Zwei Instanzen: VG Köln und Bundesverwaltungsgericht Kontrolldichte: Anwendung der Lehre von den Ermessensfehlern und Beurteilungsspielräumen	Zwei Instanzen: OLG Düsseldorf und BGH Kontrolldichte: vollständige Überprüfung der behördlichen Entscheidung

Tabelle 7: Gegenüberstellung der Zugangsansprüche

2.2.4.2. Entgeltregulierung

In der Praxis ist im Hinblick auf Zugangsleistungen die Entgeltregulierung maßgeblich. Nach § 30 Abs. 1 S. 1 TKG unterliegen alle Entgelte von Netzbetreibern mit beträchtlicher Marktmacht für Zugangsleistungen, die die BNetzA nach § 21 TKG auferlegt hat, einer Ex-ante-Genehmigungspflicht. Maßstab sind hier die Kosten der effizienten Leistungserbringung. Gem. § 31 Abs. 2 TKG ergeben sich die Kosten der effizienten Leistungsbereitstellung

> „aus den langfristigen zusätzlichen Kosten der Leistungsbereitstellung und einem angemessenen Zuschlag für leistungsmengenneutrale Gemeinkosten, einschließlich einer angemessenen Verzinsung des eingesetzten Kapitals, soweit diese Kosten notwendig sind".

Der hiermit vorgegebene Regulierungsmaßstab ist vergleichsweise streng (Holznagel, Enaux und Nienhaus, 2006, Rn. 297). Dies kommt insbesondere darin zum Ausdruck, dass die angesetzten Kosten für die Leistungserbringung *„notwendig"* sein müssen. Zum einen soll hierdurch ausgeschlossen werden, dass das regulierte Unternehmen Entgelte für Produkte oder Dienste verlangen kann, die mit der geforderten Leistung in keinem Zusammenhang stehen. Zum anderen soll vermieden werden, dass das regulierte Unternehmen bestehende Ineffizienzen an Wettbewerber oder Endkunden weitergibt. Aus diesem Grund sollen nur diejenigen Entgelte gefordert werden dürfen, die ein effizientes Unternehmen verlangen würde. Um diese Kosten zu ermitteln, muss die BNetzA die nachgewiesenen Kosten des Unternehmens daraufhin überprüfen, ob sie auch bei einem *effizient* arbeitenden Unternehmen angefallen wären.

Hiervon ausgenommen unterliegen Entgelte für Zugangsleistungen nach § 30 Abs. 1 Satz 2 TKG dann der Ex-post-Entgeltüberprüfung, wenn

- der Betreiber nur auf dem Vorleistungs-, nicht aber auf dem nachgelagerten Endkundenmarkt über eine marktbeherrschende Stellung verfügt,
- der Betreiber vor Inkrafttreten des TKG auf dem relevanten Markt noch nicht als marktbeherrschend eingestuft wurde und
- die nachträgliche Entgeltregulierung für die Erreichung der Regulierungsziele ausreicht.

Entgelte für Fakturierung (sog. Billing) und Forderungseinzug (Inkasso) durch dominante Unternehmen unterliegen solange keiner Regulierung, wie eine Vereinbarung nach § 21 Abs. 2 Nr. 7 TKG besteht.[89] Wird diese Vereinbarung gekündigt, werden die Entgelte für Fakturierung und Inkasso nachträglich reguliert. Darüber hinaus unterliegen die in § 30 Abs. 3 TKG genannten Konstellationen einer nachträglichen Entgeltregulierung. Der Überprüfungsmaßstab ist hier gegenüber der Ex-ante-Regulierung vermindert. Eine strenge Kostenkontrolle nach § 31 TKG findet nicht statt. Im Verfahren der nachträglichen Entgeltregulierung wird lediglich überprüft, ob die Entgelte den Maßstäben des § 28 TKG entsprechen, also nicht missbräuchlich sind. Die nachträgliche Entgeltüberprüfung entspricht damit jedenfalls im Hinblick auf die zugrundeliegenden Maßstäbe weitgehend einer kartellrechtlichen Missbrauchsaufsicht. Wichtige Unterschiede ergeben sich in der Praxis im Hinblick auf die Beweislastverteilung. So wird in § 28 Abs. 2 TKG für bestimmte Fallkonstellationen (z. B. bei Preis-Kosten-Scheren) ein Missbrauch vermutet. Eine solche Vorkehrung kennt das allgemeine Kartellrecht nicht, so dass sich das Kartellamt in ähnlichen Fällen mit erheblichen Beweisproblemen konfrontiert sehen würde. Die Ex-post-Regulierung durch eine nationale Regulierungsbehörde kann insofern ein wichtiges Instrument sein, um den Übergang von sektorspezifischer Regulierung hin zum allgemeinen Kartellrecht zu bewerkstelligen. Sie nimmt daher auf der unten in Abschnitt 3.3.5 vorgestellten Instrumentenleiter eine wichtige Stufe ein.

	TKG	GWB
Maßstab	Kein Missbrauch (§ 28 TKG)	Kein Missbrauch (§ 19 GWB)
„Beweislast“	Grds. BNetzA. Aber *Vermutungsregelung* bei (§ 28 Abs. 2 TKG): • Dumpingpreisen, • Preis-Kosten-Schere, • Sachlich ungerechtfertigter Bündelung.[90]	BKartA: *Keine* Vermutungsregelung vorgesehen.
Informationsstand	Anzeigepflichten (§ 38 TKG): Geplante Entgelte müssen 2 Monate *vor* Inkrafttreten der BNetzA vorgelegt werden.	Keine Anzeigepflichten. Erhebung notwendiger Informationen nur *nach* Inkrafttreten im Einzelfall.

89 Diese Vorschrift ist Konsequenz der Tatsache, dass unmittelbar vor den Verhandlungen des Vermittlungsausschusses zwischen DTAG und Wettbewerbern eine Vereinbarung über die Fakturierung und das Inkasso abgeschlossen wurde, die der Gesetzgeber als selbstregulatorische Lösung einer gesetzlichen Regelung vorzog.

90 Vgl. hierzu die Mitteilung der EU-Kommission über die Anwendung der Wettbewerbsregeln auf Zugangsvereinbarungen im Telekommunikationsbereich, Abl. EG Nr. C 265 v. 22.08.1998, Rn. 104 ff.

Instrumente	Überprüfungsverfahren (§ 38 Abs. 2, 3 TKG); Bei offenkundigem Verstoß kann BNetzA die Einführung bis zum Abschluss ihrer Prüfung untersagen; Untersagungsverfügung mit Ex-nunc-Wirkung; Positive Anordnung angemessener Preise möglich (§ 38 Abs. 4 Satz 2 TKG).	Überprüfungsverfahren; Einstweilige Untersagung allenfalls nach Inkrafttreten möglich und nur dann, wenn *„die Gefahr eines ernsten, nicht wieder gutzumachenden Schadens für den Wettbewerb besteht"* (§ 32a GWB); Untersagungsverfügung mit Ex-nunc-Wirkung; *Keine* positive Preisfestsetzung möglich.
Stellung in der Instrumentenleiter[91] (Ladder of Remedies)	„Grauzone" zwischen gestörter und ungestörter Marktlage: Ex-post-Regulierung durch TK-Regulierer steht auf 3. Ebene der Regulierungsleiter. Noch keine Übergabe der Ex-post-Regulierung an die Kartellbehörden möglich, weil noch unsicher ist, ob zukünftig einschneidendere Regulierungsmaßnahmen wieder erforderlich werden (Rückholbarkeit).	Ungestörte Marktlage: Ex-post-Regulierung durch Kartellamt steht auf der untersten Stufe, der 4. Ebene, der Regulierungsleiter (keine Rückholbarkeit).

Tabelle 8: Gegenüberstellung der Ex-post-Regulierung nach TKG und GWB (bezogen auf Zugangsentgelte)

Im Rahmen der kartellrechtlichen Missbrauchsaufsicht bestehen ausschließlich Ex-post-Regulierungsbefugnisse. So erstrecken sich die Ermittlungs- und Auskunftsbefugnisse der Kartellbehörden stets nur auf den zugrunde liegenden Einzelfall und greifen erst bei einem begründeten Anfangsverdacht. Eine kontinuierliche Sektorregulierung ist hierdurch grds. nicht so effektiv möglich wie durch Ex-ante-Regulierung. Mit der Ermöglichung von strukturellen Gebotsverfügungen auf Grundlage des § 32 Abs. 2 GWB durch die GWB-Novelle 2005 hat sich dieser Unterschied aber relativiert, da Eingriffe in die Unternehmensstruktur in gewisser Weise immer auch Ex-ante-Wirkung entfalten.

Zu beachten ist allerdings, dass die BNetzA im Vergleich zu den Kartellbehörden einen quantitativ wie qualitativ höheren Informationsstand hat.[92] Dieser resultiert nicht zuletzt aus ihren im Vergleich zum BKartA weitergehenden Rechten hinsichtlich der Erhebung von Informationen (insb. laufende bzw. systematische Berichts-

91 Zum Begriff der Instrumentenleiter vgl. ausführlich unten Abschnitt 3.3.5.

92 Briglauer und Ertl, 2007, 103, 105; bezogen auf das Verhältnis von Kartellrecht und Energiewirtschaftsrecht Haucap und Uhde, 2008, 16.

pflichten der Marktteilnehmer) und einer kontinuierlichen Marktbeobachtung (Haucap und Kruse, 2004, 266, 269, 272 f.). Im Gegensatz hierzu müssen vom BKartA benötigte Informationen zum Nachweis der Missbräuchlichkeit im Einzelfall erst erhoben werden. Dieser schwächere Informationsstand wird dadurch erschwert, dass die „Beweislast" für den Nachweis missbräuchlichen Verhaltens grundsätzlich beim BKartA liegt. So sind im Rahmen der Ex-ante-Netzentgelt-Regulierung grundsätzlich die SMP selbst verpflichtet, Nachweise über ihre tatsächlichen Kosten aus der Netzunterhaltung zu erbringen, während bei einer Ex-post-Aufsicht durch das BKartA die Beweislast auf Seiten der Behörde liegt.[93]

Gem. § 19 GWB gilt im Rahmen der Missbrauchsregulierung der strenge Maßstab der Kosten einer effizienten Leistungsbereitstellung nicht (Schebstadt, 2004, 181, 182). Dem Wortlaut nach kann der Essential-Facility-Betreiber ein *„angemessenes Entgelt"* für die Zugangsgewährung verlangen (§ 19 Abs. 4 Nr. 4 GWB). Was angemessen ist, soll grds. nach dem Vergleichsmarktkonzept ermittelt werden.[94] Den Maßstab bildet dabei der hypothetische Wettbewerb (Als-ob-Wettbewerb). Dies schließt allerdings die Anwendung anderer geeigneter Methoden nicht aus (Götting, 2006, § 19, Rn. 74). Einheitliche Kriterien bestehen hier nicht. Kartellbehörden und -gerichte gehen sehr einzelfallbezogen vor. Da es in der Praxis kaum vorkommt, dass sich zwei derart strukturähnliche Märkte finden, dass ein Rückschluss auf den wettbewerbsanalogen Preis ohne weiteres möglich ist, spielen Korrekturzuschläge eine wichtige Rolle. Missbräuchlich überhöht sind die Entgelte daher nicht bereits dann, wenn das Vergleichsunternehmen niedrigere Entgelte fordern würde. Da der Missbrauch einer marktbeherrschenden Stellung ein Unwerturteil enthält, bedarf es (neben einem Sicherheitszuschlag für Unsicherheiten bei der Einschätzung des Vergleichsmaterials) eines Abstandes zwischen den von der Betroffenen erzielten Erlösen und den entsprechenden Zahlen des Vergleichsunternehmens (sog. Erheblichkeitszuschlag).[95] Er soll gewährleisten, dass zwischen dem Vergleichserlös und dem entsprechenden Erlös des EF-Betreibers ein so großer Abstand verbleibt, dass das Unwerturteil gerechtfertigt ist.[96]

Soweit eine Vergleichsbetrachtung mangels Existenz eines Marktpreises für die Mitbenutzung nicht möglich ist, wird auf das Prinzip der Kostendeckung zurückgegriffen (Bechtold, 2008, § 19, Rn. 85). Darüber hinaus wird dem Betreiber eine angemessene Verzinsung seines Kapitals zugebilligt (Götting, 2006, § 19, Rn. 93). Ein grundsätzlicher Unterschied zwischen der Entgeltregulierung nach GWB und TKG besteht darin, dass eine weitgehend an den tatsächlichen Kosten der Netzbetreiber ansetzende Missbrauchsaufsicht keine Anreize für eine effiziente Leistungsbereitstellung vermittelt. Da die Aufsichtsbehörde immer nur begrenzt beurteilen

93 Briglauer und Ertl, 2007, 103, 105. Zum Europarecht vgl. auch Art. 2 VO 1/2003.

94 BGHZ 163, 282 – Stadtwerke Mainz; Götting, 2006, § 19, Rn. 93. Dies ergibt sich auch aus § 19 Abs. 4 Nr. 2, 2. HS GWB, wonach *„insbesondere die Verhaltensweisen von Unternehmen auf vergleichbaren Märkten mit wirksamem Wettbewerb zu berücksichtigen sind"*.

95 BGHZ 142, 239, 247 und 251 f. m. w. N. – Flugpreisspaltung.

96 BGHZ 163, 282 ff. – Stadtwerke Mainz.

kann, ob der Netzbetreiber bestehende Rationalisierungspotentiale ausgeschöpft hat, können hohe Kosten als betriebsnotwendig dargestellt und über höhere Preise auf die Netznutzer abgewälzt werden.

Im Rahmen der Missbrauchskontrolle darf die Kartellbehörde eine Missbrauchsgrenze festlegen, die sämtliche oberhalb dieser Grenze liegenden Preise erfasst. Positive Preisfestsetzungen sind dagegen nicht möglich.[97]

	§ 30 ff. TKG	§ 19 Abs. 4 Nr. 4 GWB
Voraus-setzungen	SMP-Stellung.	Missbrauch einer marktbeherrschenden Stellung.
Beweislast	Grds. SMP bzw. Informationsstand der BNetzA durch laufende und systematische Berichtspflichten hoch.	Grds. auf Seiten des BKartA. Hier zudem Informationsdefizite mangels kontinuierlicher Datenerhebung.
Instrumente	Grds. Ex-ante-Genehmigung. Ex-post nur, wenn • Betreiber nur auf dem Vorleistungsmarkt über eine SMP-Stellung verfügt, • Betreiber vor Inkrafttreten des TKG auf dem relevanten Markt noch nicht als marktbeherrschend eingestuft wurde und • nachträgliche Entgeltregulierung für die Erreichung der Regulierungsziele ausreicht. Alle übrigen Vorleistungsentgelte von SMP-Anbietern sowie Zugangsentgelte von Betreibern ohne beträchtliche Marktmacht kann die BNetzA ebenfalls nur nachträglich überprüfen (§ 30 Abs. 3, 4 TKG).	Ex-post-Regulierung. Positive Preisfestsetzung *nicht* möglich; zulässig ist lediglich ein Verbot kartellrechtswidriger Preise.[98]
Maßstab	• Kosten der effizienten Leistungserbringung,	Grds. räumliches Vergleichsmarktkonzept mit Korrekturabschlägen;

97 Anweiler, 2005, Art. 7, Rn. 53. In der Entscheidung *United Brands* wurde dem betroffenen Unternehmen lediglich „vorgeschlagen", die Preise um durchschnittlich mindestens 15 % zu senken.

98 Vgl. Fn. 97.

	• langfristige zus. Kosten der Leistungsbereitstellung, • angemessener Zuschlag für leistungsmengenneutrale Gemeinkosten, einschließl. angemessener Verzinsung des eingesetzten Kapitals, • soweit diese Kosten *notwendig* sind. KeL-Maßstab jedoch nur bei Ex-ante-Regulierung; bei Ex-post-Regulierung Missbrauchsmaßstab entsprechend dem allgemeinen Kartellrecht.	ansonsten Kostenregulierung.
Gerichtliche Überprüfung	Wie oben (vgl. Tabelle 7).	Wie oben (vgl. Tabelle 7).

Tabelle 9: Gegenüberstellung der Entgeltregulierung

3. Auswirkung des stärker ökonomisch fundierten Ansatzes auf Regulierung

3.1. Regulierungsziele

Wie oben in Abschnitt 2.2.1 herausgearbeitet, liegen dem europäischen Rechtsrahmen sowie der Regulierungspolitik des TKG Ziele zugrunde, die sehr prominent die Verbraucherwohlfahrt und teilweise auch Effizienz als Kriterien enthalten. Im Gegensatz zu einem rein ökonomischen Ansatz sind aber die Regulierungsziele nicht auf eines dieser Kriterien beschränkt. Wollte man folglich einem stärker ökonomisch fundierten Ansatz in reiner Form bei der Regulierung zum Durchbruch verhelfen, so müsste man eine gesetzliche Änderung der Ziele mit Konzentrierung auf „langfristigen Verbrauchernutzen" oder „gesamtgesellschaftliche Wohlfahrt" vornehmen. Dieses neue Ziel wäre dann abstrakter als die gegenwärtige Aufzählung von Zielen und müsste von Ökonomen und Juristen im jeweils konkreten Zusammenhang mit Inhalt gefüllt werden. Man kann sich aber auch auf den Standpunkt stellen, dass die Ziele in der kodifizierten Form auch gewollt sind, so dass ökonomische und andere Ziele nebeneinander bestehen. Dann geht es darum, das Verhältnis der Ziele zueinander auszuloten und etwaige Zielkonflikte zu lösen. Zum Beispiel kann zwischen dem Ziel „Intensivierung des Wettbewerbs“ und „Erhöhung des Verbrauchernutzens“ ein Widerspruch hinsichtlich der Endnutzerpreisregulierung bestehen; denn Regulierung, die den Endnutzern durch Preisobergrenzen nützt, hält (potenzielle) Wettbewerber davon ab, in dem betreffenden Markt zu konkurrieren.

Aus gegenwärtiger Sicht dürfte es klar sein, dass die Ziele der Wettbewerbspolitik (sowohl in Deutschland als auch in der EU) nicht mit den Zielen der sektorspezifischen Telekommunikationsregulierung identisch sind. Die dadurch gegebene Spannung scheint uns bisher nirgends problematisiert zu werden. Wo bestehen in dem Zusammenhang mögliche Problembereiche?

- Feststellung der Regulierungsbedürftigkeit, insbesondere Kriterium drei des Drei-Kriterien-Tests: Kriterium drei bezieht sich auf die Beseitigung des in den Kriterien eins und zwei festgestellten Marktversagens, also auf den Abbau von Marktzutrittshindernissen und von Hindernissen, die einer Tendenz zu wirksamem Wettbewerb im Wege stehen. Das sind aber gerade die Ziele des GWB, so dass hier kaum ein Zielkonflikt zwischen TKG und GWB bestehen sollte. Das würde auch hinsichtlich der Marktabgrenzung, der Feststellung der Kriterien eins und zwei sowie der Marktdominanz gelten. In der sogleich unten folgenden Erörterung von Kriterium eins zeigt sich aber, dass der stärker ökonomisch fundierte Ansatz möglicherweise mit einem anderen Begriff der Marktzutrittsschranke operieren würde, als er im GWB bislang Anwendung findet.
- Behandlung ehemals regulierter Unternehmen nach Entlassung aus der Regulierung: Ein aus der Ex-ante-Regulierung entlassenes Unternehmen kann der kartellrechtlichen Missbrauchsaufsicht unterliegen, z. B. wenn eines der drei Kriterien nicht mehr erfüllt ist. Die unterschiedliche Zielsetzung von GWB und TKG könnte dann zu anderen Maßstäben für Zusammenschaltungsentgelte führen.
- Anwendung wettbewerbspolitischer und regulatorischer Maßnahmen im selben Markt: Ein Beispiel hierfür ist die regulierungspolitisch erwünschte Fusion von Kabelfernsehgesellschaften, die vom BKartA in der Vergangenheit erschwert und teilweise unterbunden wurde.

Zusammenfassend sind die Zielkonflikte nur in letzterem Fall gravierend, wären aber im konkreten Beispiel durch Ministererlaubnis überwindbar gewesen. Zielkonflikte werden auch durch gegenseitige Konsultation von BKartA und BNetzA überwunden.

3.2. Regulierungsbedürftigkeit

Da die Regulierungsbedürftigkeit in der vorherigen Untersuchung bereits ausführlich behandelt wurde, beziehen wir uns hier insbesondere auf neue Gesichtspunkte, die mit bestehenden Unklarheiten und einer schärferen Abgrenzung der Regulierungsbedürftigkeit zusammenhängen.

3.2.1. Der EU-Ansatz der Regulierungsbedürftigkeit unter stärkerer ökonomischer Orientierung

3.2.1.1. Marktabgrenzung

Im Zuge der anstehenden Deregulierung von Märkten sind zunehmend die geographischen Unterschiede in den Marktgegebenheiten ein Deregulierungshindernis, da bislang Märkte zur Feststellung der Regulierungsbedürftigkeit national abgegrenzt wurden. Außerdem hat sich im Zuge der Diskussion um den neuen § 9 a TKG die Frage der Abgrenzung neuer Märkte gestellt.

Regionale Marktabgrenzung: Falls in zwei Regionen eines Landes völlig unterschiedliche Wettbewerbsbedingungen herrschen (sowie in einer Region der Drei-Kriterien-Test erfüllt wäre, in der anderen aber nicht), kann es sich eigentlich nicht um einen nationalen Markt handeln. Die BNetzA (damals RegTP) hat aber vor einigen Jahren mit solch engen geographischen Marktdefinitionen keine guten Erfahrungen gemacht (Hellwig, 2008). Wie viele Märkte soll man im Zweifelsfalle definieren? Wie sollen die Gemeinkosten und gemeinsamen Kosten den kleinen geographischen Märkten zugerechnet werden? Man könnte diese Komplikation dadurch vereinfachen, dass man nach der sachlichen Marktdefinition den Drei-Kriterien-Test regional anwendet und daraus zwei regionale Markttypen ableitet, und zwar einen, wo der Test erfüllt ist, und einen, wo er nicht erfüllt ist. Ofcom (2006) hat hier schon hinsichtlich der Breitbandzugangsmärkte eine Vorreiterrolle gespielt. Die Kommission könnte diese Lösung in die Märkteempfehlung einbauen.[99]

Neue Märkte: Im Zuge der Anwendung von § 9 a TKG hat die BNetzA Auslegungsgrundsätze erlassen (BNetzA, 2007), die hinsichtlich der Marktabgrenzung „neue" von „neu entstehenden" Märkten unterscheiden. Neu entstehende Märkte sind im Einklang mit der Kommission solche, auf die der Drei-Kriterien-Test nicht anwendbar ist. Solche Märkte sind mangels Erfüllung dieses Tests nicht regulierungsbedürftig und fallen damit nicht unter § 9 a TKG. Im Gegensatz dazu ist auf neue Märkte, die den Kriterien des § 3 Nr. 12 b TKG genügen, der Drei-Kriterien-Test anwendbar. Sie müssen auch als neue Märkte abgrenzbar sein, was insbesondere bedeutet, dass in ihnen keine Produkte enthalten sind, die schon vorher einer Marktanalyse unterzogen wurden. Auch die technische Weiterentwicklung von Produkten, wie sie in der Telekommunikation ständig und allenthalben stattfindet, führt nach den Auslegungsgrundsätzen nicht zu einem neuen Markt. Vielmehr müsse die Innovation erheblich sein, damit ein Markt als neu i. S. von § 9 a TKG eingestuft werden könne. Wir halten es demgegenüber für kaum vorstellbar, dass ein bislang nicht definierter Markt, der auch keinen alten Markt ersetzt, nicht auf eine

99 Eine alternative Lösungsmöglichkeit bestünde darin, die Regulierungsbedürftigkeit nicht an Märkten sondern an Essential Facilities anzuknüpfen. Solche Facilities können im Prinzip geographisch sehr eng gefasst sein. Auch hier müsste man geographisch so aggregieren, dass man die beiden Bereiche unterscheiden kann, wo Essential Facilities bestehen und wo nicht. Wir kommen darauf unten in Abschnitt 3.4.2 zurück.

erhebliche Innovation zurückzuführen ist. Eines gesonderten Innovationskriteriums bedürfte es daher nicht. Vielmehr kommt es unseres Erachtens darauf an, dass diese Innovation auf ein dominierendes Unternehmen zurückzuführen ist.

3.2.1.2. Drei-Kriterien-Test

3.2.1.2.1. Kriterium eins

Der Begriff der Marktzutrittsschranken wird im ökonomischen Schrifttum keineswegs einheitlich gebraucht. Am verbreitetsten sind die Definitionen von Bain und Stigler, die im Gegensatz zum stärker ökonomisch fundierten Ansatz nicht auf einer Wirkungsanalyse beruhen. Bain (1956) definiert Marktzutrittsschranken durch die Fähigkeit von Altsassen, langfristig ihre Preise oberhalb der Kosten zu setzen. Im Gegensatz dazu stellt Stigler (1968) auf Kostenvorteile der Altsassen gegenüber potenziellen neuen Wettbewerbern ab. Von Weizsäcker (1980) hat nun gezeigt, dass die so definierten Marktzutrittsschranken geeignet sein könnten, Ineffizienzen im Markt zu vermeiden. Insofern können solche Marktzutrittsschranken erwünscht sein und würden kein Marktversagen bedeuten. Er definiert deshalb Marktzutrittsschranken so wie Stigler, aber mit der zusätzlichen Eigenschaft, dass sie außerdem zu einer Verringerung der Effizienz des Marktergebnisses führen. Von Weizsäcker nimmt also als einer der Pioniere des stärker ökonomisch fundierten Ansatzes eine Wirkungsanalyse vor, und zwar mit Effizienz (oder gesamtgesellschaftlicher Wohlfahrt) als Maßstab. Im Gegensatz dazu wählt Schmalensee (2004) den langfristigen Verbrauchernutzen als Maßstab für „Antitrust Barriers to Entry“. Der Unterschied zwischen von Weizsäckers und Schmalensees Definition könnte im Telekommunikationsbereich gravierend sein. Wenn z. B. durch Kostenvorteile des Incumbent Marktzutritt im Breitbandzugangsbereich verhindert wird, so ist dies nach Schmalensee eine Marktzutrittsschranke, wenn der Marktzutritt zu einer Senkung des Marktpreises führen würde, auch wenn sich dadurch insgesamt die Kosten pro Kunden erhöhen. Nach von Weizsäcker hingegen ist es keine Marktzutrittschranke, wenn die Kostenerhöhung größer ist als der Zuwachs an Konsumentennutzen. Im Sinne von Stigler hingegen wäre es eine Marktzutrittsschranke, selbst wenn es durch hypothetischen Marktzutritt zu keiner Preissenkung käme.

Bislang ist nicht zu sehen, dass diese Unterscheidungen zwischen verschiedenen Konzepten der Marktzutrittsschranken in der europäischen Wettbewerbspolitik oder bei der Anwendung des Drei-Kriterien-Tests eine praktische Rolle gespielt hätten. Es ist auch nicht klar, inwieweit die Unterscheidungen in die Systematik des Drei-Kriterien-Tests hineinpassen würden; denn mit Marktzutrittsschranken ist hier nur insoweit ein Unwerturteil verbunden, als in Kriterium drei von Marktversagen gesprochen wird. Ansonsten werden die Marktzutrittsschranken hingenommen und nur Konsequenzen hinsichtlich der Bekämpfung der Wirkungen gezogen.

3.2.1.2.2. Kriterium zwei

Zum zweiten Kriterium ergibt sich aus der Perspektive des stärker ökonomisch fundierten Ansatzes wenig Neues, sofern der Begriff des wirksamen Wettbewerbs von dem Ansatz nicht verändert wird. Dies ist unten im Zusammenhang mit Marktdominanz zu untersuchen.

3.2.1.2.3. Kriterium drei

(1) Bisheriger Einsatz
Je näher man der Deregulierung kommt, umso wichtiger wird Kriterium drei. Es ist damit das potenziell wichtigste Kriterium für den Einsatz sektorspezifischer Regulierung anstelle des wettbewerbspolitischen Instrumentariums. Wie aber bereits in der vorherigen Untersuchung herausgestellt (Haucap et al., 2006; Abschnitt 3.2.1) ist Kriterium drei sowohl in der Märkteempfehlung als auch in der praktischen Anwendung das schwächste Glied bei der Begründung der Regulierungsbedürftigkeit. So kritisiert Möschel (2007), dass die BNetzA das dritte Kriterium nur kursorisch und formelhaft prüfe, und meint, dass hier durchgängig Deregulierungspotential verschenkt werde. Die BNetzA verwende zur Rechtfertigung der Regulierungsbedürftigkeit unter Kriterium drei immer wieder die gleichen, schon oben in Abschnitt 2.2.2 erwähnten standardisierten Begründungselemente, nämlich, dass alleinige Verwendung des Wettbewerbsrechts nur ein punktuelles Eingreifen ermögliche, nicht aber detaillierte Befugnisse zur Vornahme positiver Regelungen für fortlaufende Überwachung und häufiges Einschreiten erteile. Zudem sei das Wettbewerbsrecht zu langsam. Möschel macht insbesondere darauf aufmerksam, dass diese von der BNetzA herausgestellten Vorteile der Regulierung gegenüber dem Wettbewerbsrecht immer bestünden, womit die Begrenzungswirkung von Kriterium drei leer liefe.

In Kriterium drei geht es nach der Märkteempfehlung und nach § 10 Abs. 2 TKG darum, die Unzulänglichkeit des allgemeinen Wettbewerbsrechts zur Lösung des durch die Kriterien eins und zwei festgestellten Marktversagens nachzuweisen. Nach heute üblicher ökonomischer Auffassung liegt ein Marktversagen vor, wenn das Marktgeschehen nicht zu einem effizienten Resultat führt. M. a. W., das allgemeine Wettbewerbsrecht führt nicht zu einem effizienzerhöhenden Abbau der festgestellten Marktzutrittshindernisse und nicht zu einer effizienzerhöhenden längerfristigen Tendenz zu wirksamem Wettbewerb. Dabei stellt sich freilich die Frage, ob die Ursache des Marktversagens beseitigt werden muss oder ob eine Verbesserung des Marktergebnisses durch Unterbindung der Ausübung der Marktmacht genügt. Bei Notwendigkeit des Ersteren wäre das Wettbewerbsrecht (aber auch die Regulierung) vielfach ungeeignet, da es nur selten das Marktversagen an seiner Wurzel beseitigt.

(2) Mangelnde Eignung des Wettbewerbsrechts
Wie kann man die mangelnde Eignung des allgemeinen Wettbewerbsrechts feststellen, und unter welchen Umständen tritt sie auf? Die Antworten hierauf sind keines-

wegs trivial, zumal zumindest in Deutschland das allgemeine wettbewerbsrechtliche Instrumentarium in den letzten Jahren erheblich aufgewertet worden ist und sich immer weniger von regulatorischen Eingriffen unterscheidet. Damit wird auch zunehmend unklarer, was Deregulierung bedeutet, und wird Deregulierung ein sehr viel kleinerer Schritt als in der Vergangenheit. Im Folgenden gehen wir insbesondere auf systematische Probleme des Wettbewerbsrechts allgemein ein und vernachlässigen darüber hinausgehende Probleme in der Gesetzgebung und Kartellrechtsanwendung der einzelnen EU-Staaten (und des EU-Wettbewerbsrechts).

Es fehlt bislang an empirischen Methoden der Feststellung, unter welchen Bedingungen kartellrechtliche Eingriffe nicht greifen. Dies leistet auch der bisherige Entwurf der neuen Märkteempfehlung nicht. Auch wenn die beiden ersten Kriterien sowie die Marktabgrenzung und Feststellung der Marktdominanz alles andere als klar feststellbare Tatbestände sind, besteht zu ihrer Durchführung doch eine aus dem Wettbewerbsrecht entwickelte und bewährte Methodik. Das gilt aber für die Unzulänglichkeit kartellrechtlicher Eingriffe nur sehr bedingt.[100] Im Fall der Kriterien eins und zwei bedeutet mangelnde Eignung, dass trotz wettbewerbspolitischer Eingriffe entweder (a) hohe Marktzutrittsschranken bestehen bleiben oder (b) der Mangel an Tendenz zu wirksamem Wettbewerb bestehen bleibt oder dass Marktmacht mit hoher Wahrscheinlichkeit missbraucht wird. Warum sollte das allgemeine Wettbewerbsrecht hier scheitern?

Im Folgenden identifizieren wir insbesondere drei kritische Mängel der allgemeinen Wettbewerbspolitik bei Beseitigung der Kriterien eins und zwei bzw. bei der Verhinderung des daraus resultierenden Missbrauchs.

(a) Missbrauchsfeststellung als Voraussetzung kartellrechtlicher Eingriffe

Bei bestehender Marktdominanz gilt, dass das allgemeine Wettbewerbsrecht nur eingreift, wenn es bereits zu einem Missbrauch gekommen ist. In dem Sinne beschränken sich die wettbewerbsrechtlichen Eingriffe auf Ex-post-Situationen.[101] Durch dieses Erfordernis ist das allgemeine Wettbewerbsrecht nicht in der Lage, Missbräuche im Entstehen direkt zu verhindern, ggf. aber doch fähig, Missbrauch durch Abschreckung indirekt zu unterbinden (dazu unten mehr). Vielmehr entstehen Verzögerungen, die den Schaden vergrößern, so dass insbesondere neue Wettbewerber ihre Finanzierungs- und Expansionsmöglichkeiten verlieren und damit im Markt scheitern. Ein Standardargument der Wettbewerber lautet wie folgt: „Wenn wir auf die Ex-post-Maßnahme warten müssen, ist unser Geschäftsmodell in dynamischen Märkten schon nicht mehr realisierbar". Dies ist insbesondere ein Problem, wenn Missbräuche häufig und immer wieder auftreten. In diesem Fall versagt das allgemeine Wettbewerbsrecht in der Tat, wenn z. B. durch den bereits eingetretenen

100 Eine mögliche Ausnahme bildet im amerikanischen Wettbewerbsrecht die Diskussion um die Essential-Facilities-Doktrin, der von verschiedener Seite vorgeworfen wird, dass hier die Wettbewerbspolitik bislang weitgehend gescheitert sei (Areeda, 1990; Lipsky und Sidak, 1999).

101 Im Gegensatz dazu greift das allgemeine Wettbewerbsrecht durch die Fusionskontrolle ex ante ein, um dominante Marktpositionen zu verhindern.

Missbrauch großer Schaden angerichtet wird, Unternehmen aus dem Markt gedrängt oder vom Marktzutritt abgehalten werden.

Dieses systemimmanente Versagen der Missbrauchsaufsicht bezieht sich aber unseres Erachtens voll nur auf die Korrekturfunktion des rechtlichen Eingriffs. Daneben betonen Ökonomen immer auch die Anreizfunktion bzw. die abschreckende Wirkung. Diese hängt in erster Linie von den Konsequenzen ab, die dem missbrauchenden Marktbeherrscher drohen. Diese Konsequenzen sind aber u. E. nicht systemimmanent. Wie in Anhang A sowie oben in Abschnitt 2.1.3.2.4 beschrieben, bestehen auf nationaler und europäischer Ebene Anreizmittel in Form von Pönalen und Schadensersatzansprüchen, die das Risiko von Missbräuchen für dominierende Unternehmen erhöhen und damit die Missbrauchswahrscheinlichkeit senken sollten. Was hält den Gesetzgeber davon ab, dem missbrauchenden Unternehmen so hohe Bußgelder aufzuerlegen, dass es i. Allg. gänzlich von Missbrauch absehen würde (die berühmten treble damages in den USA, die gleichzeitig den Opfern zugute kommen)? Die Problematik besteht hier wohl in erster Linie darin, dass Missbräuche häufig schwer nachweisbar sind und damit das Fehlerrisiko sowohl der Marktbeherrscher als auch der potenziellen Opfer erhöht wird. Solange diese Risiken hoch sind, muss man aber wohl davon ausgehen, dass der nachträgliche Missbrauchsnachweis in bestimmten Fällen ungeeignet ist, um Missbräuche zu verhindern, um langfristige hohe Marktzutrittsschranken abzubauen und um eine längerfristige Tendenz zu wirksamem Wettbewerb zu schaffen. Der Bereich dieser Fälle lässt sich aber durch Anpassung der Wettbewerbspolitik (z. B. durch Anpassung des Standards für die Beweisanforderungen, Umkehr der Beweislast, Stärkung der privaten Kartellrechtsdurchsetzung) einschränken, so dass der zu regulierende Bereich dadurch schrumpfen würde.

(b) Mangelnde Preissetzungsmöglichkeit der Wettbewerbsbehörden

Bestimmte Missbräuche ließen sich nur korrigieren, wenn die Wettbewerbsbehörden missbrauchsfreie Preise festsetzen könnten. Dies war in der Vergangenheit schon immer ein besonders schwieriges Problem der kartellrechtlichen Missbrauchsaufsicht, das durch Rückgriff auf tatsächliche oder hypothetische Wettbewerbsmärkte gelöst wurde. Solch eine Lösung ist aber in den in Frage stehenden Kommunikationsmärkten praktisch nie möglich, da keine wettbewerblichen Vergleichsmärkte bestehen und aufgrund von Skalenerträgen und Verbundvorteilen sich auch keine wettbewerblich relevanten Kosten als Preismaßstab anbieten. Insofern sind auch die in Ergänzung zum und anstelle vom Vergleichsmarktkonzept grundsätzlich nach dem allgemeinen Wettbewerbsrecht möglichen Kostenkontrollen bei der korrekten Preisfindung weitgehend ungeeignet (ähnlich auch Monopolkommission, 2007, TZ 19-21 zu § 29 GWB-E). Hinzu kommt, dass die Preisfestlegung wegen der Langfristigkeit der Eingriffe ständig neuen Gegebenheiten angepasst werden müsste. Weder die Kartellbehörden noch die Gerichte sind darauf eingestellt. Vielmehr besteht ihre Aufgabe in erster Linie darin festzustellen, dass bestimmte Entgelte missbräuchlich sind, nicht aber, wie korrekte Entgelte auszusehen haben.

(c) Mangelnde Kontrollmöglichkeiten der Wettbewerbsbehörden

Zum Entwurf und zur Durchsetzung bestimmter Remedies bedarf es spezieller Informationen und eines administrativen Apparates, über die die Wettbewerbsbehörden i. Allg. nicht verfügen. Die Notwendigkeit dazu ergibt sich daraus, dass es in den angesprochenen Märkten nicht genügt, Missbräuche zu verbieten, sondern es erforderlich ist, als richtig anzusehende Verhaltensvorschriften zu erlassen, die dauerhaft missbrauchsfrei sind. Dies gilt z. B. für Preisregulierung und Zugangsverpflichtungen. Zwar ist es grundsätzlich möglich, den Wettbewerbsbehörden solche Befugnisse und personelle sowie finanzielle Mittel zu übertragen. Diese wären aber nur für den spezifischen Sektor angebracht und nicht für die Anwendung des allgemeinen Wettbewerbsrechtes. Eine allgemeine Ausweitung der wettbewerbsrechtlichen Kompetenzen für alle Sektoren hat ihre Grenzen darin, dass dadurch die Anreize von Wettbewerbern zur Ausübung der Wettbewerbsfreiheit untergraben werden könnten. Insofern würde es sich hierbei um sektorspezifische Regulierung handeln, die lediglich von einer allgemeinen Wettbewerbsbehörde durchgeführt wird. Dies geschieht z. B. in Australien durch die ACCC, die sowohl allgemeine wettbewerbsrechtliche Aufgaben als auch sektorspezifische Regulierung wahrnimmt. Dort gibt es Verfahrensmethoden, sog. „Undertakings“, die eine Trennung von eingriffsarmem und eingriffsintensivem Vorgehen erlauben.

Charakteristikum des Wettbewerbsrechts	Ungeeignet bei...	Mangelnde Eignung relevant bei...
• Erfordernis des Missbrauchsnachweises	• Missbräuchen mit großen Schäden • schwer feststellbaren Missbräuchen, z. B. versteckte Lieferverweigerung durch Verzögerung • häufigen und wiederholten Missbräuchen	• Zugang zu monopolistischen Bottlenecks; Predation gegenüber Wettbewerbern • Zugang zu monopolistischen Bottlenecks; Predation gegenüber Wettbewerbern • Zugang zu monopolistischen Bottlenecks
• Mangelnde Preissetzungsmöglichkeiten	• Mangel an Vergleichsmärkten • Vorliegen von Skalenerträgen und Verbundvorteilen • Langfristigkeit des Eingriffs in einer dynamischen Umwelt	• Zugang zu monopolistischen Bottlenecks; SMP im Vorleistungsmarkt; Monopol im Endnutzermarkt • Zugang zu monopolistischen Bottlenecks; SMP im Vorleistungsmarkt • Zugang zu monopolistischen Bottlenecks; SMP im Vorleistungs-

		markt; Monopol im Endnutzermarkt
• Mangelnde Kontrollmöglichkeiten	• umfangreichen Informationserfordernissen • laufenden Überprüfungserfordernissen	• Zugangsverpflichtungen • Preisregulierung

Tabelle 10: Mangelnde Eignung des allgemeinen Wettbewerbsrechts

Die bisher zum Kriterium drei gewonnenen Einsichten sind in Tabelle 10 zusammengefasst. Wie daraus ersichtlich, ist Kriterium drei eindeutig bei langfristigen monopolistischen Bottlenecks erfüllt. Ein solches Bottleneck ist dadurch charakterisiert, dass nur ein Unternehmen über die entsprechende (Leistung[102] oder) Vorleistung verfügt und eine Duplizierung wirtschaftlich nicht möglich ist. Bei einer wesentlichen Vorleistung würde dies ohne staatlichen Eingriff häufig[103] zu einem Monopol im nachgelagerten Markt führen. In diesem Fall ist das Wettbewerbsrecht i. Allg. ungeeignet. Eine Problematik besteht aber, wenn tatsächlich Wettbewerb im nachgelagerten Markt herrscht. Hier gibt es zumindest zwei Fälle zu unterscheiden. Als erstes könnte der Bottleneck-Inhaber im nachgelagerten Markt überhaupt nicht anbieten. Dann besteht kein Behinderungsproblem, sondern nur ein potenzielles Ausbeutungsproblem. In diesem Fall besteht u. E. nicht so sehr das Problem der nachträglichen Missbrauchfeststellung als vielmehr das der korrekten Preisgestaltung. Als zweites könnte der Bottleneck-Inhaber zwar als Anbieter im nachgelagerten Markt auftreten, dort aber dem Wettbewerb von Netzinhabern mit anderer Technologie ausgesetzt sein, die ohne den Bottleneck-Input auskommen. Hier nun ist relevant, ob auf dem nachgelagerten Markt wirksamer Wettbewerb herrscht oder nicht. Herrscht dort wirksamer Wettbewerb, so hat der Bottleneck-Inhaber in erster Linie ein Interesse daran, im Wettbewerb gegen die andere Technologie zu bestehen und nicht so sehr daran, die Bottleneck-Nachfrager zu behindern. Außerdem haben die Endverbraucher genügend Auswahlmöglichkeiten. Dieser Fall ist prima facie daran erkennbar, dass der Vorleistungsmarkt ohne Eingriff gar nicht besteht und gleichzeitig auf dem nachgelagerten Markt Wettbewerb herrscht.

Ein gewisser Widerspruch scheint darin zu liegen, dass Bottlenecks Ex-ante-Regulierung erfordern sollten, wo sie doch seit der Essential-Facilities-Doktrin ein Bestandteil des (amerikanischen) Wettbewerbsrechts sind, während sie erst später in

102 Auf diese Art könnte auch ein Endnutzermarkt als Bottleneck charakterisiert werden, wenn nur ein Monopolist anbietet und die Endnutzer auf den Zugang zu diesem Monopolisten angewiesen sind.

103 Dass dies nicht immer gilt, ist schon daraus ersichtlich, dass sich auch Monopolisten meistens eines unabhängigen Vertriebssystems bedienen.

die sektorspezifische Regulierung Eingang gefunden haben. Dieser Widerspruch löst sich durch zweierlei Aspekte:

Zum ersten waren Essential-Facilities-Fälle häufig auf spezielle Anlagen oder Märkte beschränkt, für die keine regulatorischen Einrichtungen bestanden, auf die man hätte zurückgreifen können. Es fehlte die Bedeutung und Regelmäßigkeit des betreffenden Bottleneck-Problems. Wenn solche Fälle aus wettbewerbspolitischer Sicht erfolgreich waren, wurden sie mit einem Urteil gelöst. Dies ist im Telekommunikationssektor mit seiner Vielzahl von beständigen Bottlenecks anders.

Zum zweiten war die Lösung der meisten Fälle unbefriedigend und hinsichtlich der Preissetzung unvollständig. Ein solches Scheitern wird von Hellwig (2008) auch der Praxis des § 19 Abs. 4 Nr. 4 GWB attestiert.

(3) Abwägung zwischen Wettbewerbsrecht und Regulierung

Die drei festgestellten Mängel des allgemeinen Wettbewerbsrechts bestehen nicht absolut. Würde es keine Regulierung geben, so wären die allgemeinen wettbewerbsrechtlichen Instrumente immer noch besser als gar kein Eingriff. Sie würden also mehr schlecht als recht zur Anwendung gelangen und die Marktergebnisse verbessern helfen. Das würde z. B. in isolierten Bottleneck-Fällen gelten, für die sich der Aufbau einer spezialisierten Regulierungsbehörde nicht lohnt und die bereits passiert sind. Was das allgemeine Wettbewerbsrecht in den wiederkehrenden Fällen untauglich macht, ist die Existenz von Regulierung als einer überlegenen Alternative. Der stärker ökonomisch fundierte Ansatz würde unseres Erachtens Kriterium drei deshalb anders formulieren und messen als TKG und Märkteempfehlung, indem er nämlich die kartellrechtlichen den regulatorischen Eingriffen in ihrer Wirkung gegenüberstellen und dann eine Abwägungsentscheidung vornehmen würde (ähnlich Haucap und Uhde, 2008, 7f.). Dadurch würden sozusagen die beiden Schritte „Feststellung der Regulierungsbedürftigkeit" und „Auswahl der Remedies" zu einem Schritt zusammengefasst, da ja die Gegenüberstellung zum besten Eingriff führen soll, sei er nun wettbewerbsrechtlich oder sektorspezifisch und regulatorisch.

Zwar sind die drei hauptsächlichen oben aufgezeigten Charakteristika, die zu einer mangelnden Eignung des allgemeinen Wettbewerbsrechtes führen, bei der sektorspezifischen Regulierung nicht gegeben; aber dem stehen gleichzeitig grundsätzliche Nachteile der Regulierung gegenüber, z. B. die größere Einschränkung der Wettbewerbsfähigkeit und der Effizienzanreize des regulierten Unternehmens oder Fehler in der Parametersetzung, ohne dass dem eine entsprechende Risikoübernahme durch den Regulierer entsprechen würde. Die Vorteile der Regulierung dominieren deshalb nur unter bestimmten Umständen, die es zu charakterisieren gilt.

Warum könnte sektorspezifische Regulierung der Anwendung des kartellrechtlichen Instrumentariums (allein, ohne Regulierung) überlegen sein?[104] Wir sehen insbesondere die drei in Tabelle 11 aufgeführten Charakteristika der Regulierung als wichtig an, deren Fehlen bereits bei Diskussion der Mängel des allgemeinen Wettbewerbsrechtes auftauchten, und zwar die Existenz einer spezialisierten Behörde, von Ex-ante-Eingriffen und von gestaltenden Eingriffen. Diese Charakteristika be-

104 Darüber mehr in Abschnitt 3.3.

gründen, wie in Tabelle 11 illustriert, bestimmte Vorteile bei der Zielerfüllung im Vergleich zu wettbewerbsrechtlichen Instrumenten, bringen aber gleichzeitig bestimmte Nachteile mit sich.

Charakteristika der Regulierung	Vorteile in der Zielerfüllung	Nachteile in der Zielerfüllung
• Ex-ante-Eingriffe	• Unmittelbarkeit, Feinsteuerung, Verlässlichkeit, Vorbeugung	• Umfang der Freiheitsbeschränkung im Wettbewerb
• Spezialisierte Behörde	• Fachwissen, Eingriffsgeschwindigkeit	• Einfluss von Interessengruppen
• Positive Eingriffsgestaltung (Verpflichtung zu bestimmtem Verhalten) o Preissetzung o Produktdefinition	• Hoher Einfluss auf gewünschtes Verhalten o Feinsteuerung	• Umfang der Freiheitsbeschränkung im Wettbewerb • Ineffiziente Preissetzung aufgrund mangelnder Information

Tabelle 11: Abwägungscharakteristika für Kriterium 3

Mit Ex-ante-Regulierung wird der Markt vorweg strukturiert. Dies bedeutet einen früheren Zeitpunkt der Eingriffswirkung. Die Regelung erfasst Viele und wirkt nicht nur punktuell. Vor allem agiert hier der Regulierer häufig im Rahmen einer Gesamtkonzeption. Es ist schwer vorstellbar, dass ein Produkt wie Bitstream-Access von den Kartellämtern entwickelt worden wäre. Die Kartellämter haben dafür keine Sachkunde und wären doch sehr vorsichtig, Märkte regelrecht zu öffnen; denn sie müssen die Gerichte im Auge haben. Aber in der Tat, Sachkunde ließe sich auch im Kartellamt aufbauen, und Strategien ließen sich auch dort entwickeln.

Mit Ex-post-Regulierung behandelt man nachträglich Fehler. Sie ist naturgemäß punktuell. Bis die Entscheidung gerichtlich überprüft ist, können lange Zeiträume vergehen, so dass die Effekte für andere Marktteilnehmer regelmäßig erst spät eintreten. Das Instrument der sofortigen Vollziehung der Reguliererentscheidung (vgl. § 137 Abs. 1 TKG) und dann einer gerichtlichen Kontrolle von durchschnittlich drei Monaten bei Verfahren im einstweiligen Rechtsschutz hat sich derzeit gut bewährt.[105] Sofort vollziehen kann man auch im Hinblick auf Entscheidungen des

105 Die sofortige Vollziehung von Regulierungsentscheidungen wird in § 137 Abs. 1 TKG angeordnet. Der Zeitraum der gerichtlichen Kontrolle hängt natürlich von der Komplexität des Einzelfalles ab. Das VG Köln führt aber Statistiken, die die durchschnittliche Dauer von Verfahren im einstweiligen Rechtsschutz ermitteln. Hierbei hat sich ergeben, dass diese Verfahren im Durchschnitt rund drei Monate dauern.

Kartellamtes,[106] aber die Prüfung erfolgt erst, wenn einem etwas merkwürdig am Markt vorkommt und sie ist notwendig stark von den Fakten des Einzelfalles abhängig.

Dem stehen aber Nachteile dieser Art von Regulierung entgegen, die verhindern, dass Regulierung den kartellrechtlichen Eingriffen immer überlegen ist. Die Regulierung schaltet ja in ihrem Einflussbereich den Wettbewerb aus. Dadurch werden zwar gewisse Fehler des Wettbewerbes vermieden (Marktversagen), aber auch die positiven Aspekte des Wettbewerbes (als Entdeckungsverfahren) ausgeschaltet. Insbesondere kann auch Regulierung i. Allg. das festgestellte Marktversagen nicht an der Wurzel packen. Sie baut nicht die Bottlenecks ab, sondern erleichtert nur den Zugang der Wettbewerber zu ihnen. Im Gegenteil, die Erleichterung des Zugangs durch Regulierung verringert die Anreize zur Umgehung oder Duplizierung der Bottlenecks (so auch Gual et al., 2005, 45). Deshalb überwiegt der Vorteil der Ex-ante-Regulierung nur in solchen Fällen, wo das Marktversagen dauerhaft, gewiss und groß ist.

Zusammenfassend kann aus ökonomischer Sicht wegen der Schwere und Kontinuierlichkeit bestimmter regulatorischer Eingriffe von einer Unzulänglichkeit des wettbewerbspolitischen Instrumentariums nur gesprochen werden, wenn (a) die Wahrscheinlichkeit wettbewerbswidrigen Verhaltens ohne Ex-ante-Regulierung hoch wäre und immer wieder aufträte, (b) der Schaden durch solches Verhalten groß wäre und nicht nachträglich korrigiert werden könnte sowie (c) die Wahrscheinlichkeit und das Ausmaß kompensierender Effizienzrechtfertigungen für ein derartiges wettbewerbswidriges Verhalten gering wären (ähnlich Geradin und Sidak, 2005). Insofern ist es ein Manko, wenn die ERG in ihrem Remedy-Papier (ERG, 2006) zwar auf die Bedeutung der mit Regulierung zu bewältigenden Wettbewerbsprobleme eingeht, aber die Wahrscheinlichkeit ihres Auftretens nicht weiter erörtert.

3.2.1.3. Marktdominanz

Wie bereits von Gual et al. (2005) festgestellt, bedarf eine Wirkungsanalyse im Allgemeinen keines Marktdominanzkriteriums; denn die in Frage stehenden wettbewerbsschädlichen Ergebnisse setzen Marktdominanz voraus. Spezifischer bedeutet u. E. auch das Erfüllen des Drei-Kriterien-Tests, dass kein wirksamer Wettbewerb besteht[107] und daher (individuelle oder kollektive) Marktdominanz vorliegen muss.

Dennoch ist der Marktdominanz-Test zumindest zur Identifizierung des Regulierungskandidaten hilfreich. Er ist freilich wegen der vorausschauenden Betrachtung notwendigerweise spekulativer und mit mehr potenziellen Fehlern behaftet als ein Marktdominanztest bei der kartellrechtlichen Missbrauchsaufsicht. Der stärker öko-

106 In der Tat ist durch die geplante Abschaffung von § 64 Abs. 1 Nr. 1 GWB der generelle Sofortvollzug von Missbrauchsverfügungen vorgesehen.

107 Allein Kriterium zwei drückt dies bereits aus.

nomisch fundierte Ansatz würde zur Feststellung der Marktdominanz versuchen zu beantworten, inwieweit das betreffende Unternehmen erfolgreich Marktmachtmissbräuche vornehmen kann oder bereits vorgenommen hat. Fraglich ist dagegen, inwieweit Marktanteile des zu untersuchenden Unternehmens für den Dominanz-Test eine wesentliche Aussagekraft haben. Marktanteile und Konzentrationsmaße eignen sich unseres Erachtens in erster Linie als Aufgreifkriterien. Ein geringer Marktanteil (bzw. niedrige Konzentration) ist fast nie mit Marktdominanz vereinbar.[108] Andererseits bedeuten Marktanteile von über 50 % *in Verbindung mit der Erfüllung der Kriterien eins und zwei* fast immer Marktdominanz. Es handelt sich hierbei ja keinesfalls um bestreitbare Märkte und nicht um solche, bei denen der Wettbewerb rasch zunimmt.

Aus ökonomischer Sicht gibt es zumindest zwei Fälle, in denen trotz eines hohen Marktanteils Regulierung fraglich ist, und zwar wenn der hohe Marktanteil entweder auf überragende Leistung oder auf scharfe Regulierung zurückzuführen ist. Solch überragende Leistung kann in Innovationen oder niedrigen Kosten bestehen, die von anderen Unternehmen auf mittlere Sicht nicht eingeholt werden können. Man kann natürlich argumentieren, dass hier dennoch Marktdominanz vorliege, dass diese aber gerechtfertigt sei. Das gilt aber im Fall natürlicher Monopole ebenfalls. Es geht dann eben darum, ob solche Leistung zu Regulierungsverzicht bzw. zu einer besonderen Instrumentenauswahl führen sollte. Ist der hohe Marktanteil auf scharfe Regulierung (z. B. niedrige Preise) zurückzuführen, die Marktzutritt erschwert, so war im Grunde genommen die Analyse von Kriterium eins und zwei fragwürdig; denn dann gibt es legale Marktzutrittshindernisse, deren Abbau in der Hand des Regulierers liegt. Er steht dann vor der schweren Entscheidung zwischen weicherer Regulierung mit der Aussicht auf Marktzutritt („Bypass“) und harter Regulierung ohne Marktzutritt auf der Bottleneck-Ebene. Diese Problematik sollte zwar im sog. Modified-Greenfield-Ansatz aufgedeckt werden, wird aber in der EU unseres Wissens bislang nirgends problematisiert.

Unseres Erachtens besteht auch ein enger Zusammenhang zwischen dem Umfang der Marktdominanz und dem dritten Kriterium des Drei-Kriterien-Tests, denn die Wahrscheinlichkeit wettbewerbswidrigen Verhaltens ohne Ex-ante-Regulierung und die Größe des Schadens durch solch ein Verhalten hängen davon ab, ob nur knappe oder erdrückende Marktdominanz besteht. Ist dies jedoch vorher nicht geschehen, kann der Dominanztest deshalb als Wirkungsanalyse die Regulierungsbedürftigkeit etablieren helfen.

108 Eine Ausnahme bilden z. B. die amerikanischen kurzfristigen Großabnehmermärkte für Elektrizitätserzeugung, die i. Allg. relativ unkonzentriert sind, sich aber durch fast gänzlich unelastische Marktnachfragen auszeichnen. In solch einem Fall kann schon ein Unternehmen mit weniger als 20 % Marktanteil erhebliche Marktmacht ausüben.

3.2.1.4. Schlussfolgerungen

Die Frage nach der Regulierungsbedürftigkeit kann nach dem bestehenden EU-Ansatz nur mit „ja“ oder „nein“ beantwortet werden. Unsere Diskussion des Drei-Kriterien-Tests und der Marktdominanz zeigte aber, dass es durchaus Zweifelsfälle und Grauzonen geben kann. Wie soll man mit solchen Zweifelsfällen umgehen? Wir werden im Folgenden als Lösung für Zweifelsfälle zunächst den Essential-Facilities-Ansatz als potenziell schärferes Kriterium der Regulierungsbedürftigkeit diskutieren und in Abschnitt 3.3 die Möglichkeit der Flexibilität im Bereich der Instrumentenwahl erörtern.

3.2.2. Essential-Facilities-Ansatz als Alternative zur Feststellung der Regulierungsbedürftigkeit

3.2.2.1. Der amerikanische Ansatz mit Necessary- vs. Impair-Kriterium

In den USA basiert Vorleistungsregulierung zumeist auf zwei Prinzipien, und zwar auf dem Common-Carrier-Prinzip und auf der Essential-Facilities-Doktrin. Wir wollen hier nicht weiter auf das Common-Carrier-Prinzip eingehen, das insbesondere Nicht-Diskriminierung beinhaltet und sich ursprünglich auf Transportangebote an die Öffentlichkeit bezog, die nicht notwendigerweise mit Marktmacht zu tun hatten. Hingegen ist die Essential-Facilities-Doktrin eng mit dem Konzept der Regulierungsbedürftigkeit der EU verwandt.

Zu einer Essential Facility oder einem Bottleneck gehören insbesondere zwei Eigenschaften, und zwar

(1) die Notwendigkeit für Wettbewerber, über den betreffenden Input zu verfügen, um überhaupt am Wettbewerb teilhaben zu können, sowie
(2) die (wirtschaftliche) Unmöglichkeit für Wettbewerber, das Bottleneck zu duplizieren.

Die ursprünglich im Wettbewerbsrecht entwickelte Essential-Facilities-Doktrin enthält darüber hinaus die Anforderungen, dass der Bottleneck-Inhaber seinen Konkurrenten den Zugang verweigert und dass dies den Wettbewerb behindert. Es hat sich aber gezeigt, dass die wettbewerbspolitischen Instrumente wenig tauglich sind, den Zugang zu Bottlenecks dauerhaft und zu Wettbewerbsbedingungen sicherzustellen. Areeda (1990, siehe auch Lipsky und Sidak, 1999) macht geltend, dass eine kartellrechtliche dauerhafte Bereitstellung von Bottleneck-Zugängen die Findung und laufende Überwachung sowie zeitgerechte Durchsetzung eines Preismaßstabes sowie sonstiger Zugangsbedingungen erfordere. Darauf seien Kartellbehörden sowohl von den Instrumenten als auch von der Expertise und Personalausstattung her nicht eingestellt.[109] Deshalb hat es in den letzten hundert Jahren auch nur wenige Essential-Facilities-Fälle gegeben. Vielmehr gilt für dauerhafte Bottlenecks die dritte Eigenschaft:

(3) Wettbewerbspolitik ist wegen der gleichzeitig notwendigen Aufsicht über Verfügbarkeit, Qualität, Nichtdiskriminierung und Preis nicht realistisch einsetzbar.

Das durch die obigen drei Eigenschaften charakterisierte Bottleneck-Konzept würde in gewisser Weise zu weniger Regulierung als der EU-Ansatz führen, da der Regulierung bereits durch Duplizierung der betreffenden Infrastruktur die Grundlage entzogen würde.[110]

Innerhalb der Bottleneck-Kategorie nimmt der amerikanische Telecommunications Act of 1996 in § 251(d) (2) eine Unterscheidung zwischen den sog. Necessary- und Impair-Standards als Kriterium für die Entbündelung von Netzbestandteilen vor. Ein Netzbestandteil, der notwendig (necessary) ist, muss selbst dann entbündelt bereitgestellt werden, wenn er urheberrechtlich geschützt (proprietary) ist, während solche Netzbestandteile nicht entbündelt werden müssen (wohl aber urheberrechtlich ungeschützte Bestandteile), wenn die Wettbewerber ohne diesen entbündelten Zugang nur behindert (impaired) sind. Die Konsequenz der Unterscheidung besteht also darin, dass bei Verletzung des Necessary-Standards in den USA weitere Zugangsansprüche bestehen, als wenn nur der Impair-Standard verletzt ist.

Die FCC hatte diese Standards in ihrem berühmten "Local Competition Order" von 1996 so weit gefasst, dass praktisch jeder mögliche Zugang zu den Netzen der Incumbents zu einer Verpflichtung wurde, auch wenn die Wettbewerber ohne den Zugang nur unwesentlich beeinträchtigt waren. Im Mittelpunkt der FCC-Interpretation stand die Behinderung der Wettbewerber, nicht des Wettbewerbs. Dies wurde dann 1999 durch den Supreme Court (in AT&T et al. v. Iowa Utilities Board) zurechtgerückt und führte zu weiteren Erlassen der FCC.

Hausman und Sidak (1999) haben die Necessary- und Impair-Standards im Sinne des stärker ökonomisch fundierten Ansatzes unter dem Ziel des langfristigen Verbrauchernutzens interpretiert. In beiden Fällen setzen sie voraus, dass ein Bottleneck besteht. Der Impairment-Test ist nun nach Hausman und Sidak immer dann erfüllt, wenn der Inhaber eines Bottleneck auf dem nachgelagerten relevanten Markt durch Einschränkung des Zugangs zum Bottleneck Marktmacht ausüben kann. Es geht hier also nicht um den Schutz von Wettbewerbern; denn der Zugang ist nur soweit impaired, wie ohne diesen die Verbraucher im nachgelagerten Markt beeinträchtigt wären. Impairment bezieht sich damit auf den Wettbewerb im Endnutzermarkt. Ähnlich bezieht sich der Hausman-Sidak-Necessary-Standard auf die Unmöglichkeit des Wettbewerbs im Endnutzermarkt ohne den Zugangsanspruch zu den geschützten

109 Diese Areeda-Kritik an der amerikanischen Essential-Facilities-Doktrin ist gleichzeitig für das EU-Kriterium drei relevant.

110 Die amerikanische Telekommunikationsregulierung hält sich aber in der Praxis nicht strikt an die Bottleneck-Eigenschaft. Ein Beispiel ist das Line Sharing, das eingeführt wurde, obwohl die davon betroffenen ILECs in den Breitbandanschlussmärkten nie marktbeherrschend waren. Die Verpflichtung zu Line Sharing wurde freilich aus eben diesem Grund nach einem entsprechenden Gerichtsurteil von der FCC wieder aufgehoben.

Bestandteilen. Der Hausman-Sidak-Necessary-Standard ähnelt damit dem Bottleneck-Konzept von Faulhaber, das wir sogleich vorstellen, während ihr Impair-Standard eher dem anschließend zu diskutierenden Knieps'schen Bottleneck-Konzept entspricht.

3.2.2.2. Der enge Bottleneck-Begriff von Faulhaber

Nach der Bottleneck-Interpretation von Faulhaber (2005) sollte eine auf der Bottleneck-Eigenschaft aufbauende Regulierung folgende drei Kriterien über die oben charakterisierten drei einfachen Bottleneck-Eigenschaften hinaus erfüllen:

(4) Die Endnutzer dürfen keine (wirtschaftlichen) Alternativen zu dem mit dem Bottleneck produzierten Dienst haben.

(5) Es sind keine neuen Technologien zur Umgehung des Bottleneck abzusehen.

(6) Es muss sich um ein „unverdientes" Monopol handeln oder es müssen von dem Monopolbereich erhebliche Spillover-Effekte auf andere Märkte bzw. für die Wirtschaft insgesamt ausgehen.

Es ist offensichtlich, dass diese Kriterien den Drei-Kriterien-Test erfüllen,[111] und dass die mit dem Bottleneck verbundene Monopolposition auch zumindest SMP im Vorleistungsmarkt umfasst. Das Faulhaber-Konzept geht schon in den auch im EU-Konzept anerkannten Eigenschaften eins, zwei und fünf weiter als der EU-Drei-Kriterien-Test mit Marktbeherrschung. Darüber hinaus fordert Faulhaber in Eigenschaft vier ein Monopol im nachgelagerten Markt sowie in Eigenschaft sechs zwei Spezifika, die nur von den Incumbents in Telekommunikationsmärkten erfüllt sind; denn zwar zeichnen sich Telekommunikationsmärkte allgemein durch Spillover-Effekte aus, aber nur Incumbents verfügen über „unverdiente" Monopole. Insgesamt würde das Bottleneck-Konzept von Faulhaber zu erheblich weniger Regulierung führen als das EU-Konzept, denn Eigenschaft sechs würde zu der Vermutung einer Regulierungsbedürftigkeit der überkommenen Infrastruktur des etablierten Anbieters führen, nicht aber für neu entwickelte Infrastruktur, sofern von dieser keine erheblichen Spillover-Effekte ausgehen.[112] Faulhaber schließt damit einen Teil, aber nicht alle Innovationen von der Bottleneck-Regulierung aus. Eigenschaft sechs fehlt zwar explizit im EU-Konzept, ist aber u. E. implizit darin enthalten, denn sonst müsste ja der Drei-Kriterien-Test allgemein für alle Sektoren gelten. Die Einschränkung auf den Telekommunikationssektor beruht auf den speziellen mit Regulierung zusam-

111 Eigenschaften eins und zwei = hohe Marktzutrittsschranke = Kriterium eins, Eigenschaften eins, zwei und fünf = keine Entwicklung zu Wettbewerb = Kriterium zwei, Eigenschaft drei = Unzulänglichkeit des wettbewerbsrechtlichen Instrumentariums = Kriterium drei.

112 Faulhaber (2005) behandelt neben der Bottleneck-Problematik noch die von Netzeffekten ausgehenden Zugangsprobleme (Bandwagon Access), die seines Erachtens durch Zusammenschaltungsgebote und das wettbewerbsrechtliche Instrumentarium lösbar sein sollten. Er führt darunter auch die Terminierungsproblematik an, die wir unter Bottlenecks einordnen würden. Der Bottleneck hier ist die Telefonnummer als Adresse des Anrufempfängers.

menhängenden Eigenschaften dieses Sektors, und diese sind der Einfluss auf die Gesamtwirtschaft und die besondere Anfangsstellung der Incumbents.

Als Fazit sieht das Bottleneck-Konzept Faulhabers erheblich weniger Regulierung vor als das EU-Konzept. Zum Beispiel würden Breitband-Anschlüsse i. Allg. nicht reguliert werden. Dabei sind die wesentlichen Unterschiede gegenüber dem EU-Konzept, (a) dass Faulhaber Bottleneck-Regulierung nur vorsieht, wenn keine Bottleneck-Duplizierung stattfindet, während nach dem EU-Konzept bereits reguliert wird, wenn im Bottleneck-Bereich SMP vorliegt, (b) dass Faulhaber als Voraussetzung für Vorleistungsregulierung ein Monopol im Endnutzermarkt fordert, (c) dass Faulhaber schon deregulieren würde, wenn eine neue Bottleneck-Technologie abzusehen ist und (d) dass Faulhaber i. Allg. nur Incumbents regulieren würde. Die Absehbarkeit einer neuen Bottleneck-Technologie ist uns ein zu spekulatives Kriterium und die Beschränkung auf Incumbents zu restriktiv, würde sie doch Terminierungsmonopole weitgehend von der Regulierung verschonen.

3.2.2.3. Der monopolistische Bottleneck-Ansatz von Knieps

Günter Knieps vertritt seit über zehn Jahren die Auffassung, dass eine sektorspezifische Regulierung im TK-Bereich an ein striktes Bottleneck-Kriterium gebunden sein sollte (Knieps, 1997, 2006, und Blankart, Knieps und Zenhäusern, 2007 [im Folgenden BKZ]). BKZ charakterisieren monopolistische Bottlenecks durch das Vorliegen eines natürlichen Monopols[113] in Kombination mit irreversiblen (versunkenen) Kosten. Diese Kombination mache sowohl potenziellen als auch tatsächlichen Wettbewerb unmöglich.[114] Dabei deutet Knieps (2006) die natürliche Monopoleigenschaft als das Wesentlichkeitskriterium (interpretiert als „wesentlich, um Kunden zu erreichen“)[115] und die Versunkenheit der Kosten als Mangel an Duplizierbarkeit. In dieser Fassung sind monopolistische Bottlenecks nicht auf Vorleistungen beschränkt, sondern können sich theoretisch auch auf Endkundenmärkte beziehen. Freilich sieht Knieps die Leistung von Diensteanbietern wegen des Mangels an irreversiblen Kosten grundsätzlich nicht als Bottleneck an. Dieser sei nur im Netz gegeben.

Knieps (2006) fordert eine Untersuchung der gesamten Wertschöpfungskette nach Bottleneck-Eigenschaften. Dies erfordert eine erheblich stärker disaggregierte Betrachtungsweise als die der Märkte im EU-Konzept. Seines Erachtens sollte dann und nur dann Ex-ante-Regulierung Verwendung finden, wenn die Bottleneck-

113 Ein natürliches Monopol liegt vor, wenn ein einzelnes Unternehmen die Gesamtmenge im Markt zu niedrigeren Kosten produzieren kann als jede Kombination von mehr als einem Unternehmen.

114 Knieps erklärt, wie dieses Resultat mit bestimmten Verhaltensannahmen zusammenhängt. Es gilt also nicht unter allen Umständen.

115 Knieps folgt hier wörtlich der Mitteilung der EU-Kommission von 1998 (Abl. EG Nr. C 265 v. 22.08.1998, Tz. 68.) allerdings ohne deren Zusatz *„und/oder Wettbewerbern die Durchführung ihrer Geschäftstätigkeit zu ermöglichen“*. Ob darin eine beabsichtigte Unterscheidung liegt, ist uns nicht klar.

Eigenschaft vorliegt. Außerdem sollte die Regulierung lokal auf den Zugang zu Bottlenecks beschränkt sein. Er will grundsätzlich auch keine Ausnahme für neue Märkte machen, fordert aber gleichzeitig, dass bei Wegfall der Bottleneck-Eigenschaft der betroffene Bereich ins allgemeine Wettbewerbsrecht zu entlassen sei. Er nennt dies den disaggregierten Regulierungsansatz.

BKZ formulieren den Drei-Kriterien-Test entsprechend wie folgt um:

Die hohen und dauerhaften Marktzutrittsschranken in Kriterium eins werden zur natürlichen Monopoleigenschaft in Verbindung mit irreversiblen Kosten.

Kriterium zwei wird zur nicht abbaubaren Stabilität der Bottleneck-Eigenschaft.

Kriterium drei bedürfe der Abwägung, ob Ex-ante- oder Ex-post-Interventionen effizienter seien. Im Fall des Vorliegens der stabilen Bottleneck-Eigenschaft sei Ex-ante-Regulierung mit Zugangspflicht zu fordern. Mit anderen Worten, Kriterium drei folgt automatisch aus dem kumulativen Vorliegen der Kriterien eins und zwei. Freilich führen BKZ nicht konkret aus, warum die Ex-ante-Intervention bei Vorliegen der stabilen Bottleneck-Eigenschaft überlegen sein soll (siehe dazu aber Areeda, 1990, sowie Lipsky und Sidak, 1999).

Der Ansatz von Knieps zeichnet sich konzeptionell durch Einfachheit und Klarheit aus. Weder müssen Märkte abgegrenzt[116] noch muss Marktdominanz gemessen werden. Insofern sehen BKZ als Vorteil ihrer Regulierungs-Kriterien an, dass sie nicht auf einen schwammigen Markt-Dominanz-Test angewiesen seien. Befürworter des bestehenden EU-Rechtsrahmens im TK-Bereich sollten keine Schwierigkeit damit haben, die Kriterien von Knieps als *hinreichend* für Ex-ante-Regulierung anzusehen (vielleicht mit Ausnahme der Behandlung neuer Märkte).[117] Die Frage ist vielmehr, ob derart scharf gefasste Kriterien für die Regulierungsbedürftigkeit auch *notwendig* sind.

Gibt es relevante Situationen, in denen die Knieps-Kriterien nicht erfüllt sind und dennoch Ex-ante-Regulierung angebracht wäre? Die Antwort auf diese Frage hängt wesentlich davon ab, inwieweit in Situationen mit sehr hoher Marktdominanz, aber außerhalb eines reinen Monopols, Wettbewerbsprobleme zu erwarten sind, mit denen das Wettbewerbsrecht (ex post) nicht fertig wird. Ersetze man z. B. das natürliche Monopol durch ein stabiles natürliches Duopol, so dass bei irreversiblen Kosten sich nur zwei Unternehmen den Markt teilten und habe davon ein Unternehmen 65 % Marktanteil und das andere 35 %. Andauernde Wettbewerbsprobleme scheinen in solch einer Situation sehr wahrscheinlich zu sein, so dass Ex-ante-Regulierung nicht von der Hand zu weisen wäre. Hier wären empirische und theoretische Untersu-

116 Unseres Erachtens gehört zur Bottleneck-Eigenschaft auch noch die mangelnde Substituierbarkeit der betreffenden Vorleistung oder des Endproduktes durch andere Vorleistungen oder Endprodukte; denn sonst wäre ein Ausweichen auf andere Vorleistungen oder Endprodukte möglich. Eine Marktabgrenzung ist dann freilich hilfreich, um den Mangel an Substituierbarkeit festzustellen. Feste Teilnehmeranschlüsse sind eben nur dann ein Bottleneck, wenn Mobilfunkanschlüsse keine engen Substitute darstellen.

117 Eine weitere Ausnahme kann bestehen, wenn z. B. in einem natürlichen Monopol mit irreversiblen Kosten mehrere Unternehmen bereits Netze etabliert haben. Wegen der Irreversibilität kommt es nicht zu Marktaustritten. Es besteht aber auch kein Bottleneck.

chungen notwendig, um zu einer Entscheidung über die Regulierungsbedürftigkeit in konkreten Situationen zu kommen. Dies deutet aber darauf hin, dass der bestehende Drei-Kriterien-Test in Verbindung mit Marktdominanz in der Praxis[118] aus Sicht des stärker ökonomisch fundierten Ansatzes aus einer Rule-of-Reason-Situation eine Per-se-Situation macht. Bei Anwendung des Tests gibt es eine Anzahl von Situationen, in denen ex ante reguliert würde, obwohl eigentlich nicht reguliert werden sollte. Auf der anderen Seite gibt es kaum Situationen, in denen nicht reguliert würde, obwohl eigentlich reguliert werden sollte. Demgegenüber irrt der Knieps-Test in der anderen Richtung. Es gibt hier kaum Situationen, in denen reguliert würde, obwohl kartellrechtliche Eingriffe besser wären, während nach dem Knieps-Test manchmal nicht reguliert würde, obwohl Regulierung besser wäre.

Wie gut kann man die drei Eigenschaften (a) natürliches Monopol, (b) irreversible Kosten und (c) keine Abbaumöglichkeit des Bottleneck messen?

Ad (a): Ob in einem Bereich ein natürliches Monopol vorliegt, ist in vielen Fällen strittig. Analytische Kostenmodelle von Infrastrukturleistungen wären grundsätzlich dazu geeignet, die Frage zu beantworten, ob (z. B. in Abhängigkeit von der Netzdichte) Ortsnetze oder Teilnehmeranschlüsse natürliche Monopole darstellen. Dennoch ist solch eine Messung nie genau, so dass Messfehler in Kauf genommen werden müssen.

Ad (b): Ähnliches gilt für die Irreversibilität der Kosten, die zwischen 0 % und über 100 % schwanken kann.[119] Die Irreversibilität der Kosten lässt sich im Prinzip daran messen, dass man die Frage beantwortet, wie viel man von einer Investition wiederbekommen kann, wenn man sie einer anderen Verwendung zuführt. Die Grabungskosten einer Telefonleitung sind z. B. versunken, während die Leitung selbst und die Grundstückskosten zumindest nur teilweise versunken sind (nur teilweise deshalb, weil z. B. das Grundstück wiederhergestellt und die Leitung abtransportiert werden muss). In der Diskussion um die Theorie bestreitbarer Märkte waren minimale („ε“) irreversible Kosten bereits ausreichend, um Monopolpreisbildung hervorzurufen. In der Realität hängt der Einfluss der irreversiblen Kosten jedoch von ihrem Umfang ab. Der relevante Umfang wiederum hängt vermutlich mit der Stärke der natürlichen Monopoleigenschaft zusammen. Je stärker ein natürliches Monopol, umso geringer ist die benötigte Kostenirreversibilität, damit ein monopolistischer Bottleneck vorliegt.[120]

Ad (c): Die Stabilität des Bottleneck hängt zum einen mit der Stärke der natürlichen Monopoleigenschaft und der Langlebigkeit der versunkenen Anlagen zusammen. Fällt z. B. das natürliche Monopol weg, wenn der Markt wächst? Die Messbarkeit dieser Eigenschaften ähnelt der von (a) und (b). Darüber hinaus ist die Stabi-

118 Diese Einschränkung bezieht sich darauf, dass in der Praxis Kriterium drei nicht gründlich untersucht wird. Eine sorgfältige, ökonomisch orientierte Anwendung von Kriterium drei läuft u. E. quasi automatisch auf eine Abwägungsentscheidung hinaus.

119 Sofern hohe Beseitigungskosten (wie bei Atomkraftwerken) zu erwarten sind, können irreversible Kosten über 100 % liegen.

120 Da irreversible Kosten weit verbreitet sind, ist nicht die Irreversibilität per se relevant, sondern nur in Verbindung mit der sehr viel selteneren natürlichen Monopoleigenschaft.

lität von technischem Fortschritt und der damit verbundenen Substitutionsmöglichkeit des Bottleneck abhängig. Deren Einschätzung ähnelt der von EU-Kriterium zwei, ist also für kürzere Zeiträume gegeben, für längere Zeiträume aber spekulativ.

BKZ wenden das Konzept des monopolistischen Bottleneck auf das Problem der Zugangsnetze an. Sie unterscheiden dabei zwischen Schmalbandzugang (PSTN, ISDN und GSM), herkömmlichen Breitbandzugängen und VDSL. Sie identifizieren dazu als Bottleneck-Komponenten im Festnetz (a) die Kabelkanäle, (b) die Kupferleitungen und (c) die Ortsvermittlungsstellen. Für Schmalbandzugang würden alle drei Bottlenecks benötigt, während für herkömmlichen Breitbandzugang die Ortsvermittlungsstellen wegfielen und schließlich bei VDSL auch die Kupferleitungen keine Bottleneck-Rolle mehr spielten. Diese These der schrumpfenden Bottlenecks vermittelt den Eindruck, dass durch VDSL das Bottleneck-Problem verringert würde. Zwar nimmt, sofern man sie entbündelt betrachtet, die Anzahl der Bottleneck-Typen ab; aber der Zugang zum Bottleneck wird selbst bei kostengerechtem Zugang schwieriger. Außerhalb von Regionen mit hoher Nutzerdichte wird es für Wettbewerber unmöglich sein, eigene Glasfaserstränge durch die Kabelkanäle zu legen (Brinkmann und Ilic, 2006). Dies heißt natürlich, dass sich unseres Erachtens BKZ in ihrer Einschätzung irren, dass die Glasfaserstränge im Fall von VDSL keine Bottlenecks darstellen. Ähnliches gilt selbst im Falle herkömmlicher Breitbandanschlüsse für Glasfaserstränge und Konzentratoren auf dem Lande, so dass hier Bitstream-Zugang gefordert wird. Bitstream-Zugang wäre in diesem Fall angebracht, wenn sich der Bottleneck weiter ins Netz erstreckte.[121] Diese Fehleinschätzung seitens BKZ scheint uns freilich nur insofern dem Knieps-Test anzulasten zu sein, als es sich um ein Messproblem handelt. Die Feststellung eines monopolistischen Bottleneck bedarf möglicherweise erheblicher empirischer Untersuchungen und ist nicht am Schreibtisch lösbar.

3.2.2.4. Schlussfolgerungen zum Bottleneck-Ansatz als alternativem Test der Regulierungsbedürftigkeit

Der potenziell größte Vorteil einer Einschränkung der Regulierungsbedürftigkeit auf Bottlenecks besteht darin, dass sich potenzielle Wettbewerber, die in alternative Infrastruktur investieren, darauf verlassen können, dass sie nicht dem Wettbewerb durch weniger integrierte Wettbewerber („Diensteanbieter“) ausgesetzt sind, die sich auf Anschlussverpflichtungen und dergleichen verlassen. Dies könnte die Anreize zur Duplizierung und damit zur Aufhebung der Bottlenecks erhöhen. Dem steht aber

121 Die Wahl eines Zugangsinstrumentes wie Bitstream-Zugang kann auch von vertikalen Verbundvorteilen abhängen. Es kann nämlich erhebliche zusätzliche Kosten verursachen, Zugang direkt an einem Bottleneck zu verschaffen. Häufig ist es gesamtwirtschaftlich günstiger, den Wettbewerbern einen weniger direkten Zugang an Stellen zu geben, wo nicht mehr die strikte Bottleneck-Eigenschaft besteht. Diese Frage wird unseres Wissens von Knieps und BKZ nicht problematisiert.

entgegen, dass Duplizierung häufig nur in Kombination mit Zugang zum Netz des Incumbent erfolgreich ist und dass sie i. Allg. nur langsam voranschreitet. Während dieser Zeit ist der Wettbewerb auf den nachgelagerten Märkten höchst unvollkommen. Es gilt hier also zwischen Förderung der Duplizierung und Förderung des Wettbewerbs im nachgelagerten Markt abzuwägen.

Für die europäische Regulierungskonzeption ist an der amerikanischen Diskussion um die Necessary- und Impair-Standards besonders wichtig, dass man die Auswahl von Regulierungsinstrumenten auf vorgegebene Kriterien basieren kann. Dabei scheinen uns jedoch die vom amerikanischen Kongress gewählten und von der FCC interpretierten Kriterien relativ vage und schwer beobachtbar zu sein. Die ökonomische Hausman-Sidak-Interpretation ist erheblich klarer, läuft aber im Wesentlichen auf die Unterscheidung zwischen den Bottleneck-Konzepten von Faulhaber und Knieps hinaus.

Als Fazit ist der Knieps-Bottleneck-Ansatz praktikabler und weniger eng als der Faulhaber-Ansatz. Dennoch stellt u. E. auch der Knieps-Ansatz nur hinreichende und nicht notwendige Kriterien für die Regulierungsbedürftigkeit auf. Das bestehende, auf dem Drei-Kriterien-Test aufbauende EU-Konzept der Regulierungsbedürftigkeit erfasst demgegenüber auch die Fälle, bei denen erst nach genauerer Untersuchung klar wird, ob Regulierungsbedürftigkeit wirklich besteht oder nicht. Das Knieps-Konzept eignet sich zwar im Prinzip gut dazu, die eindeutigen Fälle von den Abwägungsfällen zu unterscheiden; aber die dabei auftretenden Messprobleme sind nicht so einfach, dass sich solch eine Voruntersuchung lohnen würde. Es liegt jedoch nahe, dass die eindeutigen Bottleneck-Fälle eines schärferen Regulierungsinstrumentariums bedürfen als die Abwägungsfälle. Wir greifen deshalb das Bottleneck-Konzept bei der Diskussion des Regulierungsinstrumentariums wieder auf.

Die Schlussfolgerung zur Regulierungsbedürftigkeit ist zusammenfassend, dass der Drei-Kriterien-Test in Verbindung mit dem Marktdominanzkriterium beibehalten, aber stärker ökonomisch fundiert werden sollte. Das heißt insbesondere eine Prüfung des Drei-Kriterien-Tests auf nationaler Ebene. Dies gilt zuvörderst auch für das dritte Kriterium, dessen Erfüllung von nationalen Gegebenheiten hinsichtlich der Wettbewerbsgesetze, der Gerichte und der umsetzenden Behörden abhängig ist.

3.3. Instrumenteneinsatz

Im Folgenden nehmen wir eine Zuordnung des regulatorischen Instrumentariums nach drei Unterscheidungskriterien vor, und zwar ex ante/ex post, Bottleneck/nicht-Bottleneck und spezialisierte Regulierungsbehörde/allgemeine Kartellbehörde.

Aus Sicht des stärker ökonomisch fundierten Ansatzes sollten Instrumente in solch einer Kombination zum Einsatz gelangen, dass sie im Erwartungswert die Zielsetzung (z. B. langfristiger Verbrauchernutzen oder Effizienz) am besten erfüllen. Dies ist u. E. mit der Forderung kompatibel, dass „remedies proportionate to the policy objectives“ sein sollen. Wie oben bereits ausgeführt, ist nach dem stärker ökonomisch fundierten Ansatz zugleich ein Vergleich mit dem allgemeinen wettbewerbspolitischen Instrumentarium vorzunehmen.

3.3.1. Ex ante-Regulierung für Bottleneck-Bereiche

3.3.1.1. Der bisherige Instrumentenkatalog als Ausgangspunkt

Wir gehen aus den oben ausgeführten Gründen davon aus, dass Ex-ante-Regulierung von einer sektorspezifischen Regulierungsbehörde durchgeführt wird. Dafür stehen zurzeit die oben in Tabellen 7-9 dargestellten Instrumente zur Verfügung. Zur Kontrolle eines langfristigen monopolistischen Bottleneck (Necessary-Standard ist erfüllt) werden möglicherweise all diese Instrumente benötigt. Insbesondere gilt dies aber für den Erlass von Zugangsverpflichtung und Preisregulierung sowie Nichtdiskriminierung. Hier besteht die begründete Vermutung, dass die erwünschten Wirkungen dieser Eingriffe auf den nachgelagerten Markt durch Ausweitung des Wettbewerbs und die damit verbundenen Preissenkungen und Angebotsverbesserungen die unerwünschten Nebenwirkungen in Form von Effizienzeinbußen des regulierten Unternehmens bei weitem überwiegen. Freilich machen Hausman und Sidak (1999) darauf aufmerksam, dass die Zugangsverpflichtung selbst eine hinreichend effiziente Remedy sein muss. Ansonsten könnte Endnutzerpreisregulierung eines monopolistischen Endnutzerangebots eine überlegene Alternative sein.[122] Dies lässt sich, wie im TKG und im EU-Rechtsrahmen angelegt, dadurch endogen steuern, dass (a) die Zugangsberechtigten alle zusätzlichen Kosten des Zugangs tragen und (b) Endnutzerregulierung zum Tragen kommt, wenn Zugangsregulierung erfolglos ist. Wenn dies gilt, so legt der stärker ökonomisch fundierte Ansatz nahe, dass im Falle langfristiger monopolistischer Bottlenecks alle Instrumente immer zum Einsatz gelangen sollten, die den Zugang zum Bottleneck dauerhaft, effizient und diskriminierungsfrei sichern (Soll-Verpflichtung).

Für bestimmte monopolistische Bottlenecks können aber zusätzliche andere Instrumente angebracht sein. Dies gilt zum Beispiel für Terminierungs-Monopole, die

122 Dies würde gelten, wenn vertikal integrierte Unternehmen effizienter als vertikal separierte Unternehmen sind. In gewisser Weise ist das Thema vertikale Integration ein zentraler Bestandteil der Essential Facilities; denn es geht bei der Zugangsverpflichtung darum, dass ein vertikal nicht integriertes Unternehmen Zugang zu Anlagen eines vertikal integrierten Unternehmens erhält. Wenn vertikale Integration durch Effizienz gerechtfertigt ist, so handelt es sich meist um vertikale Verbundvorteile. Daneben gibt es aber auch Marktmachtvorteile (leveraging), die eine vertikale Integration nahelegen können. Besteht der erste Fall, so impliziert die Zugangsverpflichtung i. Allg. einen Verlust an vertikalen Verbundvorteilen, ist also ineffizient. Im zweiten Fall sollte dies nicht gelten. Jedenfalls scheint die Problematik ineffizienter Zugangsverpflichtungen von der EU nicht problematisiert zu werden. Bei den NRAs kommt die Thematik bestenfalls in der Preissetzung zum Ausdruck, wenn der Zugangsberechtigte alle inkrementellen Kosten des Zugangs zahlen muss. Dann entscheidet sich unter günstigen Umständen endogen, ob Verbundvorteile verloren gehen oder nicht.

zwar monopolistische Bottlenecks bei der Erstellung von Gesprächen darstellen, denen aber keine eindeutigen Endnutzermärkte gegenüberstehen. Hier gibt es Instrumente wie die Vorschrift von Bill & Keep oder das Receiving-Party-Pays-Prinzip, die den Bottleneck selbst aufheben könnten. Solche Instrumente sollten daher fallabhängig zur Verfügung stehen (Kann-Verpflichtung).

Eine Unterscheidung in Analogie zu den amerikanischen Necessary- und Impair-Standards halten wir nur insoweit für angebracht, als es auch unseres Erachtens entscheidend ist, inwieweit im nachgelagerten Markt (unter dem modifizierten Greenfield-Ansatz) Wettbewerb herrscht. Besteht dort ohne Vorleistungsregulierung überhaupt kein Wettbewerb, so ist der Bottleneck absolut. Wir meinen, dass dies aber auch noch weitgehend gilt, wenn ohne Vorleistungsregulierung der Bottleneck-Inhaber den nachgelagerten Markt dominiert. In beiden Fällen sollten Zugangsverpflichtungen mit Ex-ante-Preisregulierung per se zum Einsatz gelangen (Soll- oder Muss-Verpflichtung).

Freilich geht es auch hier um die Frage, ob es nicht Instrumente gibt, die den Wettbewerb im nachgelagerten Markt z. B. durch Bypass wirkungsvoller fördern als solche, die die Ausübung der Marktmacht im vorgelagerten Markt verhindern. Dies war die Absicht des Ladder-of-Investment-Ansatzes, ist aber wohl kaum realistisch in konkrete Regulierung umsetzbar.

Anders liegt die Situation aber, wenn auf dem nachgelagerten Markt auch ohne Vorleistungsregulierung wirksamer Wettbewerb herrscht (und insbesondere der Bottleneck-Inhaber nicht marktbeherrschend ist). In diesem Fall besteht u. E. kein echter Bottleneck, und es ist fragwürdig, ob hier überhaupt Vorleistungsregulierung angebracht ist. Wird ein Bottleneck verneint, so gilt einer der sogleich zu erörternden Fälle.

Zusammenfassend könnte die strikte Bottleneck-Eigenschaft zur Vereinheitlichung der Regulierung in der EU benutzt werden, indem z. B. bestimmte Remedies als Soll- oder gar Muss-Verpflichtungen vorgeschrieben werden, während andere Remedies zu Kann-Verpflichtungen werden.

3.3.1.2. Vertikale Separierung durch funktionelle Trennung

Die Möglichkeit einer vertikalen Separierung durch funktionelle Trennung von regulierten und nicht-regulierten Bereichen eines dominanten Anbieters ist Teil des vorgeschlagenen geänderten EU-Regulierungsrahmens im Kommunikationsbereich. In Großbritannien wird solch eine funktionelle Trennung für BT bereits im Zuge der NGN-Umstellung eingeführt. Die Trennung dort geht auf eine freiwillige Vereinbarung zwischen BT und Ofcom zurück, bei der sich angeblich BT im Austausch für die funktionelle Trennung bei Ofcom andere Zugeständnisse eingehandelt hatte. Empirische Befunde über die Auswirkung dieser Trennung auf die Regulierungskosten und Regulierungsergebnisse liegen wegen der Kürze des seit der Entscheidung zur funktionellen Trennung 2005 bis heute verstrichenen Zeitraums nicht vor.

Funktionelle Trennung ist ein einschneidendes Instrument, das die Handlungsfreiheit eines regulierten Unternehmens empfindlich beeinträchtigt. Das Ziel ist dabei die grundsätzliche Verhinderung wettbewerbsbehindernden Verhaltens und die gleichzeitige Erleichterung der Kontrolle von Ausbeutungsmissbrauch. Es soll folglich zu mehr Wettbewerb, weniger Diskriminierung und weniger Streitigkeiten kommen. Dem stehen ein Verlust von Verbundvorteilen (potenzielle Verdopplung bisheriger Gemeinkosten), neue Unsicherheiten und Irreversibilitäten und eine Minderung der Investitionsanreize des Incumbent entgegen.[123] Außerdem ist dieses Instrument langfristig angelegt, da es eine Umorganisation des Unternehmens erfordert. Insofern ist die entsprechende Entbündelung der Stromnetze von der Stromerzeugung im europäischen Elektrizitätssektor eher nachzuvollziehen, da dort langfristig mit einer Regulierungsbedürftigkeit zu rechnen ist.

Angesichts der hohen Kosten der Durchführung der funktionellen Trennung sind Einsparungen bei den Regulierungskosten auch nur zu erwarten, wenn die Vorzüge der funktionellen Trennung langfristig genutzt werden können. Dies setzt u.a. voraus, dass die funktionelle Trennung selbst langfristig stabil ist. Das mag wiederum bei der Stromversorgung mit ihrer relativ klaren Trennung in Erzeugung, Verbundnetz und Verteilernetze gelten. Aber gerade die zurzeit erfolgende Einführung von VDSL und NGNs zeigt, dass die relevanten Bottleneck-Bereiche im Telekommunikationsbereich keineswegs stabil sind, so dass bei der funktionellen Trennung laufend nachgebessert werden müsste.

Wo ist solche langfristige Regulierungsbedürftigkeit im Telekom-Bereich noch gegeben? Wir sehen diese in erster Linie bei den Teilnehmeranschlussleitungen in ländlichen Regionen sowie bei der Anrufterminierung. Beide eignen sich nicht gut zur funktionellen Trennung. Dies gilt bei den ländlichen TAL wegen der regionalen Überschneidungen, weswegen wir oben in Abschnitt 3.2.1.1 die Abgrenzung einzelner regionaler Märkte als unrealistisch angesehen haben. Es gilt für die Anrufterminierung, weil hier in der Form von B&K/RPP weniger einschneidende Instrumente zur Verfügung stehen, die das Terminierungsmonopol beseitigen könnten.

Funktionelle Trennung im Telekommunikationsbereich wäre nur dann nicht völlig abwegig, wenn z. B. große Änderungen wie bei der Einführung von NGN bevorstehen, die ohnehin zu einschneidenden Organisationsänderungen des Incumbent führen. Hier ist nur zu beachten, dass NGN in Europa sehr unterschiedlich eingeführt wird. Es ist deshalb kein Zufall, dass die funktionelle Trennung in Großbritannien möglich ist, wo NGN (wegen der bisherigen Rückständigkeit des Netzes) von BT in einem großen Schritt eingeführt wird, während dies in anderen Ländern eher inkrementell geschieht. Darüber hinaus ist unklar, in welchem Umfang in NGNs (außerhalb der Anschlussnetze) langfristige Regulierungsbedürftigkeit besteht.

Schließlich ist gegen funktionelle Trennung einzuwenden, dass sie die Anreize aller Wettbewerber verringern könnte, an dem Bottleneck vorbei zu investieren und zu

123 Sofern funktionelle Separierung dazu genutzt werden sollte, die separierte Vorleistung von der Regulierung zu befreien, kann es auch zu Endnutzerpreiserhöhungen durch doppelte Marginalisierung kommen.

innovieren. Diese Anreize sind unter dem bestehenden System gerade wegen der Unbequemlichkeit des Bottleneck-Zugangs und der Abhängigkeit von einem vertikal integrierten Incumbent relativ hoch.

Auch wenn u. E. überwältigend viel gegen funktionelle Trennung spricht, verbliebe auf dem Papier nach dem Vorschlag der EU-Kommission die Entscheidung darüber beim nationalen Regulierer. Mit der neuen Bestimmung scheint aber mehr gewollt zu sein; denn die Trennung von BT war ja wohl auch bislang möglich. Es geht hier also entweder um eine Umgehung der nationalen Gesetzgebung oder um die Ausübung von „peer pressure“, mit der funktionelle Trennung verbreitet werden soll. Beidem würden wir vorbeugen wollen. Funktionelle Trennung sollte daher seitens der EU-Kommission nicht als zusätzliches Instrument angeboten werden, selbst wenn es in einzelnen Mitgliedsstaaten gesetzlich möglich ist oder gar praktiziert wird.

3.3.2. Ex-ante-Regulierung für Nicht-Bottleneck-Bereiche

Die Nicht-Bottleneck-Bereiche zeichnen sich dadurch aus, dass zwar die Kriterien eins und zwei des Drei-Kriterien-Tests erfüllt sind, aber entweder im nachgelagerten Markt wirksamer Wettbewerb herrscht oder kein Monopol im Vorleistungsmarkt vorliegt. Hier ist es alles andere als selbstverständlich, dass die Ex-ante-Instrumente Zugangsverpflichtung mit Preisregulierung und Nichtdiskriminierung immer zu einer besseren erwarteten Zielerfüllung führen. Vielmehr gibt es hier zum einen die Abwägung, ob Ex-ante-Instrumente überhaupt notwendig sind oder ob Ex-post-Instrumente nicht ausreichen, da nicht mit überwältigender Wahrscheinlichkeit mit Missbräuchen zu rechnen ist. Zum anderen gilt es zwischen der bislang zwar langsam voranschreitenden Wettbewerbsentwicklung durch Bypass und der durch Zugangsverpflichtung abzuwägen. Dies legt nahe, dem Regulierer einen Entscheidungsspielraum dafür zu geben, welche Instrumente er in solchen Fällen anwenden will. Hier bestehen auch in der Marktentwicklung klare Unterschiede zwischen den Mitgliedsstaaten. Zum Beispiel besteht in keinem EU-Staat durchgehend die strikte Bottleneck-Eigenschaft für Breitbandanschlüsse im Festnetz. Sie besteht aber in vielen ländlichen Gebieten. In Ballungsgebieten hingegen unterscheiden sich die Anschlussalternativen erheblich von Land zu Land. In Deutschland hat hier DSL einen Anteil von über 90 %. Die DTAG hat hier klare Marktdominanz. In den Niederlanden hingegen betrug im Juni 2006 der DSL-Marktanteil nur 59,8 % (Opta, 2007, S.82). Es ist daher zu bezweifeln, dass in beiden Ländern dieselben Instrumente angebracht sind.

Beherrscht ein Bottleneck-Inhaber ohne Vorleistungsregulierung weder direkt noch indirekt (z. B. über von ihm abhängige Reseller) den nachgelagerten Markt, so ist als Preisregulierungsinstrument die Baumol-Willig-Regel angebracht, und zwar nicht nur für Resale (wie bereits im TKG vorgesehen) sondern auch für Zugang zu Netzkomponenten. Die Baumol-Willig-Regel hat bei Marktbeherrschung im nachgelagerten Markt den Nachteil, dass der Bottleneck-Inhaber dann immer noch dort seine Marktmacht ausüben kann. Dies gilt aber bei wirksamem Wettbewerb in diesem Markt nicht mehr.[124] Andererseits ist es bei Wettbewerb im nachgelagerten Markt fraglich, ob seitens des Bottleneck-Inhabers überhaupt Anreize zur Verweigerung des Zugangs oder zu sonstigen Behinderungen der Wettbewerber auf der nachgelagerten Stufe bestehen. Insofern könnte Ex-post-Missbrauchsaufsicht ausreichen.

Für regulierungsbedürftige Nicht-Bottleneck-Bereiche sollte es als Fazit bei der bestehenden EU-Regel bleiben, dass mindestens eine Ex-ante-Remedy einzusetzen ist, es aber den NRAs überlassen bleibt, welche der Remedies sie auswählen. Dabei sollte die Baumol-Willig Regel als zusätzliches Instrument zur Verfügung stehen.

3.3.3. Sektorspezifische Ex-post-Kontrolle durch die NRAs

Ex-post-Regulierung wird unseres Wissens von der EU-Kommission nicht als Regulierung anerkannt, sondern dem Wettbewerbsrecht zugewiesen. Wir meinen, dass diese Einschätzung zu kurz greift, da bestimmte Instrumente, auch wenn sie ex post zur Anwendung gelangen, durchaus als Regulierung gelten können, z. B. Ex-post-Preisregulierung. Dies hat die obige Diskussion um Kriterium drei deutlich gezeigt, nach der die allgemeine Wettbewerbspolitik nicht nur bei Ex-ante-Eingriffen scheitert. Vielmehr kann Regulierung auch bei mangelnder Preissetzungs- und Kontrollmöglichkeit angebracht sein, selbst wenn keine Notwendigkeit für Ex-ante-Eingriffe besteht. Ex-post-Eingriffe sind insbesondere geeignet, wenn sie geschehen, bevor große Schäden eintreten, wenn sich die Missbräuche nicht häufen und wenn Missbräuche nicht schwer feststellbar sind. Inwieweit ist in solchen Fällen Ex-post-Regulierung gegenüber Ex-ante-Regulierung der Vorzug zu geben? Wie aus Tabelle 11 ersichtlich, geht es hier um eine Abwägung zwischen der größeren Unmittelbarkeit und Feinsteuerung bei Ex-ante-Eingriffen gegenüber der geringeren Freiheitsbeschränkung des Wettbewerbs bei Ex-post-Eingriffen. Sofern das regulierte Unternehmen den durch die Missbrauchsdefinition gegebenen Handlungsspielraum richtig einschätzt, kann es Ex-post-Eingriffe ganz verhindern. Es operiert dann zwar mit einem eingeschränkten Handlungsspielraum, ist aber den laufenden Transaktionskosten der Eingriffe und der Inanspruchnahme des Management für regulatorische Auseinandersetzungen weniger ausgesetzt als bei Ex-ante-Regulierung. Außerdem ist der Spielraum bis zum Missbrauch weniger einengend als der für Ex-ante-Regulierung geltende Maßstab (z. B. KeL).

Wer aber soll Ex-post-Regulierung vornehmen, wenn es solche gibt? Klarerweise sollte hier die BNetzA zuständig sein, wenn Regulierungsbedürftigkeit festgestellt ist. Aber was sollte gelten, wenn keine Regulierungsbedürftigkeit mehr besteht? Worauf sollte dies ankommen? Wenn Ex-post-Fälle vom sektorspezifischen Regulierer bearbeitet werden, so hat dies eine Reihe von Vorteilen, und zwar:

124 Die Entgeltregulierung im Zeitablauf weicher zu gestalten, wie dies der Ladder-of-Investment-Ansatz vorschlägt, halten wir für unpraktisch und nicht justiziabel.

- Es besteht eine größere Sachnähe, weil es in vielen Fällen einen engen Zusammenhang mit der Zugangsregulierung gibt und die Regulierungsbehörde vorab Informationen einholen kann. Daraus ergibt sich zugleich, dass der Eingriff schneller und gezielter erfolgen kann, so dass weniger Verzögerung eintritt.
- Entscheidungen können mehrere Ziele berücksichtigen, nicht nur die der Wettbewerbsordnung.
- Die Entscheidungen haben größere Verbindlichkeit. Die Behördenpraxis ist schon entwickelt, es muss nicht alles neu erfunden werden.
- Der Regulierer dürfte eher bereit sein, deregulierend tätig zu werden, wenn er auch dann noch die Aufsicht behält und die Kompetenz nicht automatisch der Kartellbehörde zufällt.

Dem stehen als Nachteile entgegen:

- Der politische Einfluss ist größer; u. U. gibt es auch Capture durch die Wettbewerber.[125]
- Der Regulierer hat eine inhärente Neigung zum Regulieren.

In Tabelle 10 oben wurde ausführlich darauf hingewiesen, dass Kartellbehörden nicht gut in der Lage sind, Preisfestsetzungen vorzunehmen. Dies gilt aber nicht nur für Ex-ante-, sondern auch für Ex-post-Preisregulierung. Mit der Preisfestsetzung gibt es also eine ganze Kategorie von Fällen, in denen auch ex post eine sektorspezifische Regulierungsbehörde einer Wettbewerbsbehörde überlegen ist.

Wann aber ist Ex-post-Preisregulierung durch NRAs anstelle von Ex-ante-Regulierung angebracht? Hier sehen wir insbesondere die Fälle, in denen es nicht so sehr auf die Schnelligkeit des Eingriffs ankommt und bei denen die Schäden durch mangelndes Handeln reparabel sind. Dies gilt unseres Erachtens z. B. für die verbleibende Endnutzerregulierung jedenfalls soweit es um Ausbeutung der Endnutzer geht; soweit es freilich um Behinderungsmissbrauch durch Margin Squeeze gilt, kann der Schaden irreparabel sein. Dies würde eine Vorprüfung wie in § 38 TKG vorgesehen nahelegen.

Ex-post-Kontrolle kann mit Ex-ante-Regulierung verbunden werden, zum Beispiel Ex-ante-Zugangsverpflichtung mit Ex-post-Preisregulierung. Dies sind Fälle, in denen die Regulierungsbedürftigkeit bejaht wurde, aber wohl keine Bottlenecks vorliegen. Eine solche Kombination von Ex-ante- und Ex-post-Regulierung ist möglicherweise angebracht, wenn eine langfristige Bottleneck-Eigenschaft im nachgelagerten Markt nicht zu Monopol/Dominanz führt, so dass eine Ex-ante-Zugangsverpflichtung angebracht ist, aber nur Ex-post-Preisregulierung. In einer eleganten Umgehung der Verpflichtung zu Ex-ante-Regulierung hat z. B. die österreichische Regulierungsbehörde eine Ex-ante-Informationspflicht hinsichtlich der Preissetzung (Anzeigepflicht) mit einer Ex-post-Regulierung der Preise verbunden (Briglauer und Ertl, 2007).

Das TKG 2004 folgt bereits der hier für die europäische Ebene vorgeschlagenen Regulierungskonzeption. Eine Ex-post-Preisregulierung ist unter den engen Voraus-

125 Die DTAG verspricht sich als deutsches Unternehmen höheren Schutz von dem BKartA als von der BNetzA. Es ist aber strittig, ob dies so ist.

setzungen des § 30 Abs. 1 Satz 2 TKG bei der Auferlegung von Zugangsleistungen möglich.[126] Im Hinblick auf die Entgelte für Endnutzerleistungen ist die nachträgliche Preisregulierung der Regelfall (vgl. § 39 TKG). Die BNetzA kann, ähnlich wie dies in Österreich der Fall ist, SMP-Unternehmen verpflichten, ihr Entgeltmaßnahmen zwei Monate vor dem geplanten Inkrafttreten zur Kenntnis zu bringen. Im Rahmen einer nachträglichen Preisregulierung wird lediglich ermittelt, ob die Entgelte missbräuchlich sind oder nicht (§ 28 TKG). Dies entspricht dem inhaltlichen Prüfungsmaßstab des Kartellrechts. Anders als das Kartellamt ist die BNetzA jedoch regelmäßig nicht mit schwierigen Beweisproblemen konfrontiert, da z. B. bei Preis-Kosten-Scheren und vergleichbaren Konstellationen der Missbrauch vermutet wird.

Im Zuge einer stärkeren Deregulierung wird auch die besondere Missbrauchsaufsicht nach § 42 TKG an Bedeutung gewinnen. Hiernach besteht ähnlich wie im Kartellrecht die allgemeine Pflicht eines Unternehmens, seine beträchtliche Marktmacht nicht auszunutzen. Auch diese Vorschrift enthält Vermutungsregeln, um Beweisprobleme zu entschärfen (vgl. § 42 Abs. 2, 3 TKG). Bemerkenswert ist, dass die BNetzA seit 2007 nicht nur die Möglichkeit hat, ein missbräuchliches Verhalten zu beenden. Vielmehr kann die Behörde auch ein bestimmtes Verhalten (positiv) auferlegen oder Verträge ganz oder teilweise für unwirksam erklären. Diese Rechtsfolgen stehen ihr zudem schon zur Verfügung, wenn Tatsachen vorliegen, die die Annahme rechtfertigen, dass ein Unternehmen seine marktmächtige Stellung auf Endkundenmärkten missbräuchlich *„auszunutzen droht“* (§ 42 Abs. 4 Satz 3 TKG). Diese Möglichkeit eines frühzeitigen, gar präventiven Einschreitens war bisher allein Markenzeichen der Ex-ante-Regulierung. Die BNetzA hat diese Vorschrift bisher als Rechtsgrundlage herangezogen, um eine Transparenzverpflichtung analog (!) § 20 TKG aufzuerlegen. Diese Maßnahme diente dem Zweck, die Bedingungen der Einspeisung von Medieninhalten durchsichtig zu machen. Eine solche Maßnahme konnte nicht auf § 20 TKG gestützt werden, weil die Anbieter von Medieninhalten nicht unter das Zugangsregime der §§ 16 ff. TKG fallen. Sie wurde gleichwohl für erforderlich gehalten, um auf Markt Nr. 18 für angemessene Wettbewerbsbedingungen zu sorgen.

3.3.4. Kartellrechtliche Ex-post-Kontrolle durch die Kartellbehörden

Kartellbehörden haben gegenüber NRAs auch wichtige Vorteile, und zwar:

- Es besteht eine Gleichbehandlung gegenüber anderen Märkten.
- Die Behörde hat aufgrund der Vielzahl ihrer Problemfälle eine höhere Sachkunde in ökonomischen Fragen.

Eine Ex-post-Kontrolle durch die Kartellbehörden bietet sich klar für die Fälle an, in denen die in Tabelle 10 erörterten Unzulänglichkeiten der Kartellbehörden nicht bestehen.

126 Vgl. Abschnitt 2.2.4.2.

Tabelle 12 fasst die dafür relevanten Abwägungen im Vergleich zur regulatorischen Ex-post-Kontrolle zusammen.

Charakteristikum des Wettbewerbsrechts	Charakteristikum der Ex-post-Regulierung	Vorzug der Regulierung	Vorzug des Wettbewerbsrechts
• Eingriff bei Missbrauchsnachweis	• Eingriff bei Missbrauchsverdacht	• Regulierung wirkt schneller und verhindert damit größere Schäden und kann auch bei häufigeren Missbräuchen angewendet werden • Regulierung kann Anwendung finden, wenn tatsächlicher Missbrauchsnachweis schwer ist	• Eingriff nur bei tatsächlich missbräuchlichem Verhalten
• Mangelnde Preissetzungsmöglichkeit	• Bessere Preissetzungsmöglichkeit	• Fachwissen, Eingriffsgeschwindigkeit • Klarere Preismaßstäbe bei Mangel an Vergleichsmärkten, Vorliegen von Skalenerträgen und Verbundvorteilen	• Weniger Interesseneinflüsse
• Mangelnde Kontrollmöglichkeiten	• Laufende Kontrollen • Positive Eingriffsgestaltung (Verpflichtung zu bestimmtem Verhalten)	• Hoher Einfluss auf gewünschtes Verhalten • Feinsteuerung	• Weniger Freiheitsbeschränkungen im Wettbewerb

Tabelle 12: Eignung des allgemeinen Wettbewerbsrechts im Vergleich zu Ex-post-Regulierung

Ein Übergang zur Ex-post-Kontrolle durch die Kartellämter ist eindeutig anwendbar bei endgültiger Deregulierung. Es kann aber auch Übergangsfälle geben. Zum Beispiel können Fälle vorliegen, in denen zwar noch Marktbeherrschung besteht, aber die Kriterien eins und zwei nicht mehr klar erfüllt sind. Dies ist z. B. in den nächsten Jahren angesichts der Festnetz/Mobilfunk-Substitution in Festnetzmärkten zu erwarten. Wird deshalb nur noch mit seltenen Missbräuchen gerechnet, so ist definitiv von Ex-ante-Regulierung abzusehen. Bestehen aber keine brauchbaren Vergleichsmärkte, so können hinsichtlich Preismissbräuchen die NRAs den Kartellämtern überlegen sein.

Da die relativen Vorteile von NRAs und Kartellbehörden bei der Ex-post-Kontrolle stark vom Einzelfall und auch von der Marktentwicklungsphase und der jeweiligen Vorbereitung der Behörden abhängen, ist eine einvernehmliche Aufteilung der Fälle zu erwägen, wie dies z. B. in den USA bei der kartellrechtlichen Genehmigung von Fusionsfällen geschieht. Hier teilen sich die Federal Trade Commission und das Department of Justice die Fälle untereinander auf. Dabei hat sich eine Arbeitsteilung durch gegenseitige Spezialisierung auf bestimmte Branchen herausgebildet. Ähnlich könnte bei der Deregulierung im Telekommunikationsbereich eine Arbeitsteilung zwischen BNetzA und BKartA vorgenommen werden, bei der z. B. die BNetzA zunächst für einen Mindestzeitraum bestimmte Märkte noch weiter überwacht, obwohl sie die Kriterien der Regulierungsbedürftigkeit nicht mehr erfüllen. Das BKartA kann dann in dieser Zeit entsprechende Kompetenz aufbauen. Die BNetzA könnte darüber hinaus für bestimmte Märkte weiter zuständig bleiben, in denen Ex-post-Preisregulierungsentscheidungen wahrscheinlich sind. Je mehr Kompetenzen die Kartellbehörde aufgebaut hat und je mehr ihre Befugnisse ausgeweitet werden (bzw. bereits worden sind), umso weniger bedeutet Deregulierung für einen Markt.

3.3.5. Zusammenfassung

Ähnlich der Ladder of Investment sehen wir eine Stufenentwicklung bei der Regulierung von Ex-ante-Soll-Verpflichtungen zu Ex-ante-Kann-Verpflichtungen zu Ex-post-Verpflichtungen durch die BNetzA zu Ex-post-Missbrauchsverboten durch das BKartA und schließlich zur Entlassung aus der Missbrauchsaufsicht. Ein Markt muss natürlich nicht all diese Stufen durchlaufen, und die Reihenfolge kann sich durchaus einmal umkehren.

Diese *Instrumentenleiter* (*Ladder of Remedies*) ist in den Abbildungen 1 und 2 detailliert dargestellt. Die Ausgangsidee ist dabei, dass es zwei eindeutige Bereiche und eine Grauzone gibt. Im eindeutig nicht von einer NRA zu regulierenden Wettbewerbsbereich ist eine ungestörte Marktlage der Normalfall, während eine gestörte Marktlage den Ausnahmefall bildet. Hier sind sowohl die wettbewerbspolitischen Instrumente als auch die Kartellämter am ehesten in der Lage, mit etwaigen Wettbewerbsproblemen fertig zu werden. Im eindeutig von einer NRA mit Ex-ante-Instrumenten zu regulierenden Bereich hingegen ist die gestörte Marktlage der

Normalfall, so dass hier weder die wettbewerbspolitischen Instrumente noch die Kartellämter ausreichen. In der zwischen den polaren Fällen liegenden Grauzone besteht keine eindeutige Zuordnung zu Ex-ante-Instrumenten und zu NRAs oder zu Ex-post-Instrumenten und zu Kartellbehörden.

Abbildung 1 gibt den klaren Fall der Ex-ante-Regulierungsbedürftigkeit durch NRAs als Ebene 1 wieder. Ebene 2 hingegen enthält den ersten Teil der Grauzone, in der neben Ex-ante- auch Ex-post-Instrumente angebracht sind, aber die Zuständigkeit der Regulierungsbehörde klar bleibt.

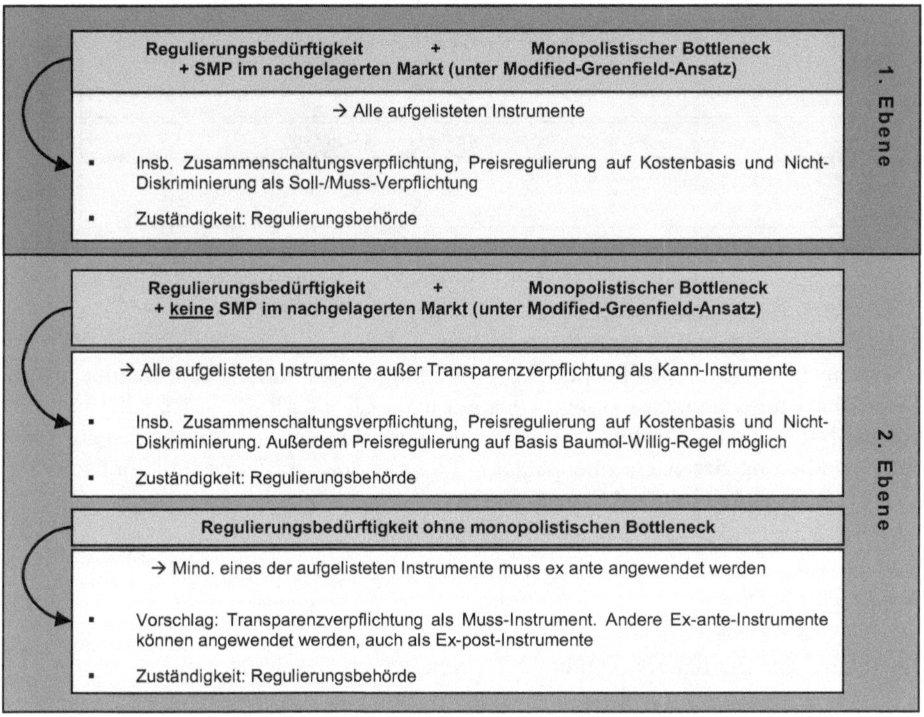

Abbildung 1: Regulierungsleiter - Obere Stufen

Abbildung 2 enthält auf Ebene 4 den Bereich, der eindeutig den Ex-Post-Instrumenten und den Kartellbehörden zuzuweisen ist, während Ebene 3 den zweiten Teil der Grauzone enthält, in dem zwar nur Ex-post-Instrumente angebracht sind, aber die Zuständigkeit von Regulierungs- oder Kartellbehörde nicht klar ist. Hier geht es z. B. darum, dass im Fall eines Fehlers bei der Deregulierung die Regulierung notfalls rückholbar sein muss. Dies führt u. E. langfristig zu mehr Deregulierung, weil es der Regulierungsbehörde diesen Schritt erleichtert, wenn er nicht unumstößlich ist.

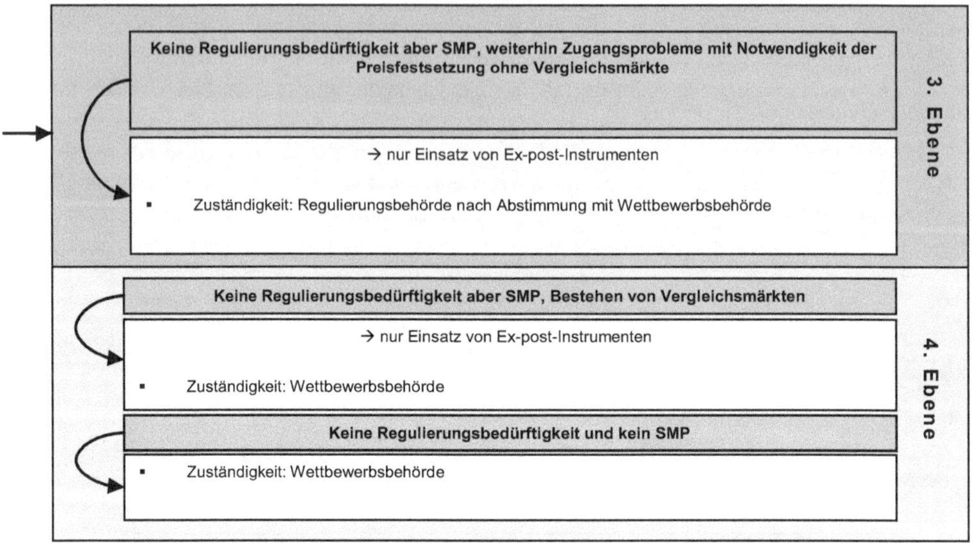

Abbildung 2: Regulierungsleiter – Untere Stufen

In der Bundesrepublik sind die einzelnen Stufen der Instrumentenleiter für den Übergang vom sektorspezifischen Recht ins allgemeine Kartellrecht bereits in das TKG 2004 aufgenommen worden. Dies gilt auch für eine Ex-post-Regulierung, die von der NRA durchgeführt wird. U. E. sollte diese Regulierungskonzeption auch bei der Novellierung des Richtlinienpaketes für elektronische Kommunikationsdienste und -netze Berücksichtigung finden.

3.4. Konsequenzen für ausgewählte Fälle

3.4.1. Grad der Duplizierbarkeit in Abhängigkeit vom Geschäftsmodell

Seit der Marktliberalisierung cum Regulierung 1998 haben sich viele Geschäftsmodelle im Telekommunikationssektor herausgebildet, die im Zeitablauf unterschiedlichen Erfolg hatten, von denen aber einige jetzt durch neuere Entwicklungen der Technik (NGN, Breitbandanschlüsse) sowie durch Deregulierung im Gefolge zunehmenden Wettbewerbs gefährdet sein könnten. Hier stellt sich die Frage, inwieweit zum Erhalt von Geschäftsmodellen Bestandsschutz durch Regulierung gewährt werden sollte.

Je nachdem, welches Geschäftsmodell ein Internet Service Provider (ISP) gewählt hat, ist er entweder auf entbündelte TAL oder auf Line Sharing oder auf Bitstream-Zugang oder auf gar keinen Zugang des Incumbent angewiesen. Sofern all diese Geschäftsmodelle potenziell nebeneinander im selben Endnutzermarkt um Kunden konkurrieren, sollten dann für all diese Geschäftsmodelle die notwendigen regulatorischen Zugangsverpflichtungen gelten, so dass sie weiterhin nebeneinander bestehen können? Wovon soll dies abhängen? Sind die stärker infrastrukturbasierten Geschäftsmodelle schützenswerter als die stärker dienstebasierten Geschäftsmodelle?

Verwenden wir zunächst im Sinne von Soll-Verpflichtungen die Bottlenecks als Regulierungskriterium. Dann wären im vorliegenden Beispiel keine Soll-Verpflichtungen angebracht, da es ja ein konkretes Geschäftsmodell (z. B. Kabel-TV-Betreiber) gibt, das die Infrastrukturleistung „Breitbandanschluss“ ohne Zugang zum Anschlussnetz des Incumbent anbieten kann. Gäbe es dieses Geschäftsmodell nicht, so wäre die Frage nach der Lokation des Bottleneck zu stellen. Geschäftsmodelle mit Kollokation im Hauptverteiler (Hvt) können Breitbandanschlüsse über entbündelte TAL oder über Line Sharing anbieten, wobei die entbündelte TAL eine höhere Anschlussdichte erfordert als das Line Sharing. Ist eines dieser beiden Geschäftsmodelle wirtschaftlich durchführbar, so wäre Bitstream-Zugang nach dem Bottleneck-Modell keine Soll-Verpflichtung, da der Bottleneck nur bis zum Hvt reicht. Es ergibt sich also nach dem Bottleneck-Ansatz eine Hierarchie von potenziellen Bottlenecks, wobei nur die tatsächlichen Bottlenecks (also nicht die Bottlenecks für ein bestimmtes Geschäftsmodell) für Soll-Verpflichtungen in Frage kämen.

Dies kontrastiert mit dem geltenden Ansatz der Regulierungsbedürftigkeit, bei dem es auf Marktmacht in Vorleistungsmärkten sowie die Erfüllung des Drei-Kriterien-Tests ankommt. Wäre hiernach erst einmal ein Markt für Bitstream-Zugang definiert, so ist der Drei-Kriterien-Test relativ leicht erfüllt und liegt Marktbeherrschung des Incumbent fast sicher vor. Der Markt besteht, da bestimmte Geschäftsmodelle diese Vorleistung nachfragen. Die Marktzutrittsschranken sind hoch, weil Konkurrenten des Incumbent das Produkt nur schwer flächendeckend anbieten können. Es besteht dort also kein direkter Wettbewerb, und dieser ist auch nicht bald abzusehen. Man kommt hier also von bestehenden Geschäftsmodellen aus relativ leicht zu einer Vorleistungsregulierung, die eigentlich zumindest in bestimmten Regionen nicht nötig wäre.[127]

Hier stellt sich also die Frage, inwieweit Regulierer bestehenden Geschäftsmodellen zu deren Erhalt bestimmte Regulierung schulden. Der stärker ökonomisch fundierte Ansatz würde dies i. Allg. verneinen. Danach sind nur Geschäftsmodelle schützenswert, die den Verbrauchern langfristige Vorteile bieten (bzw. effizient sind). Dies gilt gleichermaßen für neue Regulierung als auch für die Aufrechterhaltung bestehender Regulierung.

Einen Bestandsschutz für Regulierung gibt es rechtlich wohl nicht, er könnte aber durch politischen Druck erzeugt werden, wenn sonst Wettbewerber insolvent zu werden drohen. Die Frage, inwieweit ein Bestandsschutz von Regulierungsmaßnahmen zugunsten von Wettbewerbern bestehen sollte, würde von dem stärker ökonomisch fundierten Ansatz unter dem Gesichtspunkt des langfristigen Verbraucher-

127 Auf die geographische Komponente dieses Problems gehen wir sogleich im nächsten Abschnitt ein.

nutzens oder der Effizienz (oder unter dem Gesetzesziel) beantwortet werden. Es kommt also darauf an, welche Wirkungen von solch einem Schutz im Vergleich zu einem schutzlosen Regime zu erwarten wären.

Der offensichtlich positive Aspekt eines Bestandsschutzes besteht darin, dass die Wettbewerber dadurch eine gewisse Sicherheit für langfristige und insbesondere versunkene Investitionen erhalten. Sie werden daher mehr investieren. Dem steht entgegen, dass durch Bestandsschutz die Regulierer der Freiheit beraubt werden, ihre regulatorischen Entscheidungen den Marktveränderungen und neuen technischen Erkenntnissen anzupassen oder auch nur Fehler zu korrigieren.

Das bestehende EU-Konzept gewährt zumindest Bestandsschutz auf irgendeine (wenn auch nicht auf eine bestimmte) Regulierung, solange die Voraussetzungen der Regulierungsbedürftigkeit erfüllt sind. Fallen diese Voraussetzungen weg, so endet damit insoweit die Schutzwürdigkeit der regulierungsbedingten Zugänge der Wettbewerber, als (a) hinreichende Alternativen vorhanden sein sollten und (b) es im Interesse des bislang regulierten Unternehmens liegen sollte, auch ohne Regulierung weiterhin Zugang anzubieten. Dennoch ist bei der Deregulierungsentscheidung die Frage nach Übergängen und Gleitpfaden genauso zu prüfen wie seinerzeit bei Beginn der Regulierung (z. B. in Markt 16 der alten EU-Märkteempfehlung). Solange die Regulierungsbedürftigkeit besteht, muss der Regulierer hinsichtlich des Bestandsschutzes eine Abwägungsentscheidung zwischen den Interessen des regulierten Unternehmens, der Wettbewerber und insbesondere der Verbraucher fällen können. Dies ist am besten durch zeitliche Konsistenz in der Regulierung gewährleistet, die keine Starrheit, sondern die Verwendung gleichbleibender Prinzipien voraussetzt. Insofern ist eine Änderung des EU-Rechtsrahmens immer heikel, da sie die Verlässlichkeit untergräbt. Im Zweifelsfall sind daher solche Änderungen nur bei großen Mängeln im bisherigen Rahmen angebracht.

Bei Einführung des „Element Based Charging“ in Deutschland wurde ein bestimmter Bestandsschutz ausdrücklich gewährt, aber in anderen Zusammenhängen unseres Erachtens nach nicht.[128] Dies deutet darauf hin, dass Bestandsschutz sonst nicht zu erwarten ist. Was würde z. B. geschehen, wenn der Incumbent die Hvt abbaut, in denen alternative Wettbewerber Kollokationsraum angemietet und dort investiert haben? Gibt es dann aus ökonomischen Gründen einen Anspruch auf Bestand des Hvt? Offenbar sollte der Incumbent nicht einfach den Wettbewerb durch Schließen von Hvt verhindern können. Er sollte aber auch sein Netz effizient ausbauen und modernisieren dürfen. Dies spricht im Falle, dass Letzteres zu „Stranded Investments“ der alternativen Wettbewerber führen würde, für einen „Bestandsschutz mit Ausgleichszahlung“. Danach müssten die alternativen Wettbewerber dem Incumbent durch Zahlungen zumindest die Möglichkeit geben, sich bei Aufrechterhaltung des Hvt so zu stellen, als wenn er ihn aufgegeben hätte. Dabei sollte man freilich nicht entgangene Gewinne aufgrund der Tatsache ausgleichen, (a) dass der

128 Ein anderes potenzielles Beispiel ist die Resale-Verpflichtung in den frühen Mobilfunklizenzen in Deutschland. Ähnlich können Wettbewerber Bestandsschutz für ihre versunkenen Investitionen auch in ihren privaten Verträgen mit dem Incumbent aushandeln.

Incumbent durch Aufgabe des Hvt weniger Wettbewerb ausgesetzt ist, und (b) dass die Anlagen nicht voll abgeschrieben sind. Wenn der Incumbent einen Hvt aufgibt, so entstehen dadurch bestimmte Beseitigungskosten und fallen in Zukunft bestimmte Kosten weg. Würde jetzt die Kollokation von Wettbewerbern an diesem Hvt die Beseitigungskosten verringern und gleichzeitig den Wegfall bestimmter Kosten verhindern, so lässt sich dadurch eine Kostendifferenz errechnen, die dem Verbleib von Wettbewerbern in dem alten Hvt zuzurechnen ist und für die solche Wettbewerber folglich verantwortlich sein sollten. Würden solche Wettbewerber später die Kollokation in dem Hvt aufgeben, müssten sie dann die Beseitigungskosten zahlen. Ein relativ einfacher Weg zur Lösung des Hvt-Problems könnte in einer Verpflichtung des Incumbent bestehen, vor Aufgabe eines Hvt diesen den Wettbewerbern zum Weiterbetrieb käuflich anzubieten. Dies wäre in Analogie zur Verpflichtung der Deutschen Bahn, vor einer etwaigen Streckenstilllegung diese Wettbewerbern zum Weiterbetrieb anzubieten.

Ein Beispiel, wie man das Bestandsschutzproblem ex ante verhindern kann, bietet der kapazitätsbasierte Friaco-Tarif, den Oftel seinerzeit (2001) für den schmalbandigen Internet-Zugang zu BT erlassen hatte (Oftel, 2001). Dieser enthielt eine Ortsnetzkomponente und eine weiter ins Netz hineinreichende Komponente. Bei Letzterer bestand das Problem, dass BT in den Transitvermittlungsstellen nicht genügend Kapazität besaß, um den Vorleistungsmarkt zu bedienen. Oftel setzte daher ein Verhandlungsmodell durch, das den alternativen Wettbewerbern bestimmte Zugänge nur gewährleistete, wenn sie sich an den Ausbauinvestitionen beteiligten. Dies geschah, da BT argumentierte, dass sie in Anbetracht der Kurzlebigkeit des schmalbandigen Zuganges solche Investitionen nicht eigenständig tätigen würde.

Bestimmte Arten von Regulierung sind in bestimmten Marktentwicklungsphasen die überlegene Alternative und fördern gleichzeitig bestimmte Arten von Geschäftsmodellen. Dies galt z. B. für die ersten Interconnection-Entscheidungen der RegTP (bzw. noch des Postministeriums), die Service-Anbieter bevorzugten. Im Laufe der Zeit wurde diese Regulierung teilweise zurückgenommen, so dass stärker infrastrukturbasierte Wettbewerber die Oberhand gewannen. Vielleicht war hier die Frage des Bestandsschutzes wenig relevant, da die Service-Anbieter kaum versunkene Kosten aufzuweisen hatten. Dennoch war der Mangel an Bestandsschutz als Präzedenz für die Zukunft relevant. Es kann einfach keinen Bestandsschutz zur Förderung ineffizienter/überholter Geschäftsmodelle durch den Regulierer geben. Letztlich sind Wettbewerber den Launen des Marktes ebenso wie dynamischen Entscheidungen der Regulierer ausgesetzt. Solche Entscheidungen folgen dem Gesetz und seinen Änderungen und werden i. Allg. nach Anhörung aller betroffenen Parteien getroffen. Wichtig ist dabei die Regulierungsbedürftigkeit aus Sicht des Wettbewerbs im Markt, nicht aus Sicht einzelner Wettbewerber und Geschäftsmodelle. In Härtefällen, z. B. bei hohen versunkenen Kosten, sind aber Übergangszeiten (und Gleitpfade) durchaus zu erwägen. Hierfür sollten NRAs hinreichende Entscheidungsfreiheit haben.

3.4.2. Grad der Duplizierbarkeit in Abhängigkeit von der Verbraucherdichte

Eine zweite Anwendungsgruppe betrifft die regionale Verteilung der Bottlenecks, die stark von der regionalen Kundendichte abhängt. Dies gilt insbesondere für die TAL, den Backhaul-Bereich sowie für Bitstrom-Zugang und hängt insofern mit der soeben behandelten Geschäftsmodell-Problematik zusammen. Der Thematik regionaler Marktabgrenzung steht die EU-Kommission zwar aufgeschlossen gegenüber. Aus ihr könnten sich aber große praktische Regulierungsprobleme hinsichtlich Kostenermittlung und Abschaffung der Tarifeinheit im Raum ergeben. Als Folge könnten die aus den Ballungsgebieten herrührenden Wettbewerbsgewinne dem flachen Land wieder verlorengehen.

Generell gilt für Telekommunikationsnetze, dass die Duplizierbarkeit mit steigender Verbraucherdichte zunimmt. Dies ist besonders ausgeprägt für Telefon- und Breitbandanschlüsse im Festnetz. Da bei solchen Anschlüssen die Duplizierbarkeit eine weitaus größere Rolle spielt als im Verbindungsnetz- und Backbone-Bereich, ist die Verbraucherdichte ein potenziell wichtiges Kriterium für die Deregulierung der Anschlussmärkte. Dies kann, wie oben in Abschnitt 3.2.1.1 dargelegt, durch regionale Marktabgrenzung geschehen. Nicht nur der Bericht von Ofcom (2006) sondern auch das Impact Assessment der EU deuten darauf hin, dass regionale Marktabgrenzung konzeptionell eigentlich nicht kontrovers sein sollte. Aus ökonomischer Sicht spricht dann auch wenig dagegen, multinationale (paneuropäische) Märkte zu definieren, für die dann die EU zuständig sein könnte.

Eine Problematik regionaler Märkte besteht aber darin, dass bei regionaler Entgeltregulierung auch die regionalen Kosten relevant wären. Müsste die DTAG in diesem Fall regional disaggregierte Kostendaten zur Verfügung stellen oder genügen entsprechende analytische Kostenmodelle? Führt dies dann zu regionaler Preisdifferenzierung auf Vorleistungs- und Endkundenebene (Vogelsang, 2001)? Man stelle sich vor, dass die Entbündelung der TAL nur noch regional regulatorisch vorgeschrieben würde. Die Kosten pro Kunde wären dann in den regulierten Regionen ein Mehrfaches der heute über ganz Deutschland gemittelten Kosten. Man käme möglicherweise auf diesem Wege zu der bis heute kaum relevanten regionalen Preisdifferenzierung (mit Folgen für die bislang de facto ruhende Universaldienstverpflichtung).

Eine regionale Preisdifferenzierung findet durch die DTAG momentan zwar offiziell nicht statt. Gleichwohl können Nachfrager in einigen Regionen dadurch günstiger telefonieren (oder Dienste beziehen) als in anderen Regionen, dass nicht alle Wettbewerber überall anbieten. Während man in Hamburg zwischen vielen Anbietern (bei DSL) wählen kann, sieht das in vielen Gegenden des ländlichen Raums erheblich anders aus. De facto gibt es somit heute bereits regionale Preisunterschiede. Dies gilt auch für die seinerzeitige implizite geographische Differenzierung der RegTP bei Carrier-Festverbindungen der DTAG (Haupttrassen-Standorte, Normaltrassen-Standorte, Metrolink).

Zusätzlich zu einer geographisch differenzierten Marktabgrenzung und Feststellung der Regulierungsbedürftigkeit könnte die obige Differenzierung nach Bottleneck und Nicht-Bottleneck zu einem differenzierten Instrumenteneinsatz unabhängig von geographischer Marktabgrenzung führen. Beispielsweise hat Ofcom (2006) für den Breitbandzugang drei potenzielle geographische Markttypen nach Vermittlungsstellen unterschieden, je nachdem, ob nur ein Anbieter (der Incumbent) oder zwei bis drei Anbieter oder vier und mehr Anbieter die betreffenden Vermittlungsstellen versorgen (sowie nach Anzahl der betroffenen Kunden). Ofcom stellte dabei SMP bei den beiden ersten Typen fest und traf hinsichtlich des dritten Typs noch keine Entscheidung. Hier würde nun der erste Typ klar unter die Bottleneck-Definition fallen und daher den Soll-/Muss-Verpflichtungen unterliegen, während für den zweiten Typ die Nicht-Bottleneck-Regulierung relevant wäre. Der dritte Typ schließlich könnte sich auf Ex-post-Instrumente stützen. Ofcom hat dies zwar als geographische Marktabgrenzung deklariert, hätte aber auch bei der nationalen Abgrenzung bleiben und lediglich den Instrumenteneinsatz differenzieren können.

4. Schlussfolgerungen

Insgesamt ergibt sich aufgrund unserer Analyse nur ein geringer Reformbedarf im Hinblick auf den bestehenden europäischen Regulierungsrahmen:

- Die gegenwärtigen Regulierungsziele des europäischen Richtlinienpakets für elektronische Kommunikationsdienste und -netze lassen sich ohne große Schwierigkeiten im Sinne eines stärker ökonomisch fundierten Ansatzes interpretieren. Es ist nicht zu erwarten, dass ihre nähere Ausformulierung in Leitlinien zu einer größeren Klarheit und Rechtssicherheit beiträgt.
- Die Prüfung der Regulierungsbedürftigkeit baut auf Marktabgrenzung, Drei-Kriterien-Test und SMP-Feststellung auf. Es ist nicht zu empfehlen, den Drei-Kriterien-Test durch die Feststellung einer Bottleneck-Lage zu ersetzen. Mit Hilfe der stabilen Bottleneck-Eigenschaft lassen sich zwar hinreichende Bedingungen für Regulierung definieren. Es gibt aber durchaus Situationen, in denen reguliert werden sollte, ohne dass die strikte Bottleneck-Eigenschaft vorliegt. Daher sollte lediglich der Drei-Kriterien-Test stärker ökonomisch fundiert und von den nationalen Regulierungsbehörden angewendet werden. Dies gilt insbesondere für Kriterium drei, bei dem es durchaus nationale Unterschiede geben kann.
- Die strikte Bottleneck-Eigenschaft könnte vielmehr zur Vereinheitlichung der Regulierung in der EU benutzt werden, indem bestimmte Remedies als Soll- oder gar Muss-Verpflichtungen vorgeschrieben werden, während andere Remedies zu Kann-Verpflichtungen werden. Das Kriterium würde dann auf der Rechtsfolgenseite der Vorschrift eingesetzt, um das Auswahlermessen des Re-

gulierers zu konditionieren. Der deutsche Gesetzgeber hat bereits in § 21 Abs. 2 und 3 TKG auf einen solchen Regelungsansatz zurückgegriffen. Entsprechende oder ähnliche Vorgaben ließen sich leicht in Art. 12 ZugangsRL verankern.

- Eine Erweiterung des Instrumentenarsenals des Regulierers im Sinne einer funktionellen Trennung von regulierten und nicht-regulierten Bereichen eines dominanten Anbieters ist auf der europäischen Ebene abzulehnen. Dieses Instrument ist langfristig angelegt, da es eine Umorganisation des Unternehmens erfordert. Von einer solchen langfristigen Regulierungsbedürftigkeit des Telekommunikationssektors kann jedoch von wenigen Ausnahmebereichen abgesehen nicht mehr ausgegangen werden. Es sollte den Einzelstaaten überlassen werden, hier die notwendigen Regulierungsmaßnahmen zu ergreifen.
- Demgegenüber sollte die Europäische Kommission erwägen, dem nationalen Regulierer auch Ex-post-Befugnisse zuzuweisen. Dieses Vorgehen eignet sich für Zweifelsfälle und Grauzonen, in denen keine endgültige Entlassung aus der sektorspezifischen Regulierung angezeigt ist, weil noch unsicher ist, ob zukünftig einschneidendere Regulierungsmaßnahmen wieder erforderlich werden (Rückholbarkeit). Hier ist an die Einführung einer sektorspezifischen besonderen Missbrauchsaufsicht nach dem Vorbild des § 42 TKG ebenso zu denken wie an eine nachträgliche Entgeltregulierung, wie sie sich in §§ 30 Abs. 1 Satz 2, 39 TKG findet. Zu empfehlen ist es hier, auch für bestimmte Fallkonstellationen, z. B. Preis-Kosten-Scheren, einen Missbrauch einer beherrschenden Stellung zu vermuten. Eine solche Vorkehrung kennt das allgemeine Kartellrecht nicht, so dass sich die Kartellbehörden in ähnlichen Fällen mit erheblichen Beweisproblemen konfrontiert sehen. Hier könnte sich die Kommission z. B. an dem in § 28 Abs. 2 TKG gewählten Vorgehen orientieren. Um zu verhindern, dass durch einen solchen Regelungsansatz ein Übergang ins allgemeine Kartellrecht unsachgemäß verzögert wird, könnte er gegebenenfalls befristet werden.

Anhang: Wettbewerbsrechtliche Sanktionen

A. Sanktionen nach europäischem Kartellrecht

Die Kommission kann Geldbußen in Höhe von bis zu 10 % des weltweiten Jahresumsatzes des Unternehmens verhängen (vgl. Art. 23 Abs. 2 und 3 VO 1/2003). Bei der Bestimmung der Höhe der Sanktion hat die Kommission neben der Schwere des Verstoßes auch die Dauer der Zuwiderhandlung zu berücksichtigen. 1998 hat sie Leitlinien zur Bußgeldbemessung veröffentlicht, nach deren Schema die Höhe des Bußgeldes berechnet wird. Hierzu teilt die Kommission die Verstöße in drei Kategorien ein: minder schwere Verstöße; schwere Verstöße (hierzu gehören Diskriminierungen und Lieferverweigerungen); besonders schwere Verstöße (Beschränkungen, die die Funktionsweise des Binnenmarktes empfindlich beeinträchtigen).

Beispiele:

- *Irish-Sugar*-Entscheidung[129]: 8,8 Mio. ECU (schwerer Verstoß)
- *TACA*-Entscheidung[130]: 273 Mio. ECU (schwerer Verstoß)
- *Deutsche-Post*-Entscheidung[131]: 24 Mio. Euro (schwerer Verstoß)
- *Deutsche-Telekom*-Entscheidung: 12,6 Mio. Euro (besonders schwerer Verstoß)
- *Microsoft*-Entscheidung[132]: 497,2 Euro (besonders schwerer Verstoß)

Die festgesetzten Bußgeldbeträge sind auf eines der gewöhnlichen Konten der Kommission zu überweisen. Die zweckgebundene Verhängung zugunsten von Verbrauchern ist nicht vorgesehen.

Die Kommission kann zudem gegen Unternehmen Zwangsgelder in Höhe von bis zu 5 % des im vorausgegangenen Geschäftsjahr erzielten durchschnittlichen Tagesumsatzes für jeden Tag des Verzugs von dem in ihrer Entscheidung bestimmten Zeitpunkt an festsetzen, um sie zu zwingen, eine Zuwiderhandlung gegen Artikel 82 EG abzustellen (Art. 24 VO Nr. 1/2003).

B. Zivilrechtliche Sanktionen

Im Gegensatz zu Art. 81 Abs. 2 EG fehlt in Art. 82 EG eine Bestimmung über die zivilrechtliche Unwirksamkeit des Verhaltens. Schadensersatzansprüche können die Wettbewerber daher nur vor nationalen Gerichten erheben (siehe hierzu unten).

C. Sanktionen nach GWB

Die Zugangsverweigerung kann mit einer Geldbuße bis zu einer Million Euro geahndet werden (§ 81 Abs. 1 Nr. 2, Abs. 4 GWB). Wird in diesen Fällen eine Geldbuße gegen ein Unternehmen oder eine Unternehmensvereinigung verhängt, so darf die Geldbuße für jedes an der Zuwiderhandlung beteiligte Unternehmen oder jede beteiligte Unternehmensvereinigung darüber hinaus 10 % seines bzw. ihres jeweiligen im vorausgegangenen Geschäftsjahr erzielten Gesamtumsatzes nicht übersteigen. Eine Auskehrung an Verbraucher oder Verbände ist nicht vorgesehen.

Zivilrechtliche Unterlassungs- und Schadensersatzansprüche: §§ 19, 33 Abs. 3 GWB gewähren dem Betroffenen einen Schadensersatzanspruch. Betroffener kann neben den Unternehmen auch eine Privatperson (Verbraucher) sein. Verbände sind nicht schadensersatzberechtigt, haben aber einen Anspruch auf Herausgabe des

129 Abl. EG Nr. L 258 v. 14.05.1997– Irish Sugar.

130 Abl. EG Nr. L 95 v. 16.09.1998– TACA.

131 Abl. EG Nr. L 263, Rn. 204 v. 21.05.2003 – Deutsche Telekom AG.

132 E v. 24.3.2004 – Microsoft vgl. Pressemitteilung IP/04/382.

wirtschaftlichen Vorteils (siehe unten). Bei der Berechnung des geldwerten Schadensersatzumfangs geht es in aller Regel um entgangenen Gewinn. Hier kommt etwa ein Vergleich der effektiven Preise und Gewinne des geschädigten Unternehmens mit denjenigen, die vor der Diskriminierung erzielt wurden, in Betracht. Die konkrete Höhe der Schadensersatzansprüche ist von den im Einzelfall entstandenen Schadensposten abhängig und nach oben nicht begrenzt.

Hat ein Unternehmen vorsätzlich oder fahrlässig gegen Art. 82 EG verstoßen und dadurch einen wirtschaftlichen Vorteil erlangt, kann das BKartA die Abschöpfung des wirtschaftlichen Vorteils anordnen und dem Unternehmen die Zahlung eines entsprechenden Geldbetrags auferlegen (sog. Vorteilsabschöpfung, § 34 GWB). Eine Abschöpfung ist aber ausgeschlossen, sofern der wirtschaftliche Vorteil durch Schadensersatzleistungen oder durch die Verhängung einer Geldbuße abgeschöpft ist. § 34 a GWB gewährt Verbänden zur Förderung gewerblicher und selbständiger beruflicher Interessen (vgl. § 33 Abs. 2 GWB) einen gegenüber der behördlichen Abschöpfungsanordnung subsidiären Anspruch auf Herausgabe des wirtschaftlichen Vorteils an den Bundeshaushalt.

Literaturverzeichnis

Anweiler, J. (2005), VerfVO, in: U. Loewenheim, K. M. Meessen und A. Riesenkampff (Hrsg.), *Kartellrecht, Bd. 1: Europäisches Recht*, Beck: München, S. 746-797.

Areeda, P. (1990), Essential Facilities: An Epithet in Need of Limiting Principles, *Antitrust Law Review* 58, S. 841-869.

Bain, J. (1956), *Barriers to New Competition*, Harvard University Press: Cambridge, MA.

Bechtold, R. (2008), *Kartellgesetz: GWB*, 5., aktual. u. erw. Aufl., Beck: München.

Beckmerhagen, A. (2002), *Die essential facilities doctrine im US-amerikanischen und europäischen Kartellrecht,* Nomos: Baden-Baden.

Blankart, Ch. B., G. Knieps und P. Zebhäusern (2007), Regulation of New Markets in Telecommunications: Market Dynamics and Shrinking Monopolistic Bottlenecks, *European Business Organization Law Review* 8, S. 413-428.

Briglauer, W. und M. S. Ertl (2007), Dynamische und märktespezifische Übergänge zwischen ex ante und ex post am Beispiel der Festnetzregulierung, *Netzwirtschaften & Recht* 3, S. 103-109.

Brinkmann, M. und D. Ilic (2006), Technische und ökonomische Aspekte des VDSL-Ausbaus, Glasfaser als Alternative auf der (vor-)letzten Meile, WIK Diskussionsbeitrag Nr. 281, Bad Honnef.

Bundesnetzagentur (BNetzA) (2007), Notifizierungsentwurf für den Zugang zum öffentlichen Telefonnetz an festen Standorten, Bonn.

de Bronett, G. K. (1999), Das Verbot des Missbrauchs marktbeherrschender Stellungen im EG-Kartellrecht (Art. 86 EGV/Art. 82 n. F.), in: G. Wiedemann (Hrsg.), *Handbuch des Kartellrechts*, Beck: München, S. 747-809.

Doll, R., W. Rommel und A. Wehmeyer (2003), Der Referentenentwurf zum TKG im Licht der europarechtlichen Vorgaben, *Multimedia und Recht* 2003, S. 522-526.

Dreher, M. (1999), Die Verweigerung des Zugangs zu einer wesentlichen Einrichtung als Mißbrauch der Marktbeherrschung, *Der Betrieb* 1999, S. 833-839.

Elkettani, E. (2004), Marktabgrenzungs- und Marktanalyseverfahren nach Art. 15, 16 RRL, *Kommunikation und Recht*-Beil. 1/2004, S. 11-17.

Emmerich, V. (2008), *Kartellrecht*, 11. Aufl., Beck: München.

Enaux, Ch. (2004), *Effiziente Marktregulierung in der Telekommunikation: Möglichkeiten und Grenzen der Rückführung sektorspezifischer Sonderregulierung in das allgemeine Wettbewerbsrecht*, LIT Verlag: Münster et al.

European Regulators Group (ERG) (2006), Revised ERG Common Position on the Approach to Appropriate Remedies in the ECNS Regulatory Framework, Final Version May 2006, ERG(06) 33, Brüssel.

EU-Kommission (2005), DG Competition Discussion Paper on the Application of Article 82 of the Treaty to Exclusionary Abuses, Brüssel.

Faulhaber, G. R. (2005), Bottlenecks and Bandwagons: Access Policy in the New Telecommunications, in: S. K. Majumdar, I. Vogelsang und M. Cave (Hrsg.), *Handbook of Telecommunications Economics: Volume 2*, North Holland/Elsevier: Amsterdam et al, S. 488-517.

Fleischer, H. und H. Weyer (1999), Neues zur „essential facilities"-Doktrin im europäischen Wettbewerbsrecht, *Wirtschaft und Wettbewerb* 49, S. 350-363.

Geradin, D. und J. G. Sidak (2005), European and American Approaches to Antitrust Remedies and the Institutional Design of Regulation in Telecommunications, in: S. K. Majumdar, I. Vogelsang und M. Cave (Hrsg.), *Handbook of Telecommunications Economics: Volume 2*, North Holland/Elsevier: Amsterdam et al, S. 518-556.

Götting, H.-P. (2006), § 19: Missbrauch einer marktbeherrschenden Stellung, in: U. Loewenheim, K. M. Meessen und A. Riesenkampff (Hrsg.), *Kartellrecht, Bd. 2: GWB*, Beck: München, S. 306-352.

Gual, J., M. Hellwig, A. Perot, M. Polo, P. Rey, K. Schmidt und R. Stenbacka (2005), An Economic Approach to Article 82, Report by the European Advisory Group on Competition Policy, Brüssel, online unter http://ec.europa.eu/comm/competition/publications/studies/eagcp_july_21_05.pdf.

Haucap, J., B. Holznagel, J. Kühling und I. Vogelsang (2006), Neue Wettbewerbskonzeption für das sektorspezifische EG-Telekommunikationsrecht, Arbeitspaket 3 des wissenschaftlichen Gutachtens für das BMWi über die „Fortentwicklung des nationalen und europäischen Regulierungsrahmens für Kommunikationsmärkte", Berlin.

Haucap, J. und J. Kruse (2004), Ex-Ante-Regulierung oder Ex-Post-Aufsicht für netzgebundene Industrien?, *Wirtschaft und Wettbewerb* 54, S. 266-275.

Haucap, J. und A. Uhde (2008), Regulierung und Wettbewerbsrecht in liberalisierten Netzindustrien aus institutionenökonomischer Perspektive, erscheint in: *ORDO: Jahrbuch für die Ordnung von Wirtschaft und Gesellschaft* 59.

Haus, F. C. (1999), Stromdurchleitung bei der BEWAG – ein Präjudiz für § 19 IV Nr. 4 GWB?, *Wirtschaft und Wettbewerb* 49, S. 1190-1192.

Hausman, J. und J. G. Sidak (1999), A Consumer-Welfare Approach to the Mandatory Unbundling of Telecommunications Networks, *Yale Law Journal* 109, S. 417-505.

Hayek, F. A. v. (2003), *Recht, Gesetz und Freiheit*, Mohr Siebeck: Tübingen.

Hellwig, M. (2008), Competition Policy and Sector-Specific Regulation for Network Industries, Preprints of the Max Planck Institute for Research on Collective Goods, 2008/29, Bonn.

Hellwig, M. (2006), Effizienz oder Wettbewerbsfreiheit? Zur normativen Grundlegung der Wettbewerbspolitik, Preprints of the Max Planck Institute for Research on Collective Goods, 2006/20, Bonn.

Hermes, G. (1998), *Staatliche Infrastrukturverantwortung –Rechtliche Grundstrukturen netzgebundener Transport- und Übertragungssysteme zwischen Daseinsvorsorge und Wettbewerbsregulierung am Beispiel der leitungsgebundenen Energieversorgung in Europa,* Mohr Siebeck: Tübingen.

Holznagel, B., Ch. Enaux und Ch. Nienhaus (2006), *Telekommunikationsrecht*, 2., vollständig neubearbeitete Aufl., Beck: München.

Hombergs, A. (2006), *Europäisches Verwaltungskooperationsrecht auf dem Sektor der elektronischen Kommunikation,* LIT Verlag: Münster et al.

Ibsch, M. (2007), *Die Übernahme der Essential-Facilities-Doktrin aus dem US-amerikanischen Kartellrecht in das europäische Wettbewerbsrecht,* Peter Lang: Frankfurt.

Immenga, U. (2006), Ökonomie und Recht in der europäischen Wettbewerbspolitik, *Zeitschrift für Wettbewerbsrecht* 4, S.346-366.

Klimisch, A. und M. Lange (1998), Zugang zu Netzen und anderen wesentlichen Einrichtungen als Bestandteil der kartellrechtlichen Mißbrauchsaufsicht, *Wirtschaft und Wettbewerb* 48, S. 15-26.

Klotz, R. (2004), K&R-Newsletter EU, *Kommunikation und Recht* 2004, S. 233-235.

Knieps, G. (1997), Phasing Out Sector-Specific Regulation, *Kyklos* 50, S. 325-339.

Knieps, G. (2006), Sector-Specific Market Power Regulation Versus General Competition Law: Criteria for Judging Competitive Versus Regulated Markets, in: F. P. Sioshansi und W. Pfaffenberger (Hrsg.), *Electricity Market Reform, An International Perspective*, Elsevier: Amsterdam et al., S. 49-74.

Lagerlöf, J. und P. Heidhues (2005): On the Desirability of an Efficiency Defense in Merger Control, *International Journal of Industrial Organization* 23, S. 803-827.

Lipsky, A. B. und J. G. Sidak (1999), Essential Facilities, *Stanford Law Review* 51, S. 1187-1248.

Lutz, H. (1999), Durchleitung von Gas nach Inkrafttreten des Gesetzes zur Neuregelung des Energiewirtschaftsrechts und der Sechsten GWB-Novelle, *Recht der Energiewirtschaft* 1999, S. 102-112.

Manssen, G. (2006), *Telekommunikations- und Multimediarecht*, Erich Schmidt: Berlin.

Martenczuk, B. und K. Thomaschki (1999), Der Zugang zu Netzen zwischen allgemeinem Kartellrecht und sektorieller Regulierung, *Zeitschrift für das Recht der Telekommunikation und das Recht der elektronischen Medien (RTkom)* 1999, S. 15-25.

Möschel, W. (2007), Kommentierung des § 19 GWB mit Anhang TKG, in: U. Immenga und E.-J. Mestmäcker (Hrsg.), *Wettbewerbsrecht, Bd. 2: GWB*, 4. Aufl., Beck: München, S. 332-523, 726-757.

Möschel, W. (2007), Der 3-Kriterien-Test in der Telekommunikation, *Multimedia und Recht* 2007, S. 343-346.

Monopolkommission (2007), *Preiskontrollen in Energiewirtschaft und Handel? Zur Novellierung des GWB*, Sondergutachten der Monopolkommission gemäß § 44 Abs. 1 Satz 3 und 4 GWB, Nomos: Baden-Baden.

Neven, D. und L.-H. Röller (2005): Consumer Surplus vs. Welfare Standard in a Political Economy Model of Merger Control, *International Journal of Industrial Organization* 23, S. 829-848.

Office of Communications (Ofcom) (2006), Review of the Wholesale Broadband Access Markets 2006/07, Consultation, London.

Office of Telecommunications (Oftel) (2001), Determination Relating to a Dispute Between British Telecommunications and Worldcom Concerning the Provision of a Flat Rate Internet Access Call Origination Product ("FRIACO"), London.

Onafhankelijke Post en Telecommunicatie Autoriteit (Opta) (2007), Annual Report and Market Monitor 2006, Den Haag, online unter http://www.opta.nl/asp/en/newsandpublications/ annualreports/document.asp?id=2313.

Rehbinder, E. (2006), § 32: Abstellung und nachträgliche Feststellung von Zuwiderhandlungen, in: U. Loewenheim, K. M. Meessen und A. Riesenkampff (Hrsg.), *Kartellrecht, Bd. 2: GWB*, Beck: München, S. 607-615.

Ritter, K. L. (2007), Art. 7 VO 1/2003, in: U. Immenga und E.-J. Mestmäcker, *Wettbewerbsrecht, Bd. 2: EG*, Teil 1, Beck: München, S. 942-957.

Ruhle, E.-O. (2003), Resale von Telekommunikationsdiensten im Widerstreit der Interessen, *Medien und Recht* 22, S. 73-77.

Schebstadt, A. (2004), Die Aufsicht über Netznutzungsentgelte zwischen Kartellrecht und sektorspezifischer Regulierung, *Recht der Energiewirtschaft* 8, S. 181-208.

Scherer, J. (1999), Das Bronner-Urteil des EuGH und die Essential facilities-Doktrin im TK-Sektor, *Multimedia und Recht* 1999, S. 315-321.

Schmalensee, R. (2004), Sunk Costs as Antitrust Barriers to Entry, *American Economic Review* 94, S. 471-475.

Schultz, K. P. (2006), § 19: Missbrauch einer marktbeherrschenden Stellung, in: E. Langen und H.-J. Bunte, *Kommentar zum deutschen und europäischen Kartellrecht, Bd. 1*, 10., erw. u. überarb. Aufl., Luchterhand: Neuwied et al., S. 384-463.

Schwarze, J. (1999), *Der Netzzugang für Dritte im Wirtschaftsrecht,* Nomos: Baden-Baden.

Schwintowski, H.-P. (1999), Der Zugang zu wesentlichen Einrichtungen, *Wirtschaft und Wettbewerb* 49, S. 842-853.

Stigler, G. J. (1968), *The Organization of Industry*, Irwin: Homewood.

Vogelsang, I. (2001), Die räumliche Preisdifferenzierung im Sprachtelefondienst – wettbewerbs- und regulierungspolitische Implikationen, WIK Diskussionsbeitrag Nr. 217, Bad Honnef.

Wallenberg, G. v. (1999), Diskriminierungsfreier Zugang zu Netzen und anderen Infrastruktureinrichtungen, *Kommunikation und Recht* 1999, S. 152-157.

Weizsäcker, C. Ch. v. (1980), *Barriers to Entry: A Theoretical Treatment*, Springer: New York et al.

Wegmann, W. (2003), Die neuen Telekommunikationsrichtlinien aus Unternehmenssicht, *Kommunikation und Recht*-Beil. 1/2003, S. 21-23.

Weyer, H. (1999), Neue Fragen des Mißbrauchs marktbeherrschender Stellungen nach § 19 GWB, *Die Aktiengesellschaft* 1999, S. 257-263.

Wiedemann, G. (1999), *Handbuch des Kartellrechts*, Beck: München.

Zimmer, A. und W. Büchner (2001), Konvergenz der Netze – Konvergenz des Rechts?, *Computer und Recht* 2001, S. 164-174.

Netzneutralität[*]

Prof. Dr. Ralf Dewenter[†]

* Für wertvolle Hinweise und eine hilfreiche Diskussion möchte ich mich bei Anke Becker, Brendan Cunningham, Justus Haucap, Jörn Kruse und Ingo Vogelsang bedanken. Für die kritische Durchsicht des Manuskriptes und die technische Unterstützung danke ich Anne Baguette, Veit Böckers und Thomas Jaschinski.

† TU Ilmenau, Institut für Volkswirtschaftslehre, Ernst-Abbe-Zentrum, Ehrenbergstr. 29, 98693 Ilmenau.

1. Einleitung

Seit einiger Zeit wird insbesondere in den USA eine überaus intensive Diskussion darüber geführt, inwiefern Netzneutralität im Internet – also die Gleichbehandlung von Datenpaketen unabhängig von deren Ursprung, Inhalt oder Verwendung – regulatorisch festgeschrieben werden sollte (vgl. z. B. Hahn und Wallsten, 2006; Sidak, 2006; van Schewick, 2007; Litan und Singer, 2007). Initiiert wurde diese Debatte vor allem durch die Absicht einiger Breitbandnetzbetreiber wie AT&T, Verizon oder Comcast, Inhalteanbieter für die Durchleitung der Inhalte zu den Kunden der Netzbetreiber, unabhängig von den entrichteten Netzzugangsentgelten, zu bepreisen (vgl. z. B. Cheng et al., 2007). Ermöglicht wurde dieses Vorhaben erst durch technische Innovationen, die dazu geführt haben, dass Informationen über die versendeten Datenpakete, wie deren Ursprung oder Ziel, der Inhalt oder Verwendungszweck, quasi ohne Zeitverlust und auch bei großem Datendurchsatz ausgelesen und analysiert werden können. Auf diese Weise kann nun problemlos zwischen verschiedenen Diensten, Volumen oder Inhalten diskriminiert werden. Mögliche Anwendungen dieser Technik lägen neben einer stärker differenzierten Bepreisung von Inhalteanbietern und Endkunden unter anderem in der Möglichkeit, eine Priorisierung einzelner Datenpakete vorzunehmen, einzelne Inhalte vom Netz auszuschließen oder generell darin, eine stärkere Form der Preis- oder Qualitätsdifferenzierung zu betreiben.

Die Befürworter der Netzneutralität fürchten vor allem mögliche negative Auswirkungen dieser neuen Technik, wie zum Beispiel den Ausschluss von Wettbewerbern oder die Anwendung einer wohlfahrtsreduzierenden Diskriminierung. Aus diesem Grund wurden bereits verschiedene Gesetzentwürfe vor dem U. S. Kongress vorgestellt, die eine regulatorische Festschreibung eines neutralen Internets gewährleisten sollen (vgl. Litan und Singer, 2007).[1] Diese Entwürfe unterscheiden sich aber zum Teil deutlich in der Stärke einer gerade noch zulässigen Diskriminierung seitens der Netzbetreiber und Internet Service Provider (ISPs), was auch einer unterschiedlichen Interpretation der Netzneutralität gleichkommt. Bisher hat sich aber keiner der Entwürfe gegen den Widerstand der republikanischen Mehrheit im Kongress durchsetzen können.

Anders als in den USA gewinnt die Diskussion um die Netzneutralität in Europa gerade erst an Bedeutung. So hat sich die Europäische Kommission zunächst zurückhaltend zu einer möglichen Regulierung geäußert (vgl. EC, 2006) und lediglich die Sicherung eines Mindestmaßes an Servicequalität in Aussicht gestellt (vgl. auch Kocsis und DeBijl, 2007 und Hogendorn, 2007).

1 So z. B. der Internet Freedom and Nondiscrimination Act of 2006 (House of Representatives 5417, 18. Mai 2006), der Internet Non-Discrimination Act of 2006 (Senate 2360, 2. März 2006) oder der Internet Freedom Preservation Act (Senate 2917, 19. Mai 2006).

Um eine solche Diskussion in Zukunft auch in Europa zu begleiten, ist es notwendig, eine fundierte ökonomische Analyse der Problematik voranzustellen. Das vorliegende Papier zielt daher darauf ab, mögliche Effekte einer regulierten Netzneutralität bzw. eines Verzichts auf Regulierung zu untersuchen und die entsprechenden wirtschaftspolitischen Implikationen zu diskutieren. Es soll also festgestellt werden, ob und inwiefern insbesondere aus europäischer Sicht ein Regulierungsbedarf besteht oder inwieweit bestehende regulatorische und wettbewerbspolitische Instrumente wie etwa die Missbrauchsaufsicht ausreichend sind, Wettbewerbsprobleme zu vermeiden.

Im Zentrum der Analyse steht dabei vor allem der Aspekt der Diskriminierung. Hierzu soll analysiert werden, welche Anreize seitens der Netzbetreiber und ISPs bestehen, diskriminierendes Verhalten bei Nichtregulierung von Netzneutralität an den Tag zu legen, welche Auswirkungen dieses Verhalten auf den Wettbewerb hat und mit welchen Mitteln wettbewerbsbeschränkendes Verhalten vermieden werden kann. Dazu werden zunächst mögliche Verhaltensweisen wie das Blocken von Inhalten und die Qualitätsdifferenzierung diskutiert und danach einer kritischen Analyse in Bezug auf die allokative Effizienz unterzogen. Abschließend wird die Frage diskutiert, welche Auswirkungen von einer möglichen Preisdiskriminierung zu erwarten sind.[2]

Das vorliegende Papier ist wie folgt aufgebaut: Zunächst erfolgt in Kapitel 2 ein Überblick über den Aufbau des Internets, die beteiligten Unternehmen, sowie eine kurze Diskussion der Neutralität von Netzen. Anschließend werden in Kapitel 3 mögliche Effekte eines nichtneutralen Internets analysiert und gegeneinander abgewogen. Hierzu wird zunächst untersucht, welche Anreize sowohl monopolistische als auch oligopolistische Internet Service Provider haben könnten, Konkurrenten oder in vertikaler Beziehung stehenden Unternehmen den Zugang zu eigenen Netzen zu verwehren und welche Wohlfahrtseffekte von einem solchen Verhalten ausgehen könnten. Weiterhin wird untersucht, wie mögliche Diskriminierungen bezüglich der Preise und Qualitäten aus wohlfahrtsökonomischer Sicht zu bewerten sind. In Kapitel 4 folgt dann eine wettbewerbspolitische Bewertung der Ergebnisse und Kapitel 5 schließt mit einem Fazit.

2 Die ebenso interessante Frage nach den Innovationsanreizen, die von einem neutralen bzw. nicht-neutralen Internet ausgehen, wird an dieser Stelle nicht weiter thematisiert, da der Fokus klar im Bereich der Diskriminierung liegen soll. Eine Betrachtung von Innovationsanreizen würde daher den Rahmen der Arbeit sprengen.

2. Internet und Internetdienstleister

2.1 Struktur des Internets

Grundlegend für den Aufbau des Internets ist dessen Struktur, die durch die Verbindung eigenständiger, unterschiedlicher Netzwerke entsteht. Während die einzelnen Teilnetze unterschiedliche Strukturen aufweisen und etwa zirkuläre, hierarchische, zentrale oder dezentrale Netzwerke darstellen, stellt sich das Internet bekanntermaßen als Verbund dieser Teilnetze in Form eines dezentralen Netzwerks dar. Ein bedeutsamer Vorteil dieser Struktur ist, dass es im Allgemeinen eine Vielzahl von Verbindungen zwischen zwei oder mehreren Knotenpunkten gibt. So kann selbst dann, wenn es in einzelnen Verbindungen oder Netzen zu Störungen, einem Ausfall oder einer Überlast kommt, in der Regel ein alternativer Weg zwischen zwei Knoten- oder Endpunkten gewählt werden. Es besteht also eine relative Verlässlichkeit und eine geringe Ausfallwahrscheinlichkeit des gesamten Netzes.

Begünstigt wird diese Tatsache dadurch, dass die Übermittlung von Informationen nicht, wie bei Telekommunikationsanwendungen früher üblich, anhand der leitungsgebundenen Übertragung vonstatten geht, sondern paketorientiert ist. Anders als bei der Sprachtelefonie, bei der eine Leitung für die Dauer des Gesprächs fest zwischen zwei Gesprächspartnern geschaltet werden muss, werden die Daten in einzelne Pakete zerlegt und dann mit einer Vielzahl an weiteren Datenpaketen gleichzeitig über die bestehende Infrastruktur versendet.[3]

Die Funktionsweise des Internets bzw. des Versands der Datenpakete kann am Besten anhand eines sogenannten Mehrschichtenmodells erläutert werden. Die erste Schicht, der sog. „physical layer“, besteht aus der Hardware, also den physischen Netzen und anderen Netzkomponenten wie z. B. den Routern oder den Servern. Die zweite Schicht bilden die Übertragungsprotokolle („logical layer“). Diese Protokolle (das Transfer Control Protocol TCP und das Internet Protocol IP) ermöglichen die Übertragung der Informationen auf Softwarebasis, indem sie den Routern ermöglichen, die Daten zu übermitteln. Jedes einzelne Datenpaket wird dazu mit weiteren Informationen wie z. B. Absender und Empfänger des Paketes versehen. Die Router ermitteln dann alternative Übertragungswege und legen einen bestimmten Weg zum Versand der Daten fest (vgl. z. B. Yoo, 2005). Die dritte Schicht („application layer“) bilden die einzelnen Applikationen wie z. B. Emailing, das World Wide Web oder Anwendungen wie IPTV oder Internettelefonie (VoIP). Die vierte Schicht

3 Tatsächlich werden die Datenpakete nicht gleichzeitig, sondern sequentiell über das Netz transportiert. Dadurch, dass eine Zerlegung in gleich große Pakete vorgenommen wird, werden die Pakete aber nicht zusammenhängend versendet, sondern mit anderen Datenpaketen „vermischt“. Auf diese Weise kann eine Vielzahl von Anfragen über das Netz gleichzeitig realisiert werden.

besteht letztendlich aus den einzelnen Inhalten („content layer"), und setzt sich aus den entsprechenden Informationen und Daten zusammen (vgl. Farrell und Weiser, 2003).[4]

2.2. Netzneutralität

Aus den vorangegangenen Ausführungen sollte deutlich geworden sein, dass die Router eine besondere Stellung im physical layer einnehmen. Allein sie sind dafür verantwortlich, die Übertragungswege der Daten zu organisieren. Die Übertragung der Daten im Netz jedoch erfolgt (gemäß der ursprünglichen Architektur des Internets) nach der sog. Best Effort Rule (vgl. Ganley und Allgrove, 2006). Die einzelnen Pakete werden somit nicht nach Inhalt oder anderen Kriterien diskriminiert, sondern gleichbehandelt versendet. Auch wenn die Daten beim Router eintreffen, werden sie weder im Falle einer Überlastung des Netzes noch während des normalen Betriebs bevorzugt, sondern nach dem First-In/First-Out Prinzip behandelt. Dementsprechend werden Daten, die in zeitlicher Abfolge als Letztes bei den Routern eintreffen als Erstes verworfen, wenn die Speicher der Router keine weiteren Daten mehr aufnehmen können.[5]

Das Internet, oder genauer der Physical Layer, ist also als nicht-intelligentes Netzwerk aufgebaut, das ursprünglich nicht in der Lage war, eine Priorisierung vorzunehmen. Es verhält sich dementsprechend neutral den Daten und Inhalten gegenüber. Ohne jegliche Einschränkung dieses Prinzips, so auch etwa die Verhinderung der Durchleitung von Viren oder Spamware, würde eine extreme Form der Netzneutralität vorliegen.

Eine abgeschwächte Form von Netzneutralität ist die so genannte needs-based discrimination. Sie entspricht der Best Effort Rule, solange keine Engpassprobleme auftreten oder andere begründete Ausnahmen eine Diskriminierung erforderlich machen. Im Fall einer Überlastung der Router wird von der Neutralität Abstand genommen und eine Ungleichbehandlung geduldet. Es werden dann Datenpakete bevorzugt behandelt, die aus einer Anwendung stammen, die sensibel auf eine Verzögerung reagiert, wie etwa die Internettelefonie (VoIP) oder Videoanwendungen. Voraussetzung ist hierbei, dass kein Wettbewerber behindert wird (vgl. Ganley und Allgrove, 2006).

Darüber hinaus – und noch bedeutender – besteht jedoch aufgrund von technischen Innovationen seit einiger Zeit auch die Möglichkeit, Datenpakete grundsätz-

4 Teilweise werden auch weitere Schichten definiert, die aber vor allem aus technischer Sicht von Interesse sind (vgl. dazu Yoo, 2005).

5 In diesem Fall sind die Daten verloren und können nicht wiederhergestellt werden. Lediglich Anwendungen, die in einem solchen Fall die Daten wieder bei der Quelle anfragen sind in der Lage, ein vollständiges Abbild der Informationen zu schaffen (z. B. Emailing oder Webbrowsing). Im Fall, dass die Daten in einer bestimmten Reihenfolge oder einem bestimmten Zeitfenster eintreffen müssen, gehen diese Daten unwiderruflich verloren.

lich unterschiedlich zu behandeln. Spätestens seit der Einführung der Service Control Technology von Cisco 1999 ist eine Diskriminierung und Priorisierung der Daten daher nicht nur möglich, sondern ebenso in intensiver Verwendung (vgl. Litan und Singer, 2007). Mittlerweile haben auch andere Hersteller Konkurrenzprodukte entwickelt und es steht eine Vielzahl an kommerziellen und Open Source Lösungen zur Service- und Datendiskriminierung zur Verfügung. Aber auch Content Provider wie z. B. Google nehmen eine Priorisierung von Inhalten vor, wie z. B. bei der Vorauswahl an Bildern, die bei einer entsprechenden Suche selektiert werden (vgl. Hass, 2007). Von Netzneutralität im Internet kann also eigentlich nur bedingt die Rede sein.

Eine stärkere Anwendung der Technologien, die eine genaue Analyse der Datenpakete erlauben, könnte dazu führen, dass eine aktive Diskriminierung („active discrimination") verwendet wird. Dazu wäre es notwendig, dass alle Datenpakete auf ihren Inhalt untersucht würden und dann eine Rangfolge der Durchleitung erstellt würde („access tiering"). So könnten Anwendungen, die keiner besonderen Priorität bedürfen, wie Emailing oder verzögerungsunkritische Internetanwendungen, in den Hintergrund treten und dafür VoIP und Videoanwendungen bevorzugt behandelt werden. Es ließe sich also eine Differenzierung bezüglich der Qualität der Dienste anbieten.

2.3. Internetdienstleister

2.3.1. Internet Service Provider, Carrier und Content Provider

Im Internet lassen sich unterschiedliche Unternehmenstypen identifizieren, die ihre Dienste sowohl den Privatkunden und Unternehmen als auch anderen Internetdienstleistern anbieten. Die wichtigsten, wie Internet Service Provider (ISP), Content Provider (CP) und Carrier, sollen an dieser Stelle erläutert werden (vgl. auch Abbildungen 1 und 2).

Eine Grundvoraussetzung für die Existenz des Internets sind die einzelnen Teilnetze, die von den einzelnen Carriern (Netzbetreibern) zur Verfügung gestellt werden. Diese Netze, die auch als Backbones bezeichnet werden, stellen die Hauptverbindungen des Internets dar und übertragen den größten Anteil des Datenverkehrs. Die Kernaufgabe der Carrier besteht im Allgemeinen in der Bereitstellung der Infrastruktur und somit darin, Übertragungsleistungen für andere Unternehmen anzubieten. Reine Carrier betreiben also ein Übertragungsnetz, bieten jedoch keine direkte Internetverbindung für Privatkunden oder weitere Dienstleistungen an, sind also nicht in vor- oder nachgelagerte Märkte integriert.

Eine weitere bedeutsame Gruppe von Anbietern ist die der Content Provider (auch Inhalteanbieter oder Application Provider). Diese bieten Internetinhalte in verschiedener Form an, wie etwa Nachrichten- und Informationsplattformen, oder stellen Applikationen bereit, wie z. B. Suchmaschinen oder Auktionsplattformen.

Als Content Provider kann also jeder bezeichnet werden, der eigene Internetseiten und Plattformen betreibt, die als solche wahrgenommen werden. Die Grenzen zwischen privaten Nutzern, die Informationen bereitstellen, und gewerblichen Anbietern ist somit fließend.

Zu einer dritten, ebenso relevanten Gruppe von Anbietern gehören die Unternehmen, die den privaten Internetnutzern und Firmen Internet-Konnektivität verschaffen und damit als Access Provider auftreten. Diese Unternehmen werden gemeinhin auch als Internet Service Provider bezeichnet (diese Bezeichnung wird auch im Laufe dieser Arbeit verwendet). Dabei ist die reine Form des Access Providers selten anzutreffen, vielmehr sind ISPs (wie etwa die Deutsche Telekom) in der Regel vertikal integriert und treten ebenso als Carrier und/oder Content Provider auf, betreiben also eigene Netze und stellen eigene Plattformen zur Verfügung. Zu den typischen Dienstleistungen, die ISPs außerdem noch anbieten, gehören unter anderem Dienste wie das Domain-Hosting, das Web-Hosting oder auch das Email-Hosting (vgl. Tabelle 1).

Dienst	**Beschreibung**
Domain-Hosting	Registrierung und meist zusätzlich auch Betrieb von Domains innerhalb des Domain Name Systems.
Web-Hosting	Bereitstellung von Speicherplatz für Domains auf Web-Servern.
Server-Hosting	Betrieb von virtuellen und dedizierten Servern, optional mit Zusatzleistungen wie Wartung und Datensicherung.
Email-Hosting	Betrieb eines Email-Servers. Die meisten Web-Hosting-Anbieter bieten Email-Dienstleistungen an, während nicht alle Email-Hosting-Betreiber Web-Hosting anbieten.
Housing/Colocation	Verkauf/Vermietung von Servern, die dann in einem Rechenzentrum aufgestellt werden. Anstelle von Vermietung von Speicherplatz.

Tabelle 1: Dienste eines Internet Service Providers

Wie der Abbildung 1 zu entnehmen ist, existieren somit eine Reihe von unterschiedlichen Anbietern, die sich z. T. im Wettbewerb zueinander befinden, aber auch in vertikaler Beziehung stehen können.[6] So bietet hier Carrier B lediglich die Übertragungsdienstleistung an, ohne jedoch als ISP oder CP in Erscheinung zu treten.

Der Carrier übernimmt damit die Funktion eines Intermediärs, indem er als Plattform auftritt und über die bereitgestellte Infrastruktur den Austausch zwischen Content Provider und Internet Service Provider vermittelt. Carrier A hingegen ist vertikal integriert und tritt zusätzlich zu dieser Funktion als Content Provider und ISP

6 Die Beziehungen bzw. der Leistungsaustausch zwischen den einzelnen Anbietern und Nutzern ist jeweils durch die Doppelpfeile dargestellt.

auf, sodass sich A gleichzeitig mit den anderen Service und Content Providern im Wettbewerb befindet. Ein solcher Carrier vermittelt also nicht nur zwischen CPs und ISPs, sondern ebenso zwischen ISPs und Internetnutzern, wobei gleichzeitig sowohl eigene Inhalte als auch eigene Dienste angeboten werden.

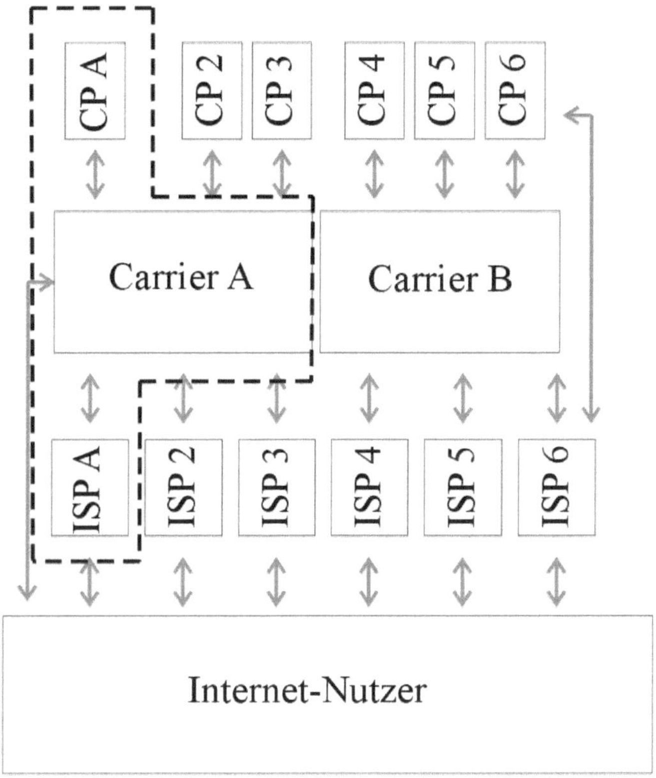

Abbildung 1: Mehrseitigkeit von Internetplattformen

Analog zu den Carriern treten die Internet Service Provider ebenfalls als Plattform auf, indem sie zwischen den Carriern bzw. Content Providern auf der einen Seite und den Internetnutzern auf der anderen Seite vermitteln. Die ISPs stehen somit in Konkurrenz zueinander und zu den entsprechenden Carriern, die auch als Access Provider auftreten.

Letztendlich lassen sich auch die Content Provider als Plattformen oder Intermediäre identifizieren. Diese bieten zum einen den Inhalt an, der über Carrier und/oder Service Provider zum Internetnutzer transportiert wird. Auf diese Weise können sie Aufmerksamkeit (nämlich die der Nutzer) generieren und diese in Form von Werbeflächen (z. B. Bannerwerbung oder Pop-up Fenster) an Werbekunden veräußern (vgl. Abbildung 2). Die gleiche Beziehung zwischen Rezipienten und Werbekunden gilt natürlich ebenso für integrierte Unternehmen, die auch als CP auftreten.[7]

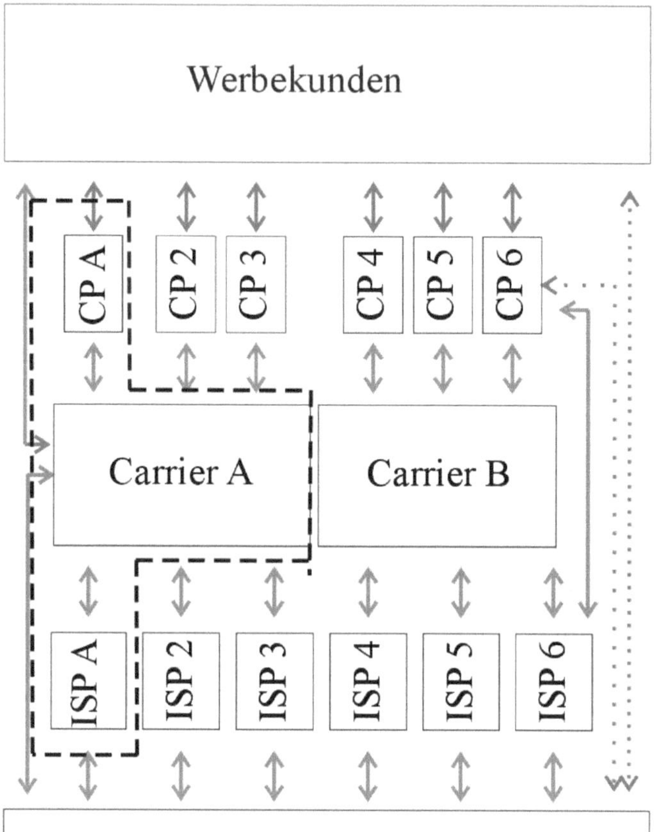

Abbildung 2: Werbefinanzierung

7 Ein weiterer Leistungsaustausch, der durch die gepunkteten Linien in der Abbildung 2 gekennzeichnet ist, kommt hier ebenfalls zum Tragen. Im Fall, dass Werbung zu einer Kaufentscheidung bei den Internetnutzern (also den Konsumenten) führt, werden die Güter und Dienstleistungen der Werbekunden von den Konsumenten erworben. Diese Transaktionen sind natürlich ebenso relevant für eine Wohlfahrtsbetrachtung. Die weitere Analyse beschränkt sich jedoch auf die grundsätzlichen Zusammenhänge zwischen Carrier, ISP, CP und Nutzer.

2.3.2. Internetdienstleister als zweiseitige Plattform

Sowohl Carrier als auch ISP und CP stellen somit eine Plattform oder genauer gesagt eine zwei- oder mehrseitige Plattform dar, da sie jeweils zwischen mindestens zwei Nachfrager- (oder Anbieter-) Gruppen vermitteln. Farrell und Weiser (2003) bezeichnen ISPs und andere Internetdienstleister daher auch als Informationsplattformen. Eine besondere Stellung nimmt hier der vertikal integrierte ISP (Carrier/ISP/CP) ein, da diese Form eines Dienstleisters einerseits zwischen Service und Content Providern vermittelt und ebenso als Intermediär zwischen Werbekunden und Internetnutzern auftritt.

Eine herausragende Eigenschaft von mehrseitigen Plattformen ist die Existenz von indirekten (zwei- oder mehrseitigen) Netzwerkeffekten. Wie in allen mehrseitigen Märkten (vgl. Rochet und Tirole, 2003; Dewenter, 2006) liegen auch hier indirekte Netzwerkeffekte zwischen den verschiedenen Nachfragergruppen vor. So sind Internetnutzer vor allem daran interessiert, ein großes und adäquates Angebot an Inhalten vorzufinden. Je größer also die Anzahl an Content Providern ist, die ihre Inhalte über das Netzwerk anbieten, desto größer ist ceteris paribus auch der Nutzen der Internetnutzer. Die Content Provider sind ihrerseits wiederum an einer möglichst großen Reichweite ihrer Inhalte – also an einer hohen Nutzerzahl – interessiert. Der Grund dafür kann einerseits darin begründet liegen, dass Content Provider entgeltliche Inhalte zur Verfügung stellen und mit einer wachsenden Zahl an Nutzern auch die potenzielle Marktgröße zunimmt.

Eine zweite Begründung für einen positiven Netzwerkeffekt, der von der Anzahl der Nutzer ausgeht, ist dann vorhanden, wenn Inhalteanbieter ihrerseits Werbung auf ihren Seiten schalten und somit eine weitere Finanzierungsquelle haben. Werbekunden sind natürlich ebenfalls an einer großen Reichweite ihrer Werbung interessiert. Im einfachsten Fall, wenn jeweils ein Carrier am Markt ist, der gleichzeitig auch ISP ist, und ein Content Provider existiert, der sich zumindest zum Teil durch Werbung finanziert, bestehen zwei zweiseitige Plattformen, die in vertikaler Beziehung zueinander stehen.

Darüber hinaus lässt sich aber noch eine weitere Eigenschaft dieser Märkte feststellen: Da ein Internetzugang nur dann sinnvoll ist, wenn auch Inhalte bereit stehen, und darüber hinaus auch nur dann Inhalte bereitgestellt werden, wenn Nutzer einen Zugang zum Internet haben, sind die Dienstleistungen „Internetzugang“ und „Bereitstellung von Inhalten“ komplementäre Produkte. Dabei ist der Zugriff auf Internetinhalte nicht möglich, solange kein Zugang zum Internet besteht, was also bedeutet, dass ein Zugang essentiell für den Konsum der Produkte ist. Einzelne Inhalte sind aber nicht essentiell für die Nachfrage nach Internetzugängen. Insgesamt bestehen also in diesem Beispiel zwei zweiseitige Plattformen, die asymmetrisch essentielle komplementäre Produkte anbieten.

In der Realität sind die vorhandenen Beziehungen jedoch noch weitaus komplexer, da hier meist Wettbewerb auf allen Ebenen (Zugang zum Netz, Backbone, Content und Werbemarkt) besteht. Die meisten Carrier treten ebenso als ISPs und Content Provider und somit also mehrseitige Plattformen auf, die mit anderen zwei- oder mehrseitigen Plattformen im Wettbewerb stehen. Das Internet als Ganzes lässt sich damit auch als mehrseitiger Markt auffassen.[8]

Wendet man die Theorie der mehrseitigen Plattformen auf das Internet und vor allem auf die beteiligten Service Provider an, so erscheint eine unterschiedliche Bepreisung von Internetnutzern und Inhalteanbietern nicht nur denkbar, sondern auch effizient. Ausschlaggebend für die Preishöhe, die eine zweiseitige Plattform von den Nachfragern im jeweiligen Markt verlangt, sind zum einen (wie üblich) die Preiselastizität der Nachfrage, die Marktgröße und die Kostenstruktur. Zum anderen aber bestimmen vor allem die Stärke und das Verhältnis der Netzwerkeffekte die Preise. So wird üblicherweise ein relativ geringer Preis an dem Teilmarkt gesetzt, von dem in der Relation hohe Netzwerkeffekte ausgehen. Relativ hohe Preise sind dagegen dann zu erwarten, wenn die Stärke der Netzwerkeffekte verhältnismäßig gering ist.

Es wird also in der Regel die Marktseite bessergestellt, von der die stärkeren Netzwerkeffekte ausgehen. Dies kann eine Form annehmen, in der entsprechende Preise unterhalb der Grenzkosten liegen oder null sind. Ebenso sind Preise oberhalb üblicher Monopolpreise dann zu beobachten, wenn die entsprechenden Netzwerkeffekte relativ gering sind. Gleiche Preise für verschiedene Kundengruppen sind letztendlich nur dann zu erwarten, wenn die Kundengruppen (hier Internetnutzer und Content Provider), gemessen an der Preiselastizität, dieselben relativen Netzwerkeffekte generieren. In jeder anderen Situation werden sich die entsprechenden Preise, zum Teil deutlich, unterscheiden.

Greift nun etwa eine Regulierung extern in diesen Preissetzungsprozess ein, indem gleiche Preise für beide Marktseiten vorgeschrieben werden, so können die vorhandenen Netzwerkeffekte nicht mehr optimal ausgenutzt werden. Die Folge ist dann zunächst, dass (i) die Gewinne der Service Provider nicht maximiert werden, (ii) die Gruppe, von der die geringeren Netzwerkexternalitäten ausgehen, profitiert und (iii) die Gruppe, die höhere Netzwerkeffekte produziert, einen Nachteil von dieser Regulierung hat. Geht man davon aus, dass die Gruppe der Internetnutzer einen stärkeren indirekten Netzwerkeffekt auf den Content Markt ausübt als die Inhalteanbieter auf die Nutzer, so würden die Konsumenten von einer unterschiedlichen Bepreisung profitieren, während die Inhalteanbieter geringere Gewinne realisieren würden.

Wie Hagiu (2006) zeigt, bestehen insbesondere zwei gegenläufige Effekte, die den Trade-off zwischen proprietären und offenen Netzwerken bestimmen. Ein proprietäres Netzwerk – in diesem Fall also ein ISP, der neben den Entgelten für Konsumenten auch Zugangsentgelte für Content Provider erhebt – ist in der Lage, die

8 Letztendlich lassen sich noch weitere asymmetrische Beziehungen identifizieren, die das gesamte System noch komplizierter darstellen. So sind einige Anwendungen essentiell für die Verwendung anderer, während ein Teil auch ohne weitere Einrichtungen verwendet werden kann. Beispielsweise ist das Übertragungsnetz unerlässlich für die Mehrzahl der einzelnen Anwendungen. Das Netz als solches ist jedoch auch ohne eine Vielzahl der Anwendungen nutzenstiftend.

existierenden Netzwerkeffekte teilweise zu internalisieren und somit positive Wohlfahrtseffekte zu produzieren. Es entsteht aber durch die Preissetzung ein Wohlfahrtsverlust, der umso größer ist, je größer die Marktmacht der Plattform ist. Offene Plattformen dagegen setzen Preise in Höhe der Grenzkosten (oder gleich null) und produzieren somit keine Wohlfahrtsverluste durch die (monopolistische) Preissetzung. Allerdings sind offene Plattformen aber auch nicht in der Lage, die Netzwerkexternalitäten zu internalisieren. Aus diesen Gründen ist es durchaus möglich, dass die Existenz proprietärer Plattformen zu einer stärkeren Produktdifferenzierung und einer höheren Wohlfahrt führt.

Die gesamten Wohlfahrtseffekte unter beiden Regimes sind indes abhängig von einer Vielzahl an Kriterien. So sind andere Effekte im Falle einer Werbefinanzierung der Inhalte zu erwarten, als wenn Konsumenten direkt bepreist werden. Darüber hinaus spielt die Heterogenität der Inhalteanbieter eine entscheidende Rolle. Während einige wohl keine wesentlichen Netzwerkeffekte hervorrufen, nehmen andere wiederum die Stellung von positionalen Gütern ein und sind für einzelne Internet Service Provider unverzichtbar. Dieser Effekt könnte im Einzelfall sogar so stark sein, dass nicht die ISPs Preise für die Durchleitung der Inhalte verlangen, sondern Content Provider für die Bereitstellung derselben entlohnt werden. Da der Fokus dieses Papiers jedoch weniger auf den möglichen Preismodellen im Internet liegt, sondern vielmehr auf mögliche Effekte der Nichtneutralität abzielen soll, wird hier auf eine weitere Diskussion verzichtet.

3. Anreize eines nichtneutralen Internets

Die Befürworter der Netzneutralität befürchten, dass insbesondere Internet Service Provider eine Reihe von wettbewerbsbeschränkenden und wohlfahrtsmindernden Maßnahmen durchführen könnten, wenn auf die regulatorische Festsetzung der Netzneutralität verzichtet würde, ISPs also in der Lage wären, vom Best Effort Modell Abstand zu nehmen. Vor allem wird befürchtet, dass insbesondere Internet Service Provider in die Lage versetzt würden, aktiv wohlfahrtsmindernde Diskriminierung zu betreiben. Hierzu zählen mögliche Aktivitäten wie etwa der Ausschluss von Wettbewerbern (oder von zu den ISPs in vertikaler Beziehung stehenden Unternehmen), die Preisdiskriminierung oder eine Diskriminierung bezüglich der Dienstqualität. Welche Anreize tatsächlich vorhanden sind und welche Wohlfahrtswirkungen im Einzelnen von ihnen ausgehen, soll im Folgenden diskutiert werden.

3.1. Blocking

Das sog. Blocking beschreibt alle Aktivitäten eines ISPs, entweder bestimmte Inhalte, Internetseiten oder sogar andere Provider kategorisch vom eigenen Netz auszuschließen. Dies kann sich z. B. dadurch äußern, dass etwa Inhalte mit bestimmten Eigenschaften nicht transportiert werden, wenn diese wohlfahrtsreduzierend sind, es sich dabei also um Viren, sog. Spammails oder gefährliche (politisch extreme oder pornographische) Inhalte handelt. Darüber hinaus liegen aber auch die technischen Möglichkeiten vor, wohlfahrtsminderndes Blocking zu betreiben, indem etwa andere Provider vom Netz ausgeschlossen werden. So könnte zum Beispiel ein ISP bestimmten Content Providern den Netzzugang verweigern, und somit das Angebot an Inhalten und Applikationen, das seinen Kunden zur Verfügung steht, reduzieren. Es stellt sich demnach die Frage, ob und inwiefern Anreize vorhanden sind, wohlfahrtsreduzierendes Blocking durchzuführen.

Mögliche Anreize zum Blocking könnten vor allem dann vorliegen, wenn ISPs vertikal in Zugangs- und Inhaltemärkte integriert sind, sie also zum einen die Infrastruktur (also das Netz) zur Verfügung stellen und zum anderen sowohl Zugang zum Internet anbieten als auch eigene Inhalte und Applikationen zur Verfügung stellen, also als Content Provider auftreten. Als vertikal integrierte ISPs wären sie dann in der Lage, speziell Konkurrenten vom Inhaltemarkt auszuschließen. Zumindest für Deutschland sind viele ISPs (wie z. B. die Deutsche Telekom) sowohl Access Provider als auch Content Provider, sodass die vertikale Integration eher die Regel als die Ausnahme darstellt.[9]

Generell gilt, dass die Integration eines ISPs auf dem Content Markt wohlfahrtssteigernde Wirkungen hat. In der Regel sind durch vertikale Integration Transaktionskostenersparnisse zu verzeichnen und selbst in einer Situation, in der ein *monopolistischer* ISP vertikal in den Inhaltemarkt integriert, sind zunächst keine negativen Wohlfahrtseffekte zu erwarten. Nach dem One Monopoly Rent Theorem von Bowman (1957) hat ein Monopolist am Primärmarkt (hier der Markt für Internetzugang, auch Access Markt) keinen Anreiz, auch den Sekundärmarkt (hier den Content- oder Inhaltemarkt) zu monopolisieren. Darüber hinaus haben monopolistische ISPs nach dem Internalizing Complementary Efficiencies Konzept (ICE) sogar dann einen Anreiz, Zugang zum eigenen Netz zu gewähren, wenn der eintretende Newcomer effizient ist. Wie Farrell und Weiser (2003) zeigen, existieren jedoch generelle Ausnahmen von diesem Theorem, die insbesondere auftreten können, wenn folgende Rahmenbedingungen vorherrschen: (i) Der Primärmarkt bzw. der monopolistische ISP wird reguliert oder es besteht die Gefahr einer Regulierung des Monopolisten, (ii) die Monopolisierung erlaubt eine Preisdiskriminierung, die ansonsten nicht durchgeführt werden könnte und somit doch zu einer effizienten

9 Grundsätzlich könnten zwar auch vertikal separierte ISPs einen Anreiz haben, wettbewerbsbeschränkende Maßnahmen durchzuführen, ein Blocken von Inhalten erscheint aber nicht sinnvoll. Eine Diskussion möglicher Anreize vertikal separierter ISPs, die Servicequalität zu differenzieren, findet sich in Kapitel 3.2.

Monopolisierung des Content Marktes führt, (iii) der ISP fürchtet potenziellen Wettbewerb zu Produkten, die er in einem dritten Markt anbietet, (iv) es existieren Verhandlungsprobleme zwischen ISPs und CPs, (v) es liegt irrationales Verhalten des Monopolisten vor, und (vi) es liegt nur eine unvollkommene Komplementarität zwischen den Inhalten oder Anwendungen und den Produkten am Primärmarkt vor.[10]

Wird ein ISP im Primärmarkt, typischerweise aufgrund der Essential Facilities Doktrin, bereits reguliert, so erscheint die Gefahr einer wohlfahrtsmindernden Diskriminierung von Konkurrenten relativ gering. In diesem Fall ist die Regulierung etwa der Netzzugangsentgelte dazu geeignet, eine solche Diskriminierung zu verhindern. Das schon angewandte Regulierungsinstrument sollte demnach ausreichend sein. Ähnlich verhält es sich, wenn ein ISP Gefahr läuft, reguliert zu werden, da im Falle einer Diskriminierung die Regulierung umso wahrscheinlicher wird.

Zudem steht sowohl der deutschen als auch der europäischen und der US-amerikanischen Wettbewerbspolitik mit der Missbrauchsaufsicht bzw. der Essential Facilities Doktrin ein Instrument zur Verfügung, um mögliches diskriminierendes Verhalten zu untersagen (vgl. auch Vogelsang, 2007). So ist nach deutschem Kartellrecht die missbräuchliche Ausnutzung einer marktbeherrschenden Stellung untersagt (vgl. § 19 GWB). Dies gilt insbesondere für die Weigerung, Zugang zu Netzen und Infrastruktureinrichtungen zu gewähren. Ähnliches gilt auch für das europäische Wettbewerbsrecht, das ebenso die Ausnutzung einer marktbeherrschenden Stellung verbietet (vgl. Art. 82 EGV).

Im US-amerikanischen Antitrust Law kann der verpflichtende Zugang zu wesentlichen Einrichtungen gemäß sec. 2 des Sherman Acts und der Essential Facilities Doktrin begründet werden. Darüber hinaus existiert eine Reihe von entsprechenden Urteilen des U. S. Supreme Court, das prominenteste Beispiel ist hier wohl der Fall *Terminal Railroad* von 1912 (vgl. Dewenter und Haucap, 2006 oder Lypsky und Sidak, 1999). Im Vergleich zum deutschen und europäischen Wettbewerbsrecht weist das US-amerikanische Antitrust Law jedoch einen wesentlichen Unterschied auf. So bewertet die Federal Competition Commission (FCC) seit 2002 Breitbanddienste, die über Kabel angeboten werden, nicht mehr als Telekommunikationsdienste, sondern als Informationsdienste. Aus diesem Grund unterliegen die Kabelnetzbetreiber in den USA nicht mehr der Common Carrier Verpflichtung. Anschließend wurden seitens der FCC auch Breitbanddienste, die über Telekommunikationsnetze angeboten werden, als Informationsdienste definiert. Im Resultat unterliegt nun kein Anbieter von Breitbanddiensten mehr der Common Carrier Verpflichtung (vgl. Müller und Meyer, 2006).

10 Zwar können irrationales Verhalten der Monopolisten und Verhandlungsprobleme zwischen ISPs und CPs nicht ausgeschlossen werden, jedoch erscheint eine Regulierung der Netzneutralität aus diesen Gründen wenig angebracht. Hier stellt sich die Frage, ob eine verbesserte Informationsbereitstellung bzw. eine Senkung von Transaktionskosten eher geeignet wären, diese Probleme zu lösen.

Generell lässt sich aber zumindest für die Betrachtung des europäischen Marktes festhalten, dass bei kollektiver Marktbeherrschung, Einzelmarktbeherrschung oder gar einer Monopolstellung der ISPs (oder auch reiner Carrier und Access Provider) sowohl die Regulierung einer wesentlichen Einrichtung als auch die Missbrauchsaufsicht ausreichend sind, eine wettbewerbsschädliche Diskriminierung in Form von Blocking zu unterbinden. Anders könnte dies in Oligopolmärkten aussehen, in denen auf den ersten Blick keine Marktbeherrschung vorliegt. Trotz der wettbewerbsrechtlichen Institutionen, die ein missbräuchliches Blocking von marktbeherrschenden Unternehmen untersagen, sollen im Folgenden beide Marktstrukturen (Monopol und Oligopol) bezüglich möglicher Blocking-Anreize analysiert werden, um festzustellen, wie groß die Gefahr wohlfahrtsreduzierender Diskriminierung tatsächlich ist.

3.1.1. Mögliche Blocking-Anreize monopolistischer ISPs

Monopolistische ISPs sind in aller Regel lediglich in einigen regionalen Märkten zu beobachten. Während in Deutschland und Europa kaum Evidenz für Monopole im Primärmarkt, also im Markt für Zugangsdienste, vorhanden ist,[11] sind allerdings einige der US-amerikanischen regionalen Märkte dadurch gekennzeichnet, dass monopolistische oder duopolistische Strukturen vorliegen, vornehmlich dann, wenn es sich um ländliche Gebiete handelt (vgl. z. B. Economides, 2007). Doch auch in den USA lassen sich aufgrund der Existenz verschiedener Technologien (breitbandiger und schmalbandiger Zugänge) und potenzieller neuer Technologien (wie z. B. WiFi) immer seltener monopolistische Strukturen beobachten. Neben der wettbewerblichen Situation in bestehenden Breitbandmärkten ist also ebenso ein gewisses Maß an Infrastrukturwettbewerb zu beobachten (vgl. Sidak, 2006).[12]

Wie bereits erläutert, existieren allerdings einige Ausnahmen vom ICE Konzept, sodass diskriminierendes Verhalten von monopolistischen ISPs durchaus denkbar ist. Van Schewick (2007) greift diese Ausnahmen auf und ergänzt sie um eine Reihe weiterer Beispiele, die eine Diskriminierung seitens der monopolistischen und verti-

11 Zwar werden ca. 60 % der Breitbandanschlüsse in Deutschland (hiervon sind etwa 97 % DSL-Anschlüsse) noch immer vom Incumbent, der Deutschen Telekom AG (DTAG), bereitgestellt (vgl. Bundesnetzagentur, 2005). Jedoch können die Wettbewerber aufgrund der Regulierung der Teilnehmeranschlussleitung überall dort, wo sie kein eigenes Anschlussnetz betreiben, auf die Leitungen der DTAG zurückgreifen. Markteintritt ist also prinzipiell überall dort möglich, wo eine Teilnehmeranschlussleitung verfügbar ist. Im Vergleich zu den meisten anderen europäischen Ländern haben die Wettbewerber der DTAG dabei noch einen relativ geringen Marktanteil im Breitbandmarkt. So weisen die Newcomer in GB zum Beispiel einen Marktanteil von 75 %, in Frankreich von 57 % und in Spanien von 47 % auf (vgl. ERG, 2005). Darüber hinaus ermöglicht auch das europäische Wettbewerbsrecht den Zugang zum Netz des Incumbents, sodass Marktzutritt i. d. R. möglich ist.

12 Letztendlich ist der Anteil der monopolistischen Märkte auch in den USA gering, wenn man die konkurrierenden Breitbandtechnologien betrachtet. Grenzt man die Märkte anhand der Postleitzahlen der USA ab, so sind über 93 % dieser Gebiete durch den Wettbewerb mindestens zweier Breitband Internet Provider gekennzeichnet (vgl. Sidak, 2006).

kal integrierten ISPs möglich erscheinen lassen.[13] Tabelle 2 fasst drei dieser möglichen Ausnahmen auf, die für vertikal integrierte monopolistische ISPs anwendbar sind. Beispiel 1 zielt dabei darauf ab, dass ein monopolistischer ISP einen Anreiz haben könnte, eine „Monopolisierung" des Content Marktes vorzunehmen (also alle konkurrierenden Inhalte, die Endkunden im regionalen Markt zur Verfügung stehen, zu blocken), wenn am Inhaltemarkt Umsätze generiert werden, die aus einer dritten Quelle stammen. Ein typisches Beispiel dafür ist die Werbefinanzierung von Inhalten. Bietet der ISP seine eigenen Inhalte kostenlos an und finanziert er (und auch seine Konkurrenten am Inhaltemarkt) diesen Service über Werbebanner, so ist der ISP nach van Schewick (2007) nicht in der Lage, die maximalen Gewinne abzuschöpfen, da einige Werbekunden bei anderen Inhalteanbietern ihre Werbung platzieren. Dadurch, dass nun Alternativen vorhanden sind, die um die Gunst der Endkunden konkurrieren, verringert sich die Anzahl der Nutzer, die die Inhalte des ISP und damit die entsprechenden Werbebanner betrachten. Monopolisiert der ISP den Content Markt, so kann er seine Gewinne maximieren.

Aufgrund der Internationalität des Internets erscheint eine Monopolisierung von Inhaltemärkten jedoch mehr als fraglich. Ein ISP müsste alle möglichen Konkurrenzprodukte eines Contents blocken, um die gesamten Werbeeinnahmen in regionalen Monopolen zu erlangen. Selbst wenn man die von van Schewick (2007) angeführten äußerst unrealistischen Beispiele für eine mögliche Monopolisierung des Content Marktes gelten lässt (etwa wenn eine neue Technologie in einem Land eingeführt wird, das zu hohe Sprachbarrieren hat, um auf ausländische Inhalte zurückzugreifen) würde in einer solchen Situation in jedem Fall sofort die Missbrauchsaufsicht greifen und das Blocking würde untersagt werden.

Darüber hinaus werden zwei wesentliche Punkte von van Schewick ignoriert: Zum einen ist ein ISP in der Lage, einen zusätzlichen Preis für die Nutzung des eigenen Netzwerkes zu verlangen und damit weitere Deckungsbeiträge zu realisieren. Zum anderen reduziert das Angebot konkurrierender Inhalte zwar die Nachfrage nach eigenen Inhalten und damit die Nachfrage nach Werbeflächen. Die Nachfrage am Zugangsmarkt wird durch das gestiegene Angebot an Inhalten aber dann erhöht, wenn es sich hierbei um differenzierte Produkte handelt, diese also einen Mehrwert aus Sicht der Endkunden liefern. Sind außerdem die Inhalte nicht ausschließlich werbefinanziert, ist der ISP also teilweise in der Lage, einen Preis für den Content zu erheben, so würde eine erhöhte Nachfrage am Zugangsmarkt ebenso zu einem Anstieg der Deckungsbeiträge am Inhaltemarkt führen.

13 Van Schewick (2007) betrachtet dabei zwei der genannten Punkte als relevant im Kontext des Internets: die Möglichkeit, dass eine unvollständige Komplementarität zwischen dem Primär- und Sekundärmarkt vorliegt und den Einfluss des potenziellen Wettbewerbs. Da beide Ausnahmen den im Folgenden analysierten Beispielen stark ähneln, wird hier auf eine einzelne Analyse verzichtet.

Nr.	Anreiz der monopolistischen ISPs
1	ISPs können Gewinne von Konkurrenten in dritten Märkten (z. B. Werbemärkten) extrahieren, indem sie den Zugang von Wettbewerbern zum Sekundärmarkt (Inhaltemarkt) verhindern.
2	ISPs können Applikationen der Konkurrenten blocken, um die eigenen Gewinne aus dritten Märkten zu sichern.
3	ISPs können den Zugang zum eigenen Netz verweigern, um damit ein (globales) Monopol am Sekundärmarkt zu sichern oder zu erlangen.

Tabelle 2: Blocking-Anreize vertikal integrierter Monopolisten

Generell ist bezüglich der werbefinanzierten Inhalte zudem noch anzumerken, dass zusätzliche Gewinne am Werbemarkt nur dann extrahiert werden können, wenn keine entsprechenden Alternativen zur Verfügung stehen. Im Gegensatz zum Inhaltemarkt ist der Werbemarkt jedoch deutlich weiter abzugrenzen. Aus Sicht der Werbekunden ist nicht der Inhalt einer Webseite entscheidend, sondern die Übereinstimmung der Nutzer mit der Zielgruppe der Werbenden. Aus diesem Grunde ist es für die Werbenden unerheblich, wo die Werbebanner platziert werden, wenn eine bestimmte Zielgruppe erreicht wird. Der Ausschluss von konkurrierenden Inhalten führt also nicht unbedingt zu einem Anstieg der Werbeeinnahmen aus eigenen Inhalten. Genauso könnten die Werbekunden Werbung auf anderen Seiten platzieren, die von ähnlichen Nutzern besucht werden. Um eine solche Abwanderung zu verhindern und um möglichst große Werbeeinnahmen zu generieren, müsste der ISP also im Zweifel nicht nur konkurrierende Inhalte blocken, sondern auch Inhalte, die zwar für den Nutzer kein Substitut darstellen, sehr wohl aber aus Sicht der Werbekunden. Damit müsste der Monopolist sämtliche Inhalte aus seinem regionalen Angebot verbannen, die eine ähnliche Werbereichweite aufweisen. Eine so starke Reduktion der Inhalte kann aber starke negative Wirkungen am Zugangsmarkt haben und ist damit äußerst unwahrscheinlich.

Als eine Variante des ersten Beispiels diskutieren z. B. van Schewick (2007) und Peha (2006) die Möglichkeit eines monopolistischen integrierten ISPs, bestimmte Content Provider zu blocken, um Gewinne aus dritten Märkten zu sichern. Im Gegensatz zum ersten Beispiel bieten hier konkurrierende CPs Applikationen an, die in Konkurrenz zum Produkt des ISPs auf einem dritten Markt stehen, der nicht direkt mit dem Internet in Verbindung steht. Ein typisches Beispiel hierfür wäre ein ISP, der VoIP-Anbietern den Zugang zum Netz untersagt, um die Gewinne aus dem eigenen Telefonnetz nicht zu gefährden. Hier könnte ein Anreiz bestehen, die VoIP-Anbieter zu blocken und damit den Wettbewerb um Ferngespräche oder Auslandsgespräche zu reduzieren. Der ISP steht dabei vor der Entscheidung, entweder die CPs zu blocken und damit seine Gewinne aus dem Telefonnetz zu maximieren oder aber die CPs auf das eigene Netz zu lassen und über Nutzungsentgelte weitere Deckungsbeiträge zu generieren. Ein Blocken der VoIP-Anbieter erscheint also nur dann lohnend, wenn die Gewinne aus den Fern- und Auslandsgesprächen – bei geblocktem VoIP-Zugang – größer wären als die entgangenen Erträge aus den Nutzungsentgelten, welche die Content Provider bei Nutzung des Netzes entrichten müssten.

Chen und Nalebuff (2006) argumentieren in diesem Zusammenhang, dass ein ISP keinerlei Anreiz hat, VoIP-Anbietern den Netzzugang zu verwehren. In einem Modell, in dem zwei komplementäre Produkte existieren, wobei nur ein Produkt essentiell für die Benutzung des anderen ist (etwa das monopolistische Netz des ISPs für die Dienste eines unabhängigen VoIP-Anbieters), besteht nach Chen und Nalebuff (2006) weder ein Anreiz zum Blocken, wenn der ISP selbst nicht im VoIP-Markt tätig ist noch dann, wenn er ebenfalls als VoIP-Anbieter auftritt. Vielmehr hat der Internet Service Provider den Anreiz, VoIP am Content Markt anzubieten, den Wettbewerbspreis für VoIP zu setzen und gleichzeitig den Preis für den Internetzugang entsprechend zu erhöhen. Auf diese Weise kann der ISP dann, gemäß des One Monopoly Rent Theorems, den Monopolgewinn extrahieren.[14]

Beispiel 3 ist eine Variante des Falls der unvollkommenen Komplementarität von Farrell und Weiser (2003). Es wird angenommen, dass ein bestehendes globales Monopol am Sekundärmarkt geschützt und nicht erst errichtet werden soll. Weiterhin wird davon ausgegangen, dass das Netz des ISPs nur unvollkommen komplementär zu dem Content ist, dass also die Inhalte auch ohne das Netz des ISPs genutzt werden können. Diese Situation ist typischerweise immer dann gegeben, wenn auch weitere Endkunden aus einem nationalen (oder internationalen) Zugangsmarkt auf den Content des ISPs zugreifen können. Nun wird argumentiert, dass der monopolistische ISP in der Lage ist, durch ein Blocking von konkurrierendem Content ein globales Monopol am Content Markt zu sichern. Dadurch, dass der ISP einen Konkurrenten am monopolisierten regionalen Primärmarkt blockt, soll der Zugang zum internationalen Markt verhindert werden.

Voraussetzung für ein solches Szenario ist allerdings, dass starke Skalenerträge bei der Produktion der Inhalte anfallen und starke direkte oder indirekte Netzwerkeffekte vorhanden sind bzw. der monopolistische Markt extrem groß ist. Denn nur so könnte der Monopolist die Kostenvorteile und Vorteile der externen Effekte soweit ausnutzen, dass auch im nationalen bzw. internationalen Zugangsmarkt kein Content Provider Zugang zum Inhaltemarkt nachfragt – es also zum Lock-in seines Inhalts kommt. Ein Newcomer müsste dann zum einen aufgrund der Kostennachteile einen zu hohen Preis verlangen und darüber hinaus wäre er nicht in der Lage, genügend starke Netzwerkeffekte zu generieren, um die Konsumenten zum Konsum seines Inhaltes zu bewegen.

Die Voraussetzung hoher Skalenerträge sollte bei den meisten Inhalten und Applikationen erfüllt sein, da hier wie bei Software üblich in der Regel hohe Fixkosten und geringe variable Kosten anfallen. Tatsächlich sind die Grenzkosten einer weiteren Kopie einer bestimmten Software nahezu null. Weiterhin aber muss der Nutzen

14 Alternativ könnte der ISP zwei Versionen des Zugangs anbieten, eine, bei der VoIP nicht möglich ist und eine weitere (teurere), bei der VoIP möglich ist. Nutzer, die kein VoIP nutzen und eine geringere Zahlungsbereitschaft haben, würden somit nicht vom Konsum ausgeschlossen.

der Teilnehmer aus einer Applikation (z. B. VoIP) mit der Anzahl der weiteren Nutzer steigen und/oder es müssen sehr starke indirekte Netzwerkeffekte zwischen dem Content- und dem Zugangsmarkt bestehen. Im letzteren Fall müssen also die Endkunden einen starken Nutzen durch das Angebot an diesem speziellen Content erfahren. Die Annahme, dass die vorhandenen Netzwerkeffekte so stark sind (oder die Anzahl der Nutzer am regionalen Markt so groß ist), dass potenzielle Konkurrenten vom nationalen *und* vom internationalen Markt ferngehalten werden können, erscheint dabei jedoch mehr als fraglich. Darüber hinaus können auch starke Netzwerkeffekte häufig nicht verhindern, dass Marktzutritt möglich ist, solange nicht auch weitere relevante Marktzutrittsbarrieren vorhanden sind. Dies gilt insbesondere dann, wenn Multihoming[15] realisiert werden kann.

Zusammenfassend lässt sich festhalten, dass die in der Literatur angeführten möglichen Ausnahmen vom ICE Konzept nicht überzeugen können. Ein genereller (oder auch nur tendenzieller) Anreiz monopolistischer ISPs, den Zugang zum eigenen Netz zu verwehren, kann nicht erkannt werden und kann damit auch nicht als Begründung für eine Regulierung der Netzneutralität herangezogen werden. Darüber hinaus lässt sich ein Blocken, wie bereits zu Anfang erwähnt, schon jetzt sowohl durch das deutsche als auch durch das europäische und US-amerikanische Wettbewerbsrecht untersagen. Eine darüber hinaus gehende Regulierung ist hier nicht zu begründen.

3.1.2. Mögliche Blocking-Anreize oligopolistischer ISPs

Weitaus interessanter und auch relevanter als die Analyse monopolistischer ISPs ist die Untersuchung der Anreize oligopolistischer ISPs, den Zugang zum Netz zu blocken. Für den Fall, dass der Zugang zum Internet oligopolistisch strukturiert ist, führt van Schewick (2007) daher vier weitere Beispiele an, bei denen Konkurrenten am Inhaltemarkt der Zugang zum Netz verweigert werden könnte (vgl. Tabelle 3).

Bei allen vier Beispielen ist die Höhe der Wechselkosten letztendlich ausschlaggebend dafür, ob tatsächlich Anreize bestehen, Content Provider vom Netz auszuschließen. Eine Verschlechterung des Angebots an Inhalten würde – unabhängig vom Motiv der ISPs – dazu führen, dass Endkunden am Zugangsmarkt, die eine starke Präferenz für die geblockten Inhalte haben, zu einem ISP wechseln, der ein besseres Angebot zur Verfügung stellt bzw. die entsprechenden Inhalte nicht geblockt hat. Unter Umständen kann aber die Existenz von Wechselkosten dazu führen, dass ein Teil der wechselwilligen Kunden nicht in der Lage ist, sich einem an-

15 Unter Multihoming ist in diesem Fall die mehrfache Anbindung an das Internet gemeint. So kann ein Inhalteanbieter etwa seine Inhalte über die Zugänge mehrerer ISPs zur Verfügung stellen und damit die Versorgung mit den entsprechenden Inhalten auch für den Fall, dass ein Provider ausfällt, absichern. Tatsächlich ist Multihoming unter vielen Inhalteanbietern eine übliche Praxis (vgl. Economides, 2007).

deren ISP anzuschließen; jedoch sollte dieses Problem mittel- oder langfristig nicht evident sein.

Zudem verzichtet der ISP jedoch auf die Erlöse, die er durch den Verkehr der geblockten Inhalteanbieter auf seinem Netz erzielen könnte. In den Beispielen 1 und 2 müsste damit der zusätzliche Erlös, der dadurch entsteht, dass ein Teil der Nutzer, die vorher den geblockten Inhalt benutzt haben, nun die Inhalte des ISPs benutzen, die entsprechenden Kosten des Ausschlusses übersteigen, damit überhaupt ein Ausschluss stattfindet. Die Kosten liegen vor allem darin, dass zum einen ein geringerer Datenverkehr generiert wird und somit geringere Umsätze am Primärmarkt entstehen. Zum anderen werden sich auch Neukunden am Umfang der Inhalte orientieren, die bei einem Provider zur Verfügung stehen. Sollte ein ISP hier durch den Ausschluss von Inhalten Nachteile gegenüber den Wettbewerbern haben, würde sich dies in geringeren Marktanteilen niederschlagen.

Nr.	Anreize oligopolistischer ISPs
1	Ein Ausschluss von konkurrierenden Inhalten erhöht die Nachfrage nach eigenen Inhalten und führt damit bei sinkenden Durchschnittskosten zu einem Anstieg des Gewinns.
2	Ein Ausschluss von konkurrierenden Inhalten erhöht die Umsätze aus der Werbung im Content Markt.
3	Ein Ausschluss von konkurrierenden Inhalten gewährleistet die Monopolstellung im nationalen Content Markt.
4	Wenn ein ISP seinen Content nur seinen eigenen Kunden anbietet, kann der Ausschluss von konkurrierenden Inhalten die oligopolistische Stellung am Markt für Internetzugang sichern.

Tabelle 3: Anreize vertikal integrierter Oligopolisten zur Diskriminierung

Weiterhin gilt auch hier für den Fall werbefinanzierter Inhalte, dass die Generierung zusätzlicher Gewinne am Werbemarkt nicht unbedingt allein durch den Ausschluss von nahen Substituten möglich ist. Um deutlich mehr Werbeeinnahmen zu generieren, müsste ein ISP einen Großteil der Seiten ausschießen, die eine ähnliche soziodemographische Struktur bei den Nutzern aufweisen – also *potenzielle* Plattformen für die Werbekunden darstellen. Mehr noch als im Monopolfall ist der oligopolistische ISP aber darauf angewiesen, den Endkunden den Zugriff auf ein möglichst großes Angebot an Inhalten zu ermöglichen, um die Nachfrage am Access Markt zu sichern und im Wettbewerb mit den anderen ISPs bestehen zu können. Ein Ausschluss von mehreren verschiedenen Inhalten, zudem noch von solchen Inhalten, die eine große Nachfrage bei den Endkunden aufweisen, ist daher unwahrscheinlich.

Noch unwahrscheinlicher als im Monopolfall erscheint (Beispiel 3) die Möglichkeit, den nationalen Content Markt mithilfe des Ausschlusses von Konkurrenz zu sichern. Voraussetzung für die Erhaltung eines Monopols ist die Existenz starker Netzwerkeffekte und einer entsprechend großen Kundenbasis im Zugangsmarkt. Während ein genügend großes *überregionales Monopol* unter Umständen noch eine ausreichende Kundenbasis bedeuten könnte, erscheint dies im Wettbewerb am Zugangsmarkt unmöglich. Alternative Inhalte könnten in diesem Fall zu jeder Zeit über Wettbewerber angeboten werden. Lediglich bei einer marktmächtigen Stellung des ISPs (etwa durch genügend hohe Marktanteile) erscheint ein solches Verhalten problematisch – dann jedoch würde wiederum unverzüglich die Missbrauchsaufsicht greifen.

Beispiel 4 zielt darauf ab, dass durch den Ausschluss von konkurrierenden Inhalten bei gleichzeitiger Beschränkung des eigenen Inhalts auf den Zugriff durch eigene Kunden eine Produktdifferenzierungsstrategie vorgenommen wird, die es dem ISP erlaubt, sich weniger starkem Preiswettbewerb auszusetzen und ebenso die Wechselkosten zu erhöhen. Zum einen sind bestimmte Inhalte nur bei einem ISP verfügbar, sodass eine stärkere Produktdifferenzierung zu anderen ISPs vorliegt. Zum anderen stehen diese Inhalte den Kunden bei einem Wechsel zu einem anderen ISP nicht mehr zur Verfügung, sodass damit die Wechselkosten ansteigen. Aufgrund der höheren Wechselkosten ist hier von einem größeren negativen Wohlfahrtseffekt auszugehen als bei den anderen Beispielen. Zwar beschränkt sich der ISP selbst mit der Entscheidung, die Inhalte exklusiv seinen eigenen Kunden zur Verfügung zu stellen und zusätzlich die Inhalte der Konkurrenten zu blocken, jedoch kann eine solche Strategie zumindest kurzfristig erfolgreich sein, wenn eine bestimmte Kundenbasis bereits erreicht wurde und die Sperre der Inhalte nachträglich eingeführt wurde. Neukunden sind jedoch jederzeit in der Lage, die Inhalte und Geschäftsbedingungen verschiedener ISPs zu vergleichen und dann entsprechend ihrer Präferenzen eine Auswahl zu treffen. Mittelfristig sollte auch hier kein Problem vorliegen, wenn Konsumenten die Anbieter nach Ablauf einer Vertragslaufzeit wechseln können.

Zusammenfassend kann festgehalten werden, dass auch für oligopolistische Märkte keine überzeugenden Argumente vorhanden sind, dass Unternehmen Anreize hätten, Konkurrenten am Inhaltemarkt vom Netz auszuschließen. Sollte es dennoch zum Ausschluss kommen, so müssen die Wechselkosten hoch genug sein, damit die Endkunden zumindest kurzfristig nicht mit einem Anbieterwechsel reagieren können. Fraglich wäre dann, inwiefern das europäische Wettbewerbsrecht in der Lage ist, Zugangsverweigerung oder anderes diskriminierendes Verhalten auch dann zu untersagen, wenn ISPs keine Monopolstellung innehaben. Während im Monopolfall Marktdominanz eindeutig vorhanden ist, ist die Beurteilung einer solchen Situation deutlich schwieriger. Allerdings wird eine Marktbeherrschung dadurch begünstigt, dass signifikante Wechselkosten vorhanden sind. Solange Konsumenten nicht in der Lage sind, einen Internet Service Provider oder auch einen reinen Access Provider bei Veränderungen der Servicequalität, der vereinbarten Preise oder auch des Angebotsumfangs zu wechseln, ist davon auszugehen, dass eine dominante Position des jeweiligen Anbieters evident ist, da genügend hohe Wechselkosten sowohl relevante Marktzutrittsschranken als auch signifikante Wechselbarrieren begründen können. Zumindest nach deutschem und europäischem Wettbewerbsrecht wäre somit die Voraussetzung für eine Einzel- oder auch kollektive Marktbeherrschung erfüllt. Eine ex post Kontrolle durch die Missbrauchsaufsicht könnte dann eingreifen und die Diskriminierung untersagen.

Ein weiteres Argument, das eine Regulierung der Netzneutralität unterstützen könnte, lässt sich mit der Unsicherheit der Konsumenten über den tatsächlichen Ausschluss von Inhalten der ISPs begründen. Solange die Kunden nicht wissen, welche Seiten im Zweifel geblockt werden, sind sie auch nicht in der Lage, eine rationale Entscheidung bei der Auswahl des Internet Service Providers zu treffen. Als eine Ergänzung zur Missbrauchsaufsicht könnte daher den ISPs eine gesetzliche Informationspflicht auferlegt werden, die sie verpflichtet, besondere von der Norm abweichende Verhaltensweisen wie etwa den Ausschluss von bestimmten Content Providern oder die Diskriminierung bezüglich der Servicequalität, zu veröffentlichen. Somit würde den Konsumenten – eventuell in Kombination mit einem Sonderkündigungsrecht – die Gelegenheit gegeben, den Anbieter zu wechseln, wenn Änderungen in der Verfügbarkeit an Inhalten oder bei der Qualität der Übertragung vorgenommen werden. Eine solche ex ante Verpflichtung könnte durch die ex post Missbrauchsaufsicht überprüft werden, ohne dass eine Neutralitätsregulierung benötigt würde.

3.2. Quality of Service (QoS)

Der Verzicht auf eine Regulierung der Netzneutralität würde nicht nur den Ausschluss einzelner Datenpakete erlauben, sondern ebenso eine unterschiedliche Behandlung bezüglich der Servicequalität ermöglichen. Damit können die einzelnen Pakete analysiert und verschiedenen Servicequalitäten zugeordnet werden, was sich etwa in einer bevorzugten Weiterleitung (der sogenannten Priorisierung) äußern könnte.

3.2.1. Positive Wohlfahrtseffekte durch QoS

Qualitätsrelevante Differenzierungen werden z. T. schon heute, meist in Form von Bandbreitendifferenzierungen, vorgenommen. So bieten z. B. die meisten ISPs ihren Kunden unterschiedliche Bandbreiten zu differenzierten Preisen an.[16] Geht man davon aus, dass die Preisunterschiede nicht unbedingt den Kostenunterschieden der Bereitstellung entsprechen, so wird hier nicht nur eine Qualitätsdifferenzierung vorgenommen, sondern ebenso eine Preisdifferenzierung betrieben. Ähnlich verhält es sich bei der Differenzierung von Upload- und Download-Bandbreiten. Typischerweise unterscheiden sich die Bandbreiten für den Empfang oder das Versenden von Daten bei Internetzugängen in der Form, dass der Download von Daten zu deut-

16 In Deutschland etwa können Endkunden zwischen verschiedenen Übertragungsraten (z. B. 2000, 4000, 6000 oder 16000 Mbit) wählen.

lich höheren Bandbreiten vorgenommen werden kann, während die Bereitstellung von Daten stark in der Bandbreite begrenzt ist (vgl. Thierer, 2004). Auch dies entspricht den Präferenzen der Endkunden, ermöglicht eine größere Kapazität für den gesamten Verkehr und führt damit zu einem Effizienzgewinn.

Eine Differenzierung der Servicequalität, etwa mit entsprechender Preissetzung, kann also vor allem zu einer Steigerung der allokativen Effizienz führen. Zudem kann vermieden werden, dass nur eine ineffiziente mittlere Qualität anstelle von unterschiedlichen Qualitäten, gemäß den Präferenzen der Nachfrager, angeboten wird (vgl. Litan und Singer, 2007). Wären die Netzbetreiber durch die Best Effort Rule gezwungen, allen Nachfragern eine einheitliche Qualität anzubieten, obwohl ein Teil der Konsumenten keine Präferenz für eine solche Güte hat (und damit auch keine Zahlungsbereitschaft), würde ein Teil der Nachfrage – zumindest in den Situationen, in denen eine Mindestqualität nicht erreicht werden kann – unerreicht bleiben. Da wie bereits erwähnt eine Bandbreitendifferenzierung schon seit einiger Zeit realisiert wird, stellt sich die Frage, warum auf weitere Arten der Qualitätsdifferenzierung verzichtet werden soll (vgl. dazu Sidak, 2006; Vogelsang, 2007).

Eine weiterer Vorteil der Qualitätsdifferenzierung ergibt sich daraus, dass nicht nur unterschiedliche Zahlungsbereitschaften für verschiedene Qualitäten seitens der Endkunden vorhanden sind, sondern ebenso unterschiedliche Inhalte und Internetanwendungen existieren, die im Falle der Überlast von Netzen und/oder Routern unterschiedliche Priorisierungen beanspruchen, um eine Mindestqualität der Nutzung zu gewährleisten (vgl. Kruse, 2007a, 2007b). Ausschlaggebend sind hierbei zwei verschiedene Maße. Zum einen existieren Dienste und Anwendungen, die eine bestimmte Mindestqualität bezüglich des Delays, also der Verzögerung des Dateneingangs voraussetzen (z. B. VoIP oder Online-Spiele). Zum anderen beanspruchen einige Dienste eine Mindestübertragungsrate (etwa File Sharing Dienste). Darüber hinaus beanspruchen andere Applikationen ein hohes Maß beider Faktoren, um nutzenstiftend zu sein (z. B. IP-TV). Andere Dienste, wie Emailing oder Webbrowsing, stellen dagegen relativ geringe Ansprüche an beide Faktoren (vgl. Abbildung 3).

Bei einer hohen Auslastung der Netze und insbesondere der Router erfahren vor allem die Endkunden Nutzeneinbußen, die besonders zeitsensitive bzw. qualitätssensitive Dienste nachfragen. Mithilfe von Tiering, also der Erstellung einer Rangfolge bei der Datenübermittlung bzw. einer Priorisierung von bestimmten Inhalten, kann gewährleistet werden, dass ausgewählte Pakete bevorzugt behandelt werden. Somit besteht zumindest in Relation zu anderen Paketen immer eine gewisse Mindestqualität.[17] Auf diese Weise kann der Nutzen derjenigen Anwender erhöht werden, die qualitätssensitive Dienste beanspruchen, ohne den Nutzen der Anwender von Emailing oder Webbrowsing stark zu beeinträchtigen. Es kommt somit insgesamt zu einer

17 Eine absolute Mindestqualität kann dagegen nicht gewährleistet werden, da eine mögliche Überlast dazu führen könnte, dass diese nicht erreicht werden kann. Lediglich eine Bevorzugung gegenüber anderen Daten ist hier möglich.

Nutzensteigerung, wenn nicht nur nach verschiedenen Datenraten differenziert wird, sondern ebenso eine weitere Differenzierung der Qualität erfolgt.

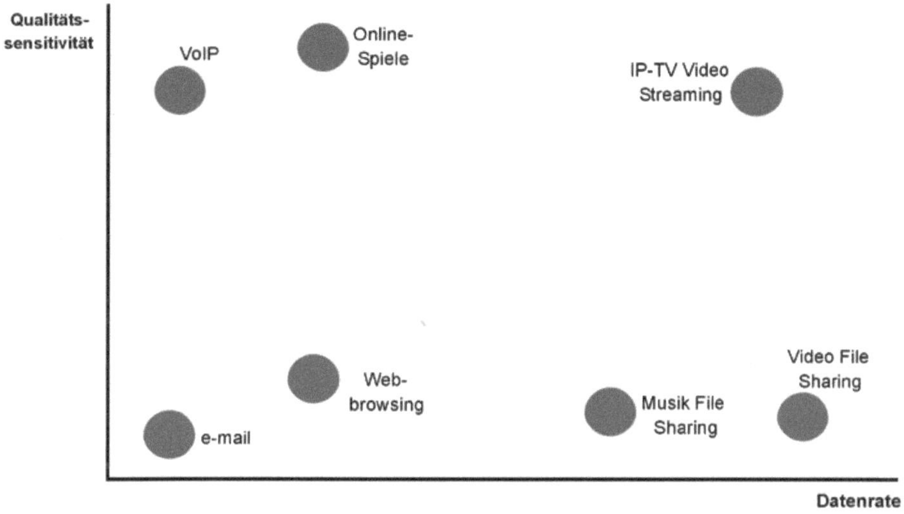

Abbildung 3: Qualitätssensitivität und Datenrate verschiedener Dienste
(Quelle: in Anlehnung an Kruse, 2007a)

Mithilfe der Priorisierung bzw. der Qualitätsdifferenzierung einzelner Dienste ließe sich somit prinzipiell das Stauproblem bei Überlast der Router lösen, indem eine adäquate Bepreisung der unterschiedlichen Prioritäten gemäß der Zahlungsbereitschaften erfolgen würde (vgl. Kruse, 2007a). Zwar wurde bisher von Seiten der Netzbetreiber das Stauproblem in der Regel dadurch vermieden (bzw. minimiert), dass ein so genanntes Overprovisioning, also die Bereitstellung einer Überkapazität, betrieben wurde. Jedoch ist diese Art der Vermeidung von Staus ineffizient (vgl. Kruse, 2007b). Einige Autoren schlagen daher vor, Priority Pricing Modelle einzuführen, um die Stauprobleme im Internet zu lösen (vgl. MacKie-Mason und Varian, 1994, 1995; Gupta et al., 2005; Kruse, 2007b).

3.2.2. Mögliche Wohlfahrtseinbußen durch QoS

Neben den positiven Wohlfahrtseffekten, die eine Einführung des Quality of Service Konzepts bei Nichtneutralität mit sich bringen würde, finden sich in der Literatur auch Hinweise auf mögliche wohlfahrtsreduzierende Auswirkungen. So argumentiert Economides (2007), dass ein ISP, der selbst nicht im Content Markt tätig ist (also nicht vertikal integriert ist), durchaus Anreize haben könnte, seine Marktmacht missbräuchlich auszunutzen. Economides (2007) weist hierzu auf mögliche Strategien hin, die den Wettbewerb auf komplementären Märkten beschränken könnten. So könnte ein ISP, der grundsätzlich eine Priorisierung von Inhalten anbietet, etwa einem ausgewählten Content Provider eine Priorisierung kostenlos bereitstellen, mit der Absicht, Konkurrenten dieses Inhalteanbieters, die nun eine deutlich geringere Qualität aufweisen, dazu zu bewegen, hohe Preise für eine entsprechende Servicequalität zu zahlen. Auf diese Weise, argumentiert Economides, sei der ISP in der Lage, einen Großteil der Gewinne der CPs zu extrahieren.

Eine solche Diskriminierung sollte jedoch nur möglich sein, wenn der ISP eine gewisse Marktmacht besitzt, z. B. Monopolist in einem regionalen Markt ist. In jeder Situation, in der mindestens zwei ISPs tätig sind, könnte der Content Provider ansonsten zu einem anderen ISP wechseln. Die ISPs würden folglich auch über die Qualität konkurrieren. Zudem wenden die Content Provider in oligopolistischen Märkten (wie bereits erwähnt) typischerweise das sog. Multihoming beim Netzzugang an. Mögliche Qualitätsunterschiede sollten sich daher auch bei den Endnutzern bemerkbar machen. Zwar weiß der ISP, dass Content Provider (wegen der Netzwerkeffekte) den Anreiz haben, bei der Qualität nicht schlechter als ihre Konkurrenten gestellt zu werden. Allerdings hat auch der ISP aus den gleichen Gründen einen Anreiz, ein möglichst umfangreiches und qualitativ hochwertiges Angebot für seine Endkunden bereitzustellen. Verschlechtert er die Qualität bei der Übertragung, muss auch er mit Umsatzeinbußen am Zugangsmarkt rechnen.

Letztendlich gilt jedoch auch hier, dass marktbeherrschende Unternehmen sowohl in Deutschland als auch in Europa und den USA der Missbrauchsaufsicht unterliegen. So untersagt das Gesetz gegen Wettbewerbsbeschränkungen (§ 20 GWB) und auch das europäische Wettbewerbsrecht (Art. 82 EGV) das diskriminierende Verhalten von marktbeherrschenden Unternehmen und somit auch von Monopolisten. Und auch nach dem US-amerikanischen Antitrust Law (Sec. 2 Clayton Act) kann die Ungleichbehandlung der Content Provider untersagt werden. Gründe für eine weitergehende Regulierung liegen demnach nicht vor.

Auf einen möglichen Anreiz eines oligopolistischen und vertikal integrierten ISPs, die Servicequalität seiner Konkurrenten im Inhaltemarkt zu verringern, weist van Schewick (2007) hin. So könnte ein ISP die Übertragungsqualität der CPs verringern, die ähnliche Produkte am Inhaltemarkt anbieten wie das Unternehmen selbst. Da eine geringere Geschwindigkeit verschiedene Ursachen haben kann und nicht nur auf eine mögliche Diskriminierung seitens des ISPs zurückzuführen ist, könnten Endkunden diese Diskriminierung, so van Schewick, nicht identifizieren. Die Inhalte des ISPs würden dann bevorzugt nachgefragt und damit die Gewinne des Service Providers maximiert.

Gerade in einem Regime der Nichtneutralität, in dem sowohl Endkunden als auch Content Provider verschiedene Qualitäten wählen können (und dementsprechend bepreist werden), kann erwartet werden, dass eine Überprüfung der Übertragungsgeschwindigkeiten, resp. einer möglichen Priorisierung, problemlos möglich ist. ISPs sollten daher nicht unbemerkt in der Lage sein, die eigenen Inhalte zu bevorzugen.

Insbesondere Content Provider hätten hier einen Anreiz, dass vertraglich zugesicherte Eigenschaften, wie die Servicequalität, eingehalten werden. Eine Nichterfüllung dieser Eigenschaften würde zwar einen Vertragsbruch darstellen, kann aber keinesfalls als Begründung für eine Regulierung der Netzneutralität herangezogen werden. Ob eine mögliche Priorisierung oder Mindestqualität vertraglich vereinbart wird, hängt natürlich insbesondere davon ab, ob es sich im Einzelnen um eine qualitäts- oder zeitsensitive Anwendung handelt und wie hoch entsprechende Transaktionskosten sind. Nur dann, wenn Inhalte oder Anwendungen auf eine Priorisierung angewiesen sind und die Übertragungsqualität einen Wettbewerbsparameter darstellt, werden CPs auch eine Zahlungsbereitschaft dafür haben und entsprechende Vereinbarungen mit den ISPs treffen.

Insgesamt lässt sich festhalten, dass die Anwendung unterschiedlicher Servicequalitäten zu positiven Wohlfahrtseffekten führen würde. Während ein möglicher Missbrauch einer marktbeherrschenden Stellung mittels der Missbrauchsaufsicht untersagt werden kann, steht es den Wirtschaftssubjekten unter wettbewerblichen Marktstrukturen frei, die benötigten Servicequalitäten vertraglich zu vereinbaren. Die Kontrolle der Einhaltung dieser Vereinbarungen sollte technisch unproblematisch sein. Auf keinen Fall jedoch stellt ein möglicher Vertragsbruch ein Argument für die Regulierung der Netzneutralität dar. Letztendlich ließen sich auch hier Informationspflichten über die Mindestqualitäten auferlegen, um die Transaktionskosten der Nachfrager zu verringern.

3.3. Preisdiskriminierung

Aus ökonomischer Sicht ist eine Preisdiskriminierung bezüglich bestimmter Inhalte oder Applikationen grundsätzlich als positiv zu bewerten, wenn dadurch eine Steigerung der Wohlfahrt zu erwarten ist. Grundlage für die Bewertung sollten sowohl die allokative Effizienz als auch die dynamische Effizienz sein. Beide Effizienzarten werden aber häufig positiv von einer möglichen Diskriminierung beeinflusst. So kann eine Preisdifferenzierung, wenn allokative Effizienz nicht schon erreicht ist (z. B. durch eine Preissetzung auf Grenzkostenniveau), zu einer Steigerung der Menge und auch der Effizienz führen (vgl. Edgeworth, 1927; Pigou, 1938; Hausman und Mac-Kie Mason, 1988 oder Varian, 1988). Insbesondere die Preisdifferenzierung dritten Grades, bei der die Konsumenten gemäß ihrer Zahlungsbereitschaft bepreist werden, stellt eine Wohlfahrtssteigerung dar, wenn dadurch die abgesetzte Menge ansteigt. Besonders vorteilhaft ist Preisdiskriminierung immer dann, wenn dadurch eine Konsumentengruppe bedient wird, die ohne Preisdifferenzierung, aufgrund ihrer geringen Zahlungsbereitschaft, die entsprechenden Produkte nicht erworben hätte.

Preisdifferenzierung wird in vielen Märkten angewendet und stellt gerade in kompetitiven Märkten mit hohen Fixkosten und geringen variablen Kosten eine Möglichkeit der Kostendeckung dar (vgl. Baumol und Swanson, 2003 und Sidak,

2006). Auch die Anwendung der Preisdifferenzierung bei Internetdiensten trägt in aller Regel zur Wohlfahrtssteigerung bei (vgl. Hermalin und Katz, 2006).

Weiterhin lässt sich auch mithilfe der Ramsey-Regel eine Notwendigkeit für Preisdifferenzierung ableiten. ISPs, auch solche, die als Multiproduktunternehmen auftreten, also unterschiedliche Dienste anbieten, haben fast ausschließlich Gemeinkosten zu tragen. Wie Ramsey (1927) zeigt, führt eine Preisdifferenzierung, die gemäß der unterschiedlichen Nachfrageelastizitäten für die einzelnen Dienste durchgeführt wird, zu einem Second Best Ergebnis und somit (bei Einhaltung der Eigenwirtschaftlichkeitsbedingung) zu einer Maximierung der Wohlfahrt. Aus den genannten Gründen erscheint es also nicht ersichtlich, warum eine Differenzierung der Endkundenpreise oder auch der Preise für unterschiedliche Content Provider untersagt werden sollte.[18]

Unter gewissen Umständen lassen sich jedoch auch Beispiele finden, in denen eine Preisdifferenzierung wohlfahrtsreduzierende Wirkung hat. Wie Economides (2007) anführt, ist es möglich, dass die Preisdifferenzierung eines monopolistischen ISPs dazu führt, dass der Output im Vergleich zu einem Einheitspreis reduziert wird und damit auch die Wohlfahrt reduziert wird. Zu kritisieren an Economides (2007) ist allerdings, dass sich die modelltheoretische Analyse der Preisdifferenzierung hier lediglich auf den Markt für Internetzugänge beschränkt und somit unvollständig ist. Für eine umfassende Wohlfahrtsanalyse müssten darüber hinaus auch die Auswirkungen auf vor- und nachgelagerte Märkte analysiert werden. Wie aber bereits in Kapitel 2.3.2 gezeigt wurde, führt besonders in zweiseitigen Märkten die Preisdifferenzierung in aller Regel zu mehr Effizienz und nicht zu einem Wohlfahrtsverlust.

Insgesamt kann angeführt werden, dass Preisdifferenzierung in aller Regel zu einer Wohlfahrtssteigerung führen wird. Negative Auswirkungen sind allenfalls dann zu erwarten, wenn marktmächtige Unternehmen Nachfrager dazu zwingen können, differenzierte Preise zu akzeptieren. Hier ermöglicht jedoch, wie schon bei der Qualitätsdifferenzierung, sowohl das deutsche (vgl. § 20 GWB) und europäische Wettbewerbsrecht (vgl. Art 82 EGV) als auch das US-amerikanische Antitrust Law (Sec. 2 Clayton Act) die Untersagung von diskriminierendem Verhalten von marktbeherrschenden Unternehmen und damit natürlich auch von Monopolisten. Die Verhinderung von wohlfahrtsreduzierender Preisdifferenzierung kann also ebenso anhand der bestehenden Missbrauchsaufsicht vollzogen werden.

18 Preisdifferenzierung liegt dagegen nicht vor, wenn mit den unterschiedlichen Preisen auch unterschiedliche Dienste oder Qualitäten verbunden sind und diese unterschiedliche Kosten verursachen, solange die Preisdifferenzen äquivalent zu den Kostendifferenzen sind. Unterschiedliche Preise für differenzierte Bandbreiten, wie heute schon üblich, können also nur dann nicht als Preisdifferenzierung bezeichnet werden, wenn die Preisunterschiede auch kostenbasiert sind.

4. Wirtschaftspolitische Implikationen

Die vorliegende Analyse hat eine wettbewerbspolitische Beurteilung der positiven sowie negativen Effekte einer möglichen Regulierung der Netzneutralität vorgenommen und gegen die entsprechenden Wirkungen eines nichtneutralen Internets abgewogen. Dabei hat sich zwar gezeigt, dass ein Verzicht auf eine Regulierung der Neutralität durchaus zu diskriminierendem Verhalten insbesondere vertikal integrierter Internet Service Provider führen könnte, solche Anreize jedoch nur unter bestimmten Bedingungen gegeben sind und keinesfalls so offensichtlich sind, dass eine Regulierung der Netzneutralität erforderlich wäre. So hat diese Analyse auch gezeigt, dass ein wohlfahrtsminderndes Verhalten nur dann zu erwarten ist, wenn Internet Service Provider marktbeherrschend sind. Dies kann aufgrund einer Monopolstellung oder aber aufgrund von hohen Wechselkosten, die Marktzutrittsschranken oder Wechselbarrieren begründen, der Fall sein. Marktbeherrschende Unternehmen unterliegen aber sowohl nach deutschem als auch nach europäischem Wettbewerbsrecht der Missbrauchsaufsicht. Mögliche wettbewerbsbeschränkende Verhaltensweisen können solchen Unternehmen daher untersagt werden. Darüber hinaus besteht neben der Missbrauchsaufsicht das Instrument der ex ante Regulierung monopolistischer Infrastrukturanbieter und Netzbetreiber. Beide Instrumente erscheinen jedoch vollkommen ausreichend, um mögliche negative Effekte der Nichtneutralität zu verhindern. Von einer eigenständigen Regulierung der Netzneutralität wird daher nachdrücklich abgeraten.

Um wettbewerbsschädliche Auswirkungen der Nichtneutralität zu vermeiden, sollten im Einzelnen folgende Kriterien angewendet werden (vgl. auch Vogelsang, 2007): (i) Monopolistische Service Provider sollten weiterhin der Missbrauchsaufsicht unterliegen und es sollte ihnen insbesondere nicht ermöglicht werden, unabhängige Content Provider oder andere Wettbewerber vom Netzzugang auszuschließen. (ii) Ausschluss von Wettbewerbern in Inhaltemärkten seitens oligopolistischer Service Provider sollte dann untersagt werden, wenn eine marktbeherrschende Stellung vorhanden ist. Bei Abwesenheit von Marktbeherrschung (z. B. bei der Existenz vernachlässigbarer Wechselkosten) ist ein Ausschluss nicht zu beanstanden. Alternativ könnten Informationspflichten auferlegt und ein Sonderkündigungsrecht eingeräumt werden. (iii) Preisdiskriminierung ist grundsätzlich zu befürworten, sollte aber bei Marktbeherrschung des diskriminierenden Unternehmens ebenfalls von der Missbrauchsaufsicht kritisch geprüft werden. (iv) Qualitätsdifferenzierung (einschließlich Priorisierung) ist ebenfalls grundsätzlich positiv zu bewerten. Ausnahmen können vorliegen, wenn wiederum marktbeherrschende Unternehmen diese Diskriminierung nutzen, um Wettbewerber in Primär- oder Sekundärmärkten gezielt zu benachteiligen.

Insgesamt kommt der Missbrauchsaufsicht und in Ausnahmen der ex ante Regulierung eine besondere Bedeutung zu. Vorteilhaft ist bei diesem Regime auch, dass auf einen zusätzlichen Regulierungsrahmen verzichtet werden kann und die damit anfallenden Kosten vermieden werden können.

5. Fazit

Das Vorhaben einiger Breitbandnetzbetreiber, Content Provider für die Durchleitung der Inhalte zu bepreisen, hat in den USA eine erbitterte Debatte darüber hervorgerufen, ob und inwiefern Netzneutralität im Internet einer gesonderten Regulierung bedarf. Dabei wird nicht nur die Frage aufgeworfen, welche Auswirkungen eine solche Preissetzung auf den Wettbewerb zwischen Internet Service Providern, Inhalteanbietern und Carriern nehmen würde. Es wird darüber hinaus auch vor einer Reihe möglicher wettbewerbsbeschränkender Verhaltensweisen gewarnt, die insbesondere von vertikal integrierten Service Providern ausgehen könnten. Die Befürworter der Netzneutralität befürchten vor allem, dass es zu einer Diskriminierung von Inhalteanbietern oder gar zum Ausschluss von Wettbewerbern auf Content Märkten kommen würde.

Das vorliegende Papier beteiligt sich an dieser Diskussion, indem untersucht wird, inwiefern eine gesonderte Regulierung der Netzneutralität notwendig erscheint. Zu diesem Zweck wurden die möglichen positiven und negativen Effekte von Netzneutralität diskutiert und einer kritischen Analyse unterzogen. Dabei hat sich gezeigt, dass zwar nicht gänzlich ausgeschlossen werden kann, dass Anreize bestehen könnten, Wettbewerber – insbesondere in Komplementärmärkten – zu diskriminieren oder auszuschließen. Diese Anreize sind jedoch nicht offensichtlich und sind im Besonderen von Faktoren wie der Stärke der Netzwerkeffekte, der Kostenstruktur und der Marktmacht der Service Provider bzw. Netzbetreiber abhängig.

Eine grundlegende Voraussetzung für wettbewerbsbeschränkende Maßnahmen ist dabei die Existenz einer marktbeherrschenden Stellung des diskriminierenden oder ausschließenden Unternehmens, unabhängig davon, ob eine monopolistische oder eine oligopolistische Marktstruktur am Zugangsmarkt vorhanden ist. Die Empfehlung für die europäische Wettbewerbspolitik lautet daher, sich auf die vorhandene ex post Missbrauchsaufsicht zu beschränken oder aber auf den existierenden Rahmen einer ex ante Regulierung zurückzugreifen. Sowohl die ungerechtfertigte unterschiedliche Behandlung von Unternehmen und Endkunden als auch das Blocken von Inhalten oder die generelle Verweigerung des Netzzugangs können anhand der bestehenden Instrumente der Wettbewerbspolitik untersagt werden, wenn aufgrund von Marktdominanz Wohlfahrtsverluste zu befürchten sind. Eine Erweiterung der Regulierung sollte allenfalls durch das Auferlegen von Informationspflichten oder

Sonderkündigungsrechten erfolgen, um Transaktionskosten im Allgemeinen und Wechselkosten im Speziellen abzubauen.

Eine gesonderte Regulierung bzw. die Festschreibung von Netzneutralität ist damit weder notwendig, noch kann eine solche Vorgehensweise empfohlen werden. Argumente, die das Festhalten am bisherigen regulatorischen Rahmen unterstützen, sind dabei vor allem durch die deutlich positiven Effekte, die von einem Regime der Nichtneutralität ausgehen, begründet. Hierzu zählen die Einführung von verschiedenen Servicequalitäten (QoS), die Lösung von Stauproblemen durch eine Priorisierung bestimmter Inhalte oder die Erhöhung der Investitionen in die Netzintelligenz.

Literaturverzeichnis

Baumol, W. und D. Swanson (2003), The Economy and Ubiquitous Competitive Price Discrimination: Identifying Defensible Criteria of Market Power, *Antitrust Law Journal* 70, S. 661-685.

Bowman, W. (1957), Tying Arrangements and the Leverage Problem, *Yale Law Journal* 67, S. 19-36.

Brenner, W., M. Dous, R. Zarnekow und J. Kruse (2007), Qualität im Internet, Technische und wirtschaftliche Entwicklungsperspektiven, Universität St. Gallen.

Bundesnetzagentur (2005), *Tätigkeitsbericht 2004/2005 der Bundesnetzagentur für Elektrizität, Gas, Telekommunikation, Post und Eisenbahn*, Bonn.

Chen, M. K. und B. Nalebuff (2006), One-Way Essential Complements, Cowless Foundation Discussion Papers No. 1588, Cowless Foundation for Research in Economics, Yale University, New Haven.

Cheng, H., S. Bandyopadhyay und H. Guo (2007), The Debate on Net Neutrality: A Policy Perspective, Mimeo, University of Florida, online unter: http://papers.ssrn.com/sol3/papers.cfm ?abstract_id=959944.

Dewenter, R. (2006), Two-sided Markets, *MedienWirtschaft - Zeitschrift für Medienmanagement und Kommunikationsökonomie* 2/2006, S. 57-62.

Dewenter, R. und J. Haucap (2006), Access Pricing: An Introduction, in: R. Dewenter und J. Haucap (Hrsg.), *Access Pricing: Theory and Practice*, Elsevier: Amsterdam, S. 1-37.

Economides, N. (2007), Net Neutrality, Non-Discrimination and Digital Distribution of Content Through the Internet, AEI-Brookings Joint Center for Regulatory Studies Related Publication 07-07, Washington.

European Commission (2006), On the Review of the EU Regulations Framework for Electronic Communications Networks and Services, Communication from the Commission to the Council, The European Parliament, The European Economic and Social Committee and the Committee of the Regions, Commission Staff Working Document, COM(2006) 334, Brüssel.

Edgeworth, F. (1927), Differential Pricing in a Regime of Competition, in: ders., *Papers Relating to Political Economy* 1, S. 100-107.

European Regulators Group (ERG) (2005): *Broadband Market Competition Report*, Brüssel.

Farrell, J. und P. Weiser (2003), Modularity, Vertical Integration, and Open Access Policies: Towards a Convergence of Antitrust and Regulation in the Internet Age, *Harvard Journal of Law and Technology* 17, S. 85-134.

Ganley, P. und B. Allgrove (2006), Net Neutrality: A User's Guide, *Computer Law und Security Report* 22, S. 454-463.

Gupta, A., D. Stahl und A. Whinston (2005), Pricing Traffic on Interconnected Networks: Issues, Approaches, and Solutions, in: S. Majumdar, I. Vogelsang und M. Cave (Hrsg.), *Handbook of Telecommunications Economics,* Vol. 2, Elsevier Science: Amsterdam, S. 413-439.

Hagiu, A. (2006), Proprietary vs. Open Two-Sided Platforms and Social Efficiency, Working Paper 06-12, AEI-Brookings Joint Center for Regulatory Studies, Washington.

Hahn, R. W. und S. Wallsten (2006), The Economics of Net Neutrality, Discussion Paper, AEI-Brookings Joint Center for Regulatory Studies, Washington.

Hass, D. (2007), The Never-was-neutral Net and Why Informed End Users Can End the Net Neutrality Debates, Mimeo, ImageStream Internet Solutions, Plymouth.

Hausman, J. A. und J. K. MacKie-Mason (1988), Price Discrimination and Patent Policy, *RAND Journal of Economics* 19, S. 253-256.

Hermalin, B. E. und M. L. Katz (2006), The Economics of Product-Line Restrictions With an Application to the Network Neutrality Debate, Haas School of Business, Competition Policy Center, University of California, Berkeley.

Hogendorn, C. (2007), Broadband Internet: Net Neutrality versus Open Access, *International Economics and Economic Policy* 4, S. 185-208.

Kocsis, V. und P. W. J. DeBijl (2007), Network Neutrality and the Nature of Competition Between Network Operators, *International Economics and Economic Policy* 4, S. 159-184.

Kruse, J. (2007a), Internet – Servicequalität oder Netzneutralität, Mimeo, Helmut-Schmidt-Universität Hamburg.

Kruse, J. (2007b), Crowding-Out bei Überlast im Internet, Mimeo, Helmut-Schmidt-Universität Hamburg.

Litan, R. und H. Singer (2007), Unintended Consequences of Net Neutrality, *Journal on Telecommunications and High Technology Law* 5, S. 533-572.

Lypsky, A. B. und G. J. Sidak (1999), Essential Facilities, *Stanford Law Review* 51, S. 1187-1248.

MacKie-Mason, J. K. und H. Varian (1994), Economic FAQs About the Internet, *Journal of Economic Perspectives* 8, S. 75-96.

MacKie-Mason, J. K. und H. Varian (1995), Pricing the Internet, in: B. Kahin und J. Keller (Hrsg.), *Public Access to the Internet*, MIT Press: Cambridge, MA, S. 269-314.

Müller, U. und L. Meyer (2006), Wettbewerb und Regulierung in der globalen Internetökonomie: Eine rechtsvergleichende Studie zwischen Europäischem und US-amerikanischem Recht, Internetökonomie und Hybridität, Nr. 45, European Research Center for Information Systems, Münster.

Peha, J. M. (2006), The Benefits and Risks of Mandating Network Neutrality, and the Quest for a Balanced Policy, 34th Telecommunications Policy Research Conference Paper, Carnegie Mellon University, Pittsburgh.

Pigou, A. C. (1938), *The Economics of Welfare*, 4. Ausgabe, Macmillan: London.

Ramsey F. P. (1927), A Contribution to the Theory of Taxation, *Economic Journal* 37, S. 47-61.

Rochet, J.-C. und J. Tirole (2003), Platform Competition in Two-Sided Markets, *Journal of the European Economic Association* 1, S. 990-1029.

Sidak, G. (2006), A Consumer-Welfare Approach to Network Neutrality Regulation of the Internet, *Journal of Competition Law und Economics* 2, S. 349-474.

Thierer, A. (2004), "Net Neutrality": Digital Discrimination or Regulatory Gamesmanship in Cyberspace?, Cato Policy Analysis No. 507, Cato Institute, Washington.

Van Schewick (2007), Towards an Economic Framework for Network Neutrality Regulation, *Journal on Telecommunications and High Technology Law* 5, S. 329-391.

Varian, H. (1988), Price Discrimination, in: R. Schmalensee und R. Willig (Hrsg.), *Handbook of Industrial Organization*, Vol. 1, North Holland: Amsterdam, S. 597-654.

Vogelsang, I. (2007), Infrastrukturwettbewerb und Netzneutralität, in: A. Picot und A. Freyberg (Hrsg.), *Infrastruktur und Services - Das Ende einer Verbindung?*, Springer: Berlin, S. 219-234.

Yoo, C. (2005), Beyond Network Neutrality, *Harvard Journal of Law and Technology* 1, S. 2-77.

Preis-Kosten-Scheren auf deregulierten Telekommunikationsmärkten*

Prof. Dr. Justus Haucap†
und Dr. Ulrich Heimeshoff‡

* Dieser Beitrag basiert auf einem Gutachten, das die Autoren unter Mitwirkung von Tobias Hartwich im Jahr 2005 für die Deutsche Telekom erstellt haben. Für wertvolle Hinweise und hilfreiche Diskussionen danken wir Julia Kothes, John Philipp Siemer und Konferenzteilnehmern der INFRADAY-Tagung 2005 in Berlin und der ITS European Regional Konferenz in Porto 2005. Für die kritische Durchsicht des Manuskriptes und die technische Unterstützung danken wir Anne Baguette.

† Universität Erlangen-Nürnberg und DIW Berlin, Lehrstuhl für Wirtschaftspolitik, Lange Gasse 20, 90403 Nürnberg, justus.haucap@wiso.uni-erlangen.de.

‡ Universität Erlangen-Nürnberg, Lehrstuhl für Wirtschaftspolitik, Lange Gasse 20, 90403 Nürnberg, ulrich.heimeshoff@wiso.uni-erlangen.de.

1. Einleitung

1.1. Worum geht es?

Zehn Jahre nach der Liberalisierung der Telekommunikationsmärkte im Jahr 1998 steht der dazugehörige Ordnungsrahmen auf dem Prüfstand. Die Europäische Kommission hat dazu in Folge der sog. Review 2006 zahlreiche Reformvorschläge unterbreitet, die vor allem durch stärkere Zentralisierungs- und Harmonisierungswünsche in den Bereichen Marktregulierung, Frequenzallokation sowie Nutzerrechte und Verbraucherschutz gekennzeichnet sind (vgl. dazu Haucap und Kühling, 2006, 2007, 2008). Neben diesen sehr umstrittenen Vorschlägen wird auch das Vorhaben der EU-Kommission, die Möglichkeit der funktionellen Entflechtung in den Katalog der möglichen Abhilfemaßnahmen einzuführen, heftig diskutiert (vgl. dazu z. B. Monopolkommission, 2008; Cremer, Cremer und de Donder, 2008; Salanave und Girieud, 2008; ERG, 2007). Weniger umstritten (wenn auch nicht völlig unumstritten) ist hingegen die von der EU-Kommission direkt vorgenommene Deregulierung durch eine Reduktion der Anzahl der relevanten Märkte, die für eine Vorab-Regulierung in Frage kommen, in der sog. Märkteempfehlung.

In dieser neuen Märkteempfehlung der EU-Kommission vom 17. Dezember 2007 (Empfehlung 2007/879/EG, Abl. EU 2007 L344, 65) werden statt der bisher 18 Märkte nunmehr lediglich sieben weiterhin für eine Regulierung empfohlen. Unter diesen sieben Märkten befindet sich lediglich ein Endkundenmarkt (für Zugang von Privat- und Geschäftskunden zum öffentlichen Telefonnetz an festen Standorten), die übrigen sechs Märkte befinden sich allesamt auf der Vorleistungsebene.

Somit ist davon auszugehen, dass auf der Endkundenebene lediglich der besonders kritische Markt für Telefonanschlüsse im Zuständigkeitsbereich der Bundesnetzagentur bleibt, während für die bisher regulierten Märkte Nr. 3 (Orts- und Inlandsgespräche für Privatkunden), Nr. 5 (Orts- und Inlandsgespräche für Geschäftskunden) und Nr. 10 (Transitdienste im öffentlichen Festnetz) das Bundeskartellamt die Aufsicht übernehmen wird, sofern die Bundesnetzagentur nicht trotz der neuen Märkteempfehlung doch eine Regulierungsbedürftigkeit gemäß 3-Kriterien-Test feststellt (vgl. dazu Holznagel und Vogelsang, 2008). Zehn Jahre nach der Liberalisierung des Marktes, die mit einer umfassenden, marktöffnenden Re-Regulierung verbunden war (vgl. Vogelsang, 2003; Dewenter und Haucap, 2004), steht nun auch eine weitgehende Deregulierung der Endkundenmärkte an, also der Abbau staatlicher Interventionen in das Marktgeschehen (vgl. auch Monopolkommission, 2008).

Als wohl wichtigstes wettbewerbsökonomisches Problem bleibt auf den Endkundenmärkten die Problematik so genannter Preis-Kosten-Scheren, bei denen die Differenz zwischen den weiter regulierten Vorleistungsentgelten und den (ebenfalls regulierten oder aber nun deregulierten) Endkundenpreisen so gering ist, dass manche Wettbewerber nicht weiter konkurrenzfähig sind und ggf. aus dem Markt ausscheiden. Für den weiter regulierten Anschlussbereich ist hier § 28 Abs. 2 Satz 2 des Telekommunikationsgesetzes (TKG) besonders wichtig, wonach bei Vorliegen einer Preis-Kosten-Schere bei Unternehmen mit beträchtlicher Marktmacht ein missbräuchliches Verhalten vermutet wird. Zugleich ist sowohl auf regulierten als auch auf deregulierten Märkten auch Artikel 82 des EG-Vertrages relevant, welcher den Missbrauch einer marktbeherrschenden Stellung untersagt. Wie die bisherigen Erfahrungen zeigen, haben die nationalen Wettbewerbsbehörden (NWB) in der EU schon zwischen 2004 und 2006 etwa 30 Verbotsentscheidungen im Telekommunikationssektor erlassen (vgl. Krüger, 2008a, 2008b). Davon betreffen mehr als 80 % unilaterales Verhalten, und mehr als 50 % beziehen sich auf Preismissbrauch. Der sog. Price oder Margin Squeeze ist dabei wiederum das am häufigsten untersuchte Verhalten, auf das sich über ein Drittel aller Fälle beziehen (vgl. Krüger, 2008a, 2008b). Besonders prominent geworden sind die drei Fälle *Deutsche Telekom* (Mai 2003), *Wanadoo* (Juli 2003) und *Telefonica* (Juli 2007), in denen die EU-Kommission gegen (vorgebliche) Preis-Kosten-Scheren vorgegangen ist.

Angesichts der Bedeutung von Preis-Kosten-Scheren für deregulierte Telekommunikationsmärkte soll der vorliegende Beitrag ökonomische Aspekte möglicher Preisuntergrenzen auf Endkundenmärkten in der Telekommunikationsbranche erörtern. Unser Beitrag ergänzt die Abhandlung von Bouckaert und Verboven (2004) um den Aspekt der Produktbündel und der Komplementarität zwischen diversen Telekommunkationsdiensten. In jüngerer Zeit haben Crandall und Singer (2007) etwaige Preis-Kosten-Scheren durch DSL-Anbieter gegenüber unabhängigen Internet Service Providern (ISPs) analysiert, und Polo (2007) erörtert den sog. *Telecom Italia*-Fall. Das prinzipielle Für und Wider eines Preis-Kosten-Scheren-Tatbestandes als Form des Behinderungsmissbrauchs diskutieren Carlton (2008) sowie Sidak (2008). Im Unterschied zu den bisherigen Studien sind Gegenstand unserer Analyse insbesondere die Fragen

1. unter welchen Bedingungen realistischerweise eine Verdrängungsgefahr auf Telekommunikationsmärkten („TK-Märkten") für Endnutzerleistungen (Anschlüsse, Inlandsverbindungen, Auslandsverbindungen) besteht und
2. welche Kriterien prinzipiell für die ökonomisch konsistente Anwendung der drei in § 28 Abs. 2 TKG festgelegten Vermutungstatbestände für Behinderungsmissbrauch (Unter-Kosten-Preise, Preis-Kosten-Schere, Nachbildbarkeit von Bündelprodukten) auf den genannten TK-Märkten gelten sollten.

Ausgangspunkt unserer Analyse sind die in § 28 Abs. 1 Nr. 2 in Verbindung mit Abs. 2 TKG festgelegten Vermutungstatbestände für missbräuchliches Verhalten eines Unternehmens mit beträchtlicher Marktmacht bei der Forderung und Vereinbarung von Entgelten. Konkret gibt § 28 Abs. 1 TKG vor, dass ein Anbieter von Telekommunikationsdiensten, der über beträchtliche Marktmacht verfügt, diese Stellung bei der Forderung und Vereinbarung von Entgelten nicht missbräuchlich ausnutzen darf, wobei ein Missbrauch insbesondere dann vorliegt, wenn das Unternehmen Entgelte fordert, die entweder

1. nur auf Grund seiner beträchtlichen Marktmacht durchsetzbar sind, oder

2. die Wettbewerbsmöglichkeiten anderer Unternehmen auf einem Telekommunikationsmarkt auf erhebliche Weise beeinträchtigen oder
3. einzelnen Nachfragern Vorteile gegenüber anderen Nachfragern gleichartiger oder ähnlicher Telekommunikationsdienste einräumen,

es sei denn, dass für die Verhaltensweisen nach den Nummern 2 und 3 eine sachliche Rechtfertigung nachgewiesen wird.

Dies bedeutet, dass die Tarife eines Telekommunikationsanbieters auf Märkten, auf denen er über beträchtliche Marktmacht verfügt, nicht zu hoch, aber auch nicht zu niedrig sein dürfen. Zugleich ist Preisdifferenzierung ausgeschlossen, wenn keine sachliche Rechtfertigung vorliegt. Die Regelung, dass die Endkundentarife eines Unternehmens mit beträchtlicher Marktmacht nicht zu niedrig sein dürfen, zielt darauf ab, einen etwaigen Verdrängungspreiswettbewerb auf Telekommunikationsmärkten zu verhindern. Hierbei geht es also ökonomisch gesehen um die Theorie von Verdrängungspreisen, zu Englisch „Predatory Pricing". In Netzindustrien kann ein solcher Verdrängungspreiswettbewerb theoretisch mit Hilfe eines sog. „Price Squeeze" erfolgen. Von einem Price Squeeze wird in der Regel gesprochen, wenn der Abstand zwischen den Tarifen auf den Vorleistungs- und Endkundenmärkten so gering wird, dass es selbst Wettbewerbern mit einer effizienten Kostenstruktur nicht möglich ist, ihre Dienste langfristig zu kostendeckenden Preisen anzubieten.

Ein solcher Price Squeeze setzt voraus, dass ein vertikal integriertes Unternehmen (wie die Deutsche Telekom) (a) ein wesentliches Vorleistungsprodukt (mit Hilfe einer wesentlichen Einrichtung) erbringt und *zugleich* (b) auf einem nachgelagerten Markt im Wettbewerb mit den Nachfragern der Vorleistungsprodukte steht (vgl. Bouckaert und Verboven, 2004). Sind die Vorleistungspreise (ex ante) reguliert, die Preise auf der Retail-Ebene jedoch nicht, so handelt es sich bei einem Price Squeeze um nichts Anderes als um einen Spezialfall von Verdrängungspreisen bzw. einen sog. Predatory Price Squeeze. Aus ökonomischer Sicht ist dies der für Wettbewerbs- und Regulierungsbehörden relevante Fall (vgl. dazu auch Bouckaert und Verboven, 2004), sodass wir in unserer Analyse allgemein die Problematik von Verdrängungspreisen erörtern werden. Dies beinhaltet dann als Spezialfall eben auch den Predatory Price Squeeze.[1]

Sind Preise auf der Vorleistungsebene hingegen nicht reguliert und nicht regulierungsbedürftig, weil das betreffende Unternehmen in dem relevanten Vorleistungssegment nicht über beträchtliche Marktmacht verfügt, dann erübrigt sich in aller Regel auch die Analyse eines etwaigen Price Squeeze-Vorwurfes aus ökonomischer Sicht. Ein Price Squeeze sollte dann nicht möglich sein, weil ein etwaiger

1 Andere Formen des Price Squeeze sind Bouckaert und Verboven (2004) zufolge (a) der durch eine simultane Regulierung von Vorleistungen und Endkundentarifen erzeugte Regulatory Price Squeeze sowie (b) die vertikale Marktabschottung ("Foreclosure"), wenn der Zugang zu wesentlichen Einrichtungen unreguliert bleibt (vgl. Bouckaert und Verboven, 2004). Wir gehen davon aus, dass wesentliche Vorleistungen preisreguliert sind und fokussieren die Analyse daher in Übereinstimmung mit Bouckaert und Verboven (2004) auf den Predatory Price Squeeze.

Neuling die Vorleistung selbst erstellen oder auf Wettbewerbsmärkten beziehen könnte (ansonsten würden die Vorleistungspreise schließlich reguliert). In einem solchen Fall sollte sich die Analyse aus wettbewerbsökonomischer Sicht sofort auf einen „klassischen“ Preisdumpingvorwurf beziehen.

Zentral für die diesbezügliche Analyse von Preisuntergrenzen sind bei einer Aufsicht durch das Bundeskartellamt das GWB, bei einer Ex-post-Regulierung durch die Bundesnetzagentur jedoch die in § 28 TKG genannten Konkretisierungen von Vermutungstatbeständen für missbräuchliche Behinderungspraktiken. Konkret sagt § 28 Abs. 2 TKG, dass ein Behinderungsmissbrauch vermutet wird,

> „wenn
>
> 1. das Entgelt der betreffenden Leistung deren *langfristige zusätzliche Kosten* einschließlich einer *angemessenen Verzinsung* des eingesetzten Kapitals nicht deckt, oder
>
> 2. die Spanne zwischen dem Entgelt, das der Betreiber eines öffentlichen Telekommunikationsnetzes, der über beträchtliche Marktmacht verfügt, Wettbewerbern für eine Zugangsleistung in Rechnung stellt, und dem entsprechenden Endnutzerentgelt nicht ausreicht, um einem *effizienten Unternehmen* die Erzielung einer *angemessenen Verzinsung* des eingesetzten Kapitals auf dem Endnutzermarkt zu ermöglichen (Preis-Kosten-Schere) oder
>
> 3. ein Unternehmen bei seinem Produktangebot eine *sachlich ungerechtfertigte Bündelung* vornimmt. Bei der Frage, ob dies der Fall ist, hat die Regulierungsbehörde insbesondere zu prüfen, ob es *effizienten Wettbewerbern* des Unternehmens mit beträchtlicher Marktmacht möglich ist, das Bündelprodukt zu *vergleichbaren Konditionen* anzubieten.“[2]

In der Gesetzesbegründung dazu heißt es, dass nach der in Nummer 1 formulierten Preisuntergrenze von einem missbräuchlichen Verhalten ausgegangen wird, *„wenn der Preis einer Leistungseinheit deren zusätzliche Kosten unterschreitet und somit die zusätzlichen Erlöse der betreffenden Leistung die durch sie verursachten Zusatzkosten nicht abdecken.“*[3] Der in Nummer 2 spezifizierte Preis-Kosten-Schere-Test gibt der Gesetzesbegründung zufolge vor,

> „dass bei gegebenen Vorleistungspreisen die Endnutzerpreise des Dienstebereichs des Unternehmens mit beträchtlicher Marktmacht so hoch sein müssen, dass *effizienten Unternehmen* im Endnutzerbereich eine angemessene Verzinsung möglich ist.“[4]

Wie der Gesetzesbegründung des Weiteren explizit entnommen werden kann,

> „ist es nicht notwendig, dass dies für jeden einzelnen Tarif gilt, sofern nur sichergestellt ist, dass effiziente Konkurrenten des Unternehmens mit beträchtlicher Marktmacht diese Tarife in Kombination nachvollziehen können, ohne Verluste zu machen.“[5]

In Bezug auf die Nachbildbarkeit von Bündelprodukten schließlich führt die Gesetzesbegründung aus, dass

2 Hervorhebungen unsererseits.
3 Gesetzesbegründung zu § 26 TKG-E.
4 Gesetzesbegründung zu § 26 TKG-E (Hervorhebungen unsererseits).
5 Gesetzesbegründung zu § 26 TKG-E (Hervorhebungen unsererseits).

„missbräuchliches Verhalten vermutet wird, wenn das Unternehmen mit beträchtlicher Marktmacht eine *ungerechtfertigte Bündelung* von Produkten vornimmt. Hierdurch kommt zum Ausdruck, dass nicht jede Form der Bündelung als wettbewerbswidrig einzustufen ist. Bündelprodukte stoßen auf der Nachfrageseite auf große Beliebtheit und sind häufig Ausdruck von Synergieeffekten bzw. Bündelungsvorteilen. Aus Wettbewerbsperspektive problematisch bzw. ungerechtfertigt erscheint eine Bündelung nur dann, wenn auch effiziente Unternehmen nicht in der Lage sind, das Bündelprodukt zu *vergleichbaren Konditionen* wie das Unternehmen mit beträchtlicher Marktmacht am Markt zu platzieren.“[6]

1.2. Zielsetzung des § 28 TKG

Die allgemeinen Zielsetzungen des TKG sind durch § 2 TKG vorgegeben. Unter anderem werden dort als Ziele genannt:

1. „[...] die Wahrung der Nutzer-, insbesondere der Verbraucherinteressen auf dem Gebiet der Telekommunikation [...],

2. die Sicherstellung eines chancengleichen Wettbewerbs und die Förderung nachhaltig wettbewerbsorientierter Märkte der Telekommunikation im Bereich der Telekommunikationsdienste und -netze sowie der zugehörigen Einrichtungen und Dienste, auch in der Fläche,

3. effiziente Infrastrukturinvestitionen zu fördern und Innovationen zu unterstützen [...].“

Sinn der in § 28 Abs. 2 TKG angelegten Vermutungskriterien ist es vor diesem Hintergrund, wie bereits erwähnt, zu *niedrige* Preise zu unterbinden, um einen Behinderungsmissbrauch in Form eines Verdrängungspreiswettbewerbs bzw. durch einen Price Squeeze zu unterbinden. Die zentrale Begründung für diese Tests liegt demnach in der Sorge begründet, die Deutsche Telekom (oder auch ein anderes Unternehmen mit beträchtlicher Marktmacht) könnte möglicherweise durch eine Verdrängungspreisstrategie Teile des deutschen Telekommunikationsmarktes (re-)monopolisieren. Aus ökonomischer Perspektive steht hinter dieser Sorge die weiter gehende Befürchtung, dass ein Verdrängungswettbewerb zu dauerhaft ineffizienten Marktergebnissen führen könnte.

Mit dem Effizienzbegriff sind in der ökonomischen Theorie drei Aspekte verbunden, die es zu berücksichtigen gilt. Die so genannte technische, produktionsorganisatorische oder *produktive Effizienz* beinhaltet, dass ein gegebenes Leistungsbündel effizient erstellt wird, d. h. zu den minimal möglichen Kosten. Im TKG wird diese Zielsetzung z. B. (aber nicht ausschließlich) dadurch reflektiert, dass bei der Ex-ante-Entgeltregulierung von den Kosten der *effizienten* Leistungserstellung (KEL) ausgegangen wird (und nicht z. B. von den *tatsächlichen* Kosten der Leistungserstellung). Mit *allokativer Effizienz* ist gemeint, dass all diejenigen Nutzer einen Dienst in Anspruch nehmen, deren Wertschätzung für diesen Dienst höher ist als die zusätzlichen Kosten der Leistungserstellung. Es geht im Prinzip darum, dass knappe

6 Gesetzesbegründung zu § 26 TKG-E (Hervorhebungen unsererseits).

und kostbare Mittel so verwendet werden, dass sie einer Gesellschaft insgesamt den größtmöglichen Nutzen stiften. In der einfachsten Modellwelt der neoklassischen ökonomischen Lehrbuchtheorie ist dies der Fall, wenn die Preise für eine Leistung gleich den Grenzkosten ihrer Erstellung sind. Während die Begriffe der produktiven und der allokativen Effizienz in aller Regel in einem statischen Kontext benutzt werden, zielt die sog. *dynamische Effizienz* nicht auf einen bestimmten Zeitpunkt ab, sondern auf einen Zeitraum. Hier spielen also Innovationen und Investitionen eine wichtige Rolle, denn es geht um die Maximierung der gesellschaftlichen Wohlfahrt im Zeitverlauf. Wichtig ist daher nicht, dass die Wohlfahrt zu jedem einzelnen Zeitpunkt maximal ist, sondern dass sie im gesamten relevanten Zeitraum maximiert wird.

Zwischen statischer und dynamischer Effizienz besteht oft ein Zielkonflikt. Ganz einfach ausgedrückt kann etwas weniger heute etwas mehr morgen bedeuten. So kann eine bestimmte Preispolitik zu einem bestimmten Zeitpunkt evtl. einen Verlust an allokativer Effizienz heute bedeuten, vielleicht aber Innovationen oder Investitionen schützen und begünstigen und so zu einer Verbesserung der dynamischen Effizienz beitragen. Aus ökonomischer Sicht sollte stets das dynamische Effizienzziel als Leitlinie der Politik im Vordergrund stehen, da eine an dynamischer Effizienz ausgerichtete Politik langfristig zu einer höheren gesamtwirtschaftlichen Wohlfahrt führt als eine kurzfristig orientierte Politik, welche sich lediglich an der Wohlfahrt zu einem bestimmten Zeitpunkt orientiert. Für die Preispolitik bedeutet dies, dass nicht jedes Abweichen von Grenzkosten-Preisen unmittelbar regulatorischen Handlungsbedarf impliziert. Erst wenn langfristige Ineffizienzen zu erwarten sind, ist ein solcher Handlungsbedarf gegeben (vgl. z. B. Baake et al., 2007).

Um zu beurteilen, wann die Befürchtung des Gesetzgebers gerechtfertigt sein kann, dass es auf einigen Märkten (wenn es denn keine weitgehenden Vorkehrungen dagegen gäbe) zu einem Verdrängungswettbewerb (bei unregulierten Vorleistungspreisen) bzw. zu einem Price Squeeze (bei regulierten Vorleistungspreisen) und somit zu ineffizienten Marktergebnissen kommen könnte, sollen im Folgenden zunächst die grundlegenden Bedingungen herausgearbeitet werden, unter denen eine realistische Verdrängungsgefahr überhaupt entsteht. Sind diese Bedingungen nämlich *nicht* erfüllt, so kann auf weitere Preistests o. ä. zumindest aus *ökonomischer* Sicht gänzlich verzichtet werden. Tests zur Identifizierung von Verdrängungspreisen sind *ökonomisch* betrachtet lediglich vonnöten, wenn überhaupt eine realistische Verdrängungs- oder Monopolisierungsgefahr besteht.

2. Ökonomische Theorie von Verdrängungspreisen

2.1. Was sind Verdrängungspreise?

Verdrängungspreise sind durch folgende zwei Merkmale definiert:

1. Ziel der Preissetzung ist es, einen oder mehrere Konkurrenten entweder ganz vom Markt zu verdrängen oder zumindest in ihrem Wettbewerbsverhalten zu disziplinieren oder vom Markteintritt abzuschrecken, *und*
2. die Preissetzung wäre nicht gewinnmaximierend, wenn sie nicht zum Erhalt oder Aufbau von Marktmacht führen würde (vgl. Cabral und Riordan, 1997, sowie Bolton, Brodley und Riordan, 2000).

Entscheidend für Verdrängungspreise ist also nicht ihre Höhe oder das Verhältnis von Preisen zu Kosten, sondern die Intention des agierenden Unternehmens, Konkurrenten vom Markt zu verdrängen, um Marktmacht zu erhalten oder aufzubauen.[7] Allein die Absicht, Konkurrenten vom Markt zu drängen, ist jedoch nicht hinreichend für die Definition eines Verdrängungspreises. Zugleich muss die Preispolitik auch so gewählt werden, dass sie ohne die Verdrängungsabsicht nicht gewinnmaximierend wäre. Dementsprechend sind Tarife, die nicht strategisch gesetzt werden, sondern aus einer „naiven“ Gewinnmaximierung resultieren, keine Verdrängungspreise, sondern legitim erklärbar.[8]

7 Dieses Ziel wird typischerweise aus anderen Unternehmenszielen (z. B. langfristige Gewinnmaximierung) hergeleitet werden. Für die wettbewerbspolitische Beurteilung einer Preispolitik ist jedoch nicht weiter relevant, warum ein Unternehmen ggf. Marktmacht aufbauen oder erhalten will.

8 In der industrieökonomischen und der spieltheoretischen Literatur wird typischerweise von einer strategischen Preissetzung gesprochen, wenn bei der Preissetzung bereits berücksichtigt wird, wie Wettbewerber auf eine solche Preissetzung reagieren werden (vgl. z. B. Baye, 2003). Bei einer unstrategischen (bzw. "naiven") Preissetzung hingegen werden Reaktionen der Wettbewerber nicht berücksichtigt, sondern das Verhalten der Wettbewerber wird als gegeben angenommen. Daher wird in diesem Fall auch nicht berücksichtigt, wie Wettbewerber möglicherweise auf Preisänderungen reagieren und ob Preisänderungen unter Umständen zum Marktaustritt von Wettbewerbern führen könnten.

2.2. Theoretischer Hintergrund von Verdrängungspreisen[9]

2.2.1. Allgemeine Betrachtungen

Eine wettbewerbspolitische Problematik ergibt sich nur auf solchen Märkten, auf denen ein erfolgreicher Verdrängungspreiswettbewerb erwartet werden kann. Wie die ökonomische Theorie lehrt, ist dies jedoch nur unter relativ speziellen Bedingungen der Fall. Damit eine realistische Verdrängungsgefahr besteht, muss die Verwendung einer Verdrängungspreisstrategie für ein Unternehmen nämlich sowohl (a) *rational* als auch (b) *erfolgreich* sein. *Rationalität* bedeutet in diesem Fall, dass eine Verdrängungsstrategie ex ante die gewinnmaximierende Strategie für das Unternehmen darstellt, es also keine alternative Preispolitik gibt, die langfristig zu höheren Gewinnen führen würde. Eine Strategie ist zudem als *erfolgreich* zu klassifizieren, wenn sie tatsächlich zum Marktaustritt des angegriffenen Konkurrenten führt. Es ist somit nicht ausreichend, dass ein Unternehmen ein anderes verdrängen *könnte*. Vielmehr muss die Verdrängung mit Kampfpreisen so profitabel sein, dass z. B. ein „friedliches" Nebeneinander bei höheren Preisen weniger profitabel wäre.

Wie spieltheoretische Modelle in den letzten 25 Jahren nun gezeigt haben, *können* Verdrängungsstrategien in der Tat rational und erfolgreich sein, wenn:

1. die Finanzierungsmöglichkeiten bzw. die Finanzkraft der etablierten Unternehmen besser sind als die der angegriffenen Anbieter, und/oder
2. das etablierte Unternehmen bessere Informationen über die Nachfrage- und/oder Kostenbedingungen besitzt als (potenzielle) Marktneulinge.[10]

Nur unter diesen relativ speziellen Bedingungen kann aus Sicht der ökonomischen Theorie überhaupt eine realistische Verdrängungsgefahr bestehen.[11] Zugleich ist es jedoch wichtig darauf hinzuweisen, dass die genannten Bedingungen *notwendig*, aber *nicht hinreichend* für einen Verdrängungswettbewerb sind. Das heißt, dass es auch bei Unterschieden in der Finanzkraft und/oder der Informationslage keineswegs zwangsläufig zu einem Verdrängungswettbewerb kommen muss. Sind jedoch, anders herum betrachtet, die o. g. Bedingungen *nicht* erfüllt, so kann ein Verdrängungswettbewerb der ökonomischen Theorie folgend nicht rational und erfolgreich sein, sodass die Gefahr eines Verdrängungswettbewerbs als gering einzuschätzen wäre.

9 Eine ausführliche Diskussion der im folgenden Abschnitt diskutierten Aspekte findet sich auch bei Haucap und Kruse (2004).

10 Für eine detaillierte Darstellung und Diskussion dieser spieltheoretischen Modelle und ihrer Grenzen siehe Haucap und Kruse (2002).

11 Eine weitere Erklärungsmöglichkeit besteht in irrationalem Verhalten einiger (weniger) Unternehmen. Dieser Ansatz scheint bei den Überlegungen der BNetzA eine Rolle zu spielen, sollte als Leitlinie rationaler Wirtschaftspolitik jedoch nicht weiter verfolgt werden. Ansonsten ergäbe sich das Problem, dass mit derselben Plausibilität irrationale Konsumenten, Wettbewerber und auch Regulierer unterstellt werden könnten, sodass eine rationale Wirtschafts- und Wettbewerbspolitik nicht möglich wäre.

Um zu analysieren, wie realistisch eine Verdrängungsgefahr unter den o. g. Bedingungen sein kann, ist es sinnvoll zu erörtern, wie wahrscheinlich es ist, dass ein verdrängendes Unternehmen die mit einer Verdrängung verbundenen Opportunitätskosten „zurückverdienen“ kann, d. h. es ist zu fragen, ob eine Verdrängung überhaupt lohnend ist (vgl. dazu Bolton, Brodley und Riordan, 2000). Dies ist im Allgemeinen relativ unwahrscheinlich. Warum ist das so?

Erstens ist in einer konkreten Marktsituation zu überlegen, ob eine Verdrängungsstrategie überhaupt erfolgreich wäre und tatsächlich zum Marktaustritt der Konkurrenten führen würde. Bestehen nämlich Marktaustrittsbarrieren für die im Markt befindlichen Unternehmen (z. B. wegen spezifischer Investitionen bzw. versunkener Kosten), dann ist es für das etablierte Unternehmen sehr schwierig und teuer, die Konkurrenten überhaupt zu verdrängen. Dementsprechend unwahrscheinlich wird dann auch eine Verdrängungsstrategie, wenn denn schon Marktzutritt erfolgt ist. Im Telekommunikationsbereich heißt das, dass Konkurrenten, die in eigene Infrastruktur investiert haben wie z. B. viele City Carrier, nur sehr schwer zu verdrängen wären, sodass eine Verdrängungsstrategie für ein großes Unternehmen teuer und unattraktiv wird. Zudem müsste das verdrängende Unternehmen damit rechnen, dass selbst bei einer erfolgreichen Verdrängung ein anderer Konkurrent die ja bereits vorhandene alternative Infrastruktur übernimmt und somit weiter Wettbewerb besteht.

Zweitens ist es, selbst wenn eine Verdrängung denn erfolgreich sein sollte, auf den meisten Märkten sehr schwierig, übernormale Gewinne zu erzielen, zumindest wenn die Markteintrittsbarrieren niedrig sind (vgl. Bork, 1978; Easterbrook, 1981). Ist nämlich eine Verdrängung einfach, weil die Marktaustrittsbarrieren niedrig sind, dann sind auch die Markteintrittsbarrieren niedrig. Die Chance, über einige Zeit derartige Gewinne zu erwirtschaften, dass die Verdrängungskosten amortisiert werden können, besteht jedoch nur, wenn Markteintrittsbarrieren dauerhaft hoch sind. Wenn die Markteintrittsbarrieren dagegen relativ niedrig sind, werden neue Anbieter auftauchen, die das aggressive Unternehmen um den „Lohn der Verdrängung“ bringen würden. Im theoretischen Fall eines perfekt bestreitbaren Marktes wäre eine Verdrängungspreisstrategie niemals rational, da die Früchte der Verdrängung nicht geerntet werden können.

Es kann somit zunächst festgehalten werden, dass in der Abwesenheit von Markteintrittsbarrieren keine so gravierende Verdrängungsgefahr besteht, dass diesbezüglich Sonderregeln für eine Branche ökonomisch gerechtfertigt wären. Nur wenn Markteintrittsbarrieren eine signifikante Rolle spielen, kann auch eine ernstzunehmende Verdrängungsgefahr mit dem etwaigen Bedarf an ordnungspolitischen Sonderregeln bestehen.

Um nun zu analysieren, inwiefern auf einem Markt Eintrittsbarrieren bestehen, ist es zweckmäßig, die verschiedenen Arten von Markteintrittsbarrieren zu untersuchen. In der ökonomischen Theorie werden neben institutionellen Markteintrittsbarrieren, welche in der deutschen TK-Branche allerdings zumindest im Festnetz kaum noch eine Rolle spielen, strukturelle und strategische Markteintrittsbarrieren unterschieden.[12] Unter strategischen Markteintrittsbarrieren werden dabei z. B. Limitpreisstrategien, strategische Überkapazitäten, strategische Produktdifferenzierung und vertikale Bindungen (z. B. Exklusivverträge) verstanden (vgl. z. B. Schmidt, 2001, S. 69). In unserem Kontext *können* Verdrängungspreisstrategien wie gesagt theoretisch zum Aufbau von strategischen Markteintrittsbarrieren führen, wenn Informationsasymmetrien und/oder Unterschiede in der Finanzkraft wichtig sind. Dass dies unseres Erachtens in der Telekommunikationsbranche nicht der Fall ist, werden wir in Abschnitt 3 darlegen.

Demgegenüber resultieren strukturelle Markteintrittsbarrieren nicht aus dem Verhalten der Unternehmen, sondern aus den natürlichen Marktgegebenheiten. Besonders wichtig unter den strukturellen Markteintrittsbarrieren sind sog. Irreversibilitäten oder spezifische Investitionen, die zu versunkenen Kosten führen. Spezifische Investitionen zeichnen sich dadurch aus, dass sie in einer anderen als der geplanten Verwendung erheblich an Wert verlieren. Die Investitionen resultieren somit in versunkenen Kosten. Da sich versunkene Kosten selbst bei Markt*aus*tritt nicht vermeiden lassen, erhöhen sie zugleich das Risiko eines Markt*ein*tritts und wirken so als Markteintrittsbarriere. Sofern spezifische Investitionen für den Markteintritt bedeutsam sind, kann eine aggressive Preissetzung bzw. die Erwartung einer solchen Markteintritt verhindern. Ist allerdings Markteintritt bereits erfolgt, wird eine Verdrängungsstrategie aufgrund der Marktaustrittsbarrieren dann sehr kostspielig und somit weniger wahrscheinlich.

Bedeutsam kann im Kontext spezifischer Investitionen zudem die von Sutton (1991, 1998) eingeführte Unterscheidung zwischen endogen und exogen versunkenen Kosten sein. Unter endogen versunkenen Kosten werden von Sutton, der diese Unterscheidung eingeführt und popularisiert hat, solche versunkenen Kosten verstanden, die nicht durch technologische Aspekte exogen vorgegeben sind, sondern die sich endogen durch das Verhalten der Marktteilnehmer ergeben. Typischerweise wird bei endogen versunkenen Kosten (a) an Aufwendungen für Forschung und Entwicklung und/oder (b) an Werbeausgaben bzw., um genauer zu sein, Werbeinvestitionen gedacht. In der Mobilfunkbranche wäre auch an die Zahlungen für UMTS-Lizenzen zu denken, wenn diese Zahlungen aus Auktionen wie in Deutschland resultieren, also aus einem Bietprozess, an dem alle potenziellen Marktteilnehmer partizipieren und somit die Lizenzgebühren nicht exogen festgesetzt werden. Exogen versunkene Kosten hingegen resultieren aus solchen spezifischen Investitionen, deren Ausmaß nicht direkt durch die Marktteilnehmer beeinflusst wird. Exogen versunkene Kosten sind typischerweise technologisch bestimmt. In der TK-Branche wäre z. B. an Investitionen in die Netzinfrastruktur zu denken.

Wie Sutton (1991) sowohl theoretisch als auch empirisch belegt hat, tendieren Märkte mit einem hohen Maß an endogen versunkenen Kosten zu sog. natürlichen

12 In der wettbewerbsökonomischen Literatur wird zwischen institutionellen, natürlichen bzw. strukturellen und strategischen Markteintrittsbarrieren unterschieden. Vgl. z. B. Schmidt (2001), S. 68 ff.

Oligopolstrukturen. Nun mag man diskutieren, inwieweit die Werbeaufwendungen in der TK-Branche ein solches Ausmaß annehmen, dass sich natürliche Oligopolstrukturen herausbilden, doch selbst in dem Fall, dass einige TK-Märkte im Gleichgewicht zu mehr oder minder engen oder weiten Oligopolstrukturen tendieren, stellt sich jedoch die anschließende Frage, wie gravierend dieses Ausmaß ist. Drei Aspekte sind in diesem Zusammenhang wichtig, die wir im Folgenden erörtern werden:

1. Auf Märkten mit hohen versunkenen Kosten sind Markteintrittsbarrieren auch Marktaustrittsbarrieren,
2. eine hohe Werbeintensität muss nicht auf hohe Markteintrittsbarrieren hinweisen, und
3. um einen gesonderten Regulierungs- bzw. Eingriffsbedarf zu rechtfertigen, ist es nicht hinreichend zu demonstrieren, dass die Realität vom Lehrbuchfall eines vollständig konkurrenten Marktes abweicht. Vielmehr ist im Vergleich zu anderen Branchen zu zeigen, dass ein wesentlich gravierenderes Marktversagen vorliegt.

Der erste Punkt ergibt sich bereits aus unseren obigen Ausführungen zu Markteintrittsbarrieren und Marktaustrittsbarrieren. Sollten endogen versunkene Kosten, also Werbeinvestitionen, auf einigen Märkten wirklich so gravierend sein, dass sie als Markteintrittsbarriere fungieren, dann stellen sie auch zugleich eine Marktaustrittsbarriere dar. Unternehmen, die bereits stark investiert haben, werden dann den Markt nur sehr zögerlich wieder verlassen, sodass eine Verdrängung sehr teuer und somit wenig attraktiv wird. Natürlich sind nicht alle Markteintrittsbarrieren auch gleichzeitig Marktaustrittsbarrieren. So sind institutionelle Markteintrittsbarrieren in der Regel *keine* Marktaustrittsbarrieren. Allerdings spielen institutionelle Markteintrittsbarrieren auf liberalisierten TK-Märkten wie in Deutschland auch keine Rolle mehr. Wenn überhaupt, spielen spezifische Investitionen und somit versunkene Kosten eine Rolle. Bei diesen jedoch sind Markteintrittsbarrieren auch zugleich Marktaustrittsbarrieren.

Noch gewichtiger ist zudem der Punkt, dass es aus unserer Sicht äußerst zweifelhaft ist, ob speziell auf TK-Märkten Werbeausgaben so wichtig sind, dass sie *überhaupt* eine wirksame Markteintrittsbarriere darstellen. In der ökonomischen Theorie *und* Empirie ist es obendrein hochgradig umstritten, ob Werbung überhaupt eine Markteintritts*barriere* ist oder ob Werbung nicht viel mehr ein *Mittel* zum Markteintritt ist. Wie in einer ganzen Reihe von Studien gezeigt worden ist, kommt es in vielen werbeintensiven Branchen zu viel mehr Marktein- und -austritten als in Industrien mit geringer Werbeintensität. Zudem kann auf vielen Märkten mit hohen Werbeausgaben festgestellt werden, dass Marktanteile viel weniger stabil sind als auf Märkten mit geringer Werbeintensität. Demzufolge ist Werbung als wichtiger Wettbewerbsparameter geradezu ein Zeichen für eine äußerst dynamische Wettbewerbsentwicklung (siehe dazu Haucap, 1998, S. 98-100 sowie die dort zitierte Literatur).

2.2.2. Fazit

Insgesamt betrachtet lässt sich somit festhalten, dass Verdrängungsstrategien nicht allein deshalb von einem Unternehmen angewendet werden, weil es groß ist und womöglich Marktmacht hat. Marktmacht ist zwar eine *notwendige* Bedingung dafür, dass Verdrängungspreise überhaupt plausibel sind, aber sie ist *nicht hinreichend* für eine tatsächliche Verdrängungsgefahr. Vielmehr müssen die erwarteten Verdrängungsgewinne die erwarteten Opportunitätskosten der Verdrängung unter Berücksichtigung der relevanten Zeiträume und der Risiken zumindest ausgleichen. Wie die spieltheoretische Literatur zeigt, ist dies nur dann überhaupt möglich, wenn Informationsasymmetrien bzw. Unterschiede in der Finanzkraft eine signifikante Rolle spielen (vgl. Ordover und Saloner, 1989, sowie Haucap und Kruse, 2004).

Jedoch sind auch Informationsasymmetrien und Finanzkraftunterschiede nur notwendige, nicht jedoch hinreichende Bedingungen für die Gefahr eines Verdrängungswettbewerbs. Um diese Gefahr besser beurteilen zu können, ist es sinnvoll, die strukturellen Markteintritts- und Marktaustrittsbarrieren zu analysieren. Diese Analyse bringt uns das in der folgenden Übersicht zusammengefasste Ergebnis:

<table>
<tr><th colspan="2" rowspan="2">Bei bereits erfolgtem Markteintritt</th><th colspan="2">Markteintrittsbarrieren</th></tr>
<tr><th>niedrig</th><th>hoch</th></tr>
<tr><td rowspan="2">Marktaustritts-barrieren</td><td>niedrig</td><td>Verdrängung unwahrscheinlich</td><td>Verdrängung möglich</td></tr>
<tr><td>hoch</td><td>Verdrängung unwahrscheinlich</td><td>Verdrängung unwahrscheinlich</td></tr>
</table>

Abbildung 1: Markteintritts- und Marktaustrittsbarrieren

3. Anwendung der Theorie auf TK-Märkte

Im Folgenden werden wir nun untersuchen, inwieweit die oben dargelegten notwendigen Bedingungen für eine realistische Verdrängungsgefahr auf den deutschen TK-Märkten überhaupt gegeben sind. Es stellt sich somit die Frage, durch welche Faktoren TK-Märkte gekennzeichnet sind und wie diese Faktoren eine etwaige Verdrängungsgefahr beeinflussen. Eine besondere Rolle spielen hier, wie oben diskutiert, zum einen mögliche Asymmetrien zwischen der Deutschen Telekom AG und ihren Wettbewerbern bzgl. (a) Finanzierungsmöglichkeiten und (b) der Informationslage über Markt- und Kostendaten. Zum anderen sind mögliche Markteintritts- und Marktaustrittsbarrieren wichtig, um Verdrängungsgefahren auf einem Markt realistisch einzuschätzen.

3.1. Asymmetrien bei Finanzierungsmöglichkeiten und bei Marktinformationen

Wie oben erwähnt, *können* sich der ökonomischen Theorie folgend *rationale* Verdrängungsstrategien überhaupt nur ergeben, wenn der etablierte Anbieter entweder signifikante Informationsvorsprünge bzgl. der Nachfrage- und/oder Kostensituation hat und/oder der etablierte Anbieter wesentlich günstigere Finanzierungsmöglichkeiten hat als seine Wettbewerber.

Dass die Deutsche Telekom einen hohen Wissensvorsprung bzgl. der Kosten- oder Nachfragesituation hat, ist aus zweierlei Gründen unwahrscheinlich: Erstens werden die Kosten des ehemaligen Monopolisten wie in keiner anderen Branche in umfangreichen Kostenstudien offengelegt und von der Bundesnetzagentur kritisch überprüft. Zu diesem Zweck existieren zudem mehrere konkurrierende Kostenmodelle, die auch den Konkurrenten zugänglich sind.[13] Die Existenz dieser detaillierten Kostenmodelle führt zu einer vergleichsweise hohen Transparenz über die Kosten des alteingesessenen Unternehmens. Diese Transparenz wiederum lässt Signaltheorien, deren Kern die asymmetrische Information über Kosten ist, für Telekommunikationsmärkte in hohem Maße unplausibel erscheinen und weniger relevant als in anderen Branchen, für die es diese detaillierten Kostenmodelle nicht gibt.[14] Wie die internationale Regulierungspraxis zeigt, haben die ehemaligen Monopolisten ganz allgemein zudem in aller Regel eher Anreize, zu hohe Kosten auszuweisen, nicht aber zu niedrige, wie es eine Strategie, die auf dem Signalisieren niedriger Kosten aufbaut, erfordern würde. Auch deswegen sind Kostensignalisierungsmodelle für Telekommunikationsmärkte unplausibel. Zweitens sind die regulierten Preise für den Zugang zu wesentlichen Einrichtungen bzw. Vorleistungsprodukten allgemein bekannt. Auch hier herrscht keinerlei Informationsasymmetrie.

Was die Finanzierungsmöglichkeiten betrifft, sprechen in der Tat einige Argumente dafür, dass die Deutsche Telekom bessere Konditionen hat als einige ihrer Wettbewerber. Zum einen verfügt sie über einen Stamm recht loyaler Kunden, die eine Sicherheit bieten. Zum anderen ist die Deutsche Telekom noch immer teilweise

13 Zu nennen sind z. B. das HAI-Modell (früher: Hatfield), LECOM oder das WIK-Kostenmodell. Für eine Beschreibung analytischer Kostenmodelle siehe z. B. Gasmi, Kennet und Laffont (2002).

14 Nota bene: Es wird nicht behauptet, dass es im Telekommunikationssektor keinerlei Unsicherheit über Kosten gibt. Im Gegensatz zu anderen Branchen gibt es jedoch zahlreiche Kostenmodelle, die diese Informationsdefizite und vor allem die Informations*asymmetrien* reduzieren.

in öffentlichem Eigentum, was – selbst ohne explizite Ausfallbürgschaften – ebenfalls die Ausfallwahrscheinlichkeit für Kapitalgeber verringern sollte.[15]

Allerdings hat die Deutsche Telekom auf der anderen Seite mit höheren Regulierungsrisiken, möglichen Universaldienstverpflichtungen (bzw. dem Risiko der Verpflichtung) sowie historisch bedingt höheren Aufwendungen im Personalbereich zu leben – Faktoren, die das Ausfallrisiko tendenziell erhöhen.

Des Weiteren stehen hinter vielen Wettbewerbern auf Telekommunikationsmärkten etablierte ausländische Unternehmen, die selbst über finanzkräftige und/oder öffentliche Kapitalgeber bzw. Eigentümer verfügen und die zum anderen auch eine lange Erfahrung mit den Kosten- und Nachfragebedingungen auf Telekommunikationsmärkten haben, was wiederum die Problematik etwaiger Informationsasymmetrien weiter entschärft. So ist der zweitgrößte deutsche Festnetzbetreiber, die Arcor AG, seit Mai 2008 im alleinigen Eigentum der Vodafone-Gruppe.[16] Arcor selbst hält Anteile an der Netcom Kassel GmbH, der ISIS Multimedia GmbH & Co. KG in Düsseldorf und der Wücom GmbH in Würzburg. Der Hamburger Telekommunikationsanbieter Hansenet Telekommunikation GmbH (Alice) befindet sich zu 100 % im Besitz der Telecom Italia, und die Anteile am Kölner Anbieter NetCologne GmbH werden ausschließlich von der GEW Köln AG, einer Tochter der Kölner Stadtwerke und damit indirekt von der Stadt Köln gehalten.

Insgesamt ist daher nicht davon auszugehen, dass sich die Deutsche Telekom momentan oder langfristig wesentlich günstiger refinanzieren kann als ihre Wettbewerber. Dies spiegelt sich auch darin wider, dass es in den gängigen Ratings von *Fitch, Moody's* oder *Standard & Poor's* durchaus Anbieter (wie z. B. *Vodafone, Telefonica, British Telecom*) gibt, die genauso gut oder sogar besser dastehen als die Deutsche Telekom und sich ebenso günstig oder günstiger refinanzieren können.[17]

Die Analyse möglicher Asymmetrien bei Finanzierungsmöglichkeiten und/oder Marktinformationen ergibt somit, dass sich die TK-Branche in dieser Hinsicht nicht so gravierend von anderen Industrien unterscheidet, als dass die Verdrängungsgefahr in der TK-Branche besonders hoch wäre. Eher scheint anhand dieser Kriterien die Verdrängungsgefahr niedriger als in anderen Branchen.

15 In der Tat gibt es keinerlei explizite Ausfallbürgschaften der öffentlichen Hand für irgendeine Verbindlichkeit der Deutschen Telekom, doch ist aus der politökonomischen Literatur über Unternehmen in (partiell) öffentlichem Eigentum bekannt, dass im Falle eines Falles die öffentliche Hand Defizite schneller ausgleicht und drohende Bankrotte eher abwenden kann und – aufgrund von Problemen der glaubwürdigen Selbstbindung – auch abwenden wird als rein private Anteilseigner (vgl. auch Dewatripont und Maskin, 1995, sowie World Bank, 1996).

16 Bis Mai 2008 hielt die Vodafone-Gruppe 73,65 % der Anteile; 18,17 % hielt die Deutsche Bahn AG und 8,18 % die Deutsche Bank AG.

17 Stand: 16.09.2008.

3.2. Markteintritts- und Marktaustrittsbarrieren

Damit bleibt die Frage, ob evtl. die institutionellen und/oder strukturellen Markteintrittsbarrieren so gravierend sind, dass die Verdrängungsgefahr in der TK-Branche besonders akut wäre. Da institutionelle Markteintrittsbarrieren nach der erfolgreichen Liberalisierung keine Rolle mehr spielen, stellt sich primär die Frage nach möglichen natürlichen oder strukturellen Markteintrittsbarrieren. Zu unterscheiden ist hier zunächst zwischen verschiedenen Geschäftsmodellen der Wettbewerber. Während manche Geschäftsmodelle nahezu ohne jegliche spezifische Investition auskommen, da sich selbst der notwendige Werbeaufwand sehr in Grenzen hält wie z. B. bei reinen Verbindungsnetzbetreibern, sind andere Geschäftsmodelle wie die der Teilnehmernetzbetreiber mit einem größeren Ausmaß an spezifischen Investitionen verknüpft. Für die Beurteilung dieser möglichen strukturellen Markteintrittsbarrieren sind jedoch zwei Besonderheiten wichtig, welche liberalisierte TK-Märkte kennzeichnen und welche für die Beurteilung von Verdrängungsgefahren relevant sind:

Erstens verfügte die Deutsche Telekom – wenn wir von neuen Märkten zunächst einmal absehen – zum Zeitpunkt der Marktöffnung bereits über einen Kundenstamm, während die neuen Konkurrenten die Kunden erst einmal zum Anbieterwechsel bewegen müssen bzw. mussten. Die Kunden werden sich dabei typischerweise jedoch in Bezug auf ihre Wechselbereitschaft unterscheiden (siehe Schäfer, 2003). Zudem werden die psychischen oder auch die „echten" Wechselkosten auch bei verschiedenen Diensten bzw. Märkten (Anschlüsse, Gespräche) unterschiedlich sein, sodass die Höhe der Wechselkosten sowohl zwischen Nachfragern als auch zwischen Diensten variiert. Bei den Nachfragern ist davon auszugehen, dass seit 1998 zunächst vor allem die preissensiblen Kunden, welche keine hohen Wechselkosten haben bzw. welche nicht besonders loyal sind, von der Deutschen Telekom zu anderen Anbietern gewechselt sind. Die treuen Kunden ohne hohe Wechselbereitschaft sind zunächst bei der Deutschen Telekom verblieben, selbst wenn andere Anbieter am Markt evtl. günstigere Tarife anbieten bzw. angeboten haben.

Die zweite für unsere Betrachtungen wichtige Besonderheit von TK-Märkten besteht darin, dass alle wesentlichen Vorleistungsentgelte, welche die Deutsche Telekom von Wettbewerbern für die Nutzung wesentlicher Einrichtungen verlangen darf, wie z. B. die Entgelte für die Originierung und Terminierung von Gesprächen ex ante preisreguliert sind. Zudem ist die Teilnehmeranschlussleitung (TAL) der Deutschen Telekom für Wettbewerber auch entbündelt erhältlich.[18] Dabei werden die Vorleistungspreise nach § 31 TKG prinzipiell nach den Kosten der effizienten

18 Die Deutsche Telekom bietet den entbündelten Netzzugang nach eigenen Angaben inzwischen in 18 Produktvarianten an, die sich ganz grob in zwei Gruppen unterteilen lassen: Zum einen können Wettbewerber die komplette TAL übernehmen, zum anderen können sie auch im Rahmen des sog. Line Sharing nur den oberen Frequenzbereich der Leitung anmieten, um über diesen Bereich Internet- bzw. Datendienste anzubieten, während Gespräche dann weiterhin über die Deutsche Telekom oder andere Call-by-Call- oder Pre-Selection-Anbieter laufen.

Leistungserstellung festgesetzt. Was folgt aus diesen Besonderheiten insgesamt für die Wahrscheinlichkeit eines Verdrängungswettbewerbs? Um dies zu beurteilen, ist es sinnvoll, wie bisher üblich drei Endkundenmärkte zu unterscheiden, wobei wir auf die weitere Unterteilung in Privat- und Geschäftskunden verzichten:

1. Orts- und Inlandsverbindungen,
2. Auslandsverbindungen und
3. Telefon-Anschlüsse.

3.3. Einschätzung der Verdrängungsgefahr auf den einzelnen Märkten

3.3.1. Verdrängungsgefahr auf dem Markt für Inlandsverbindungen

Seit 1998 ist es auf dem Markt für Inlandsverbindungen zu starken Marktanteilsverschiebungen gekommen. Bezog sich dies zunächst lediglich auf den Markt für Ferngespräche, gilt ähnliches seit 2003 auch auf dem Markt für Ortsgespräche (vgl. BNetzA, 2008). Ein wesentlicher Grund für diese Marktanteilsverschiebungen ist in der Einführung der Call-by-Call- und Pre-Selection-Möglichkeit für die Nachfrager zu sehen. Der Wechsel zwischen Anbietern von Telefongesprächen ist somit denkbar einfach. Die Wechselkosten für Konsumenten sind bei diesen Diensten also offensichtlich niedrig.

Nichtsdestotrotz zeigt sich, dass noch immer ein nicht zu vernachlässigender Teil der Konsumenten recht loyal der Deutschen Telekom gegenüber ist und selbst bei nicht unerheblichen Preisdifferenzen weiter Telefongespräche über die Deutsche Telekom führt. Welche Konsequenz hat diese Einteilung der Konsumenten in eine preissensible Gruppe, die relativ schnell die Anbieter wechselt, und eine eher loyale Gruppe, die bei ihrem ursprünglichen Anbieter, der Deutschen Telekom also, bleibt?

Die geringe Wechselbereitschaft einiger (aber nicht aller!) Konsumenten bedeutet, dass die Deutsche Telekom umso weniger geneigt sein wird, mit heftigen Preissenkungen auf Markteintritte zu reagieren, je mehr treue Kunden es gibt und je treuer dieser bestehende Kundenstamm ist. Dies folgt aus dem von Fudenberg und Tirole (1984) so bezeichneten „Fat-Cat-Effekt". Ein etablierter Anbieter wird aus Erlösgründen eher weiterhin seine treuen Kunden „schröpfen" als zu versuchen, mit heftigen Preissenkungen *sämtliche* Kunden zu halten. Die Opportunitätskosten eines Preiskampfes sind nämlich sehr hoch, wenn das etablierte Unternehmen für alle Kunden die Preise senkt. Das bedeutet, dass eine Verdrängung für ein Unternehmen mit hohen Marktanteilen (wie die Deutsche Telekom) zunächst einmal immer relativ teuer wäre, da dieses Unternehmen bei entsprechend vielen Kunden auf Erlöse verzichtet, während ein Unternehmen mit geringem Marktanteil während eines Preiskampfes auch nur entsprechend geringere Verluste auszugleichen bzw. zu finanzieren hat (vgl. auch Schulz, 2004). Dieser Umstand macht eine wettbewerbswidrige Verdrängung auf den TK-Retail-Märkten noch unwahrscheinlicher.

Nur wenn die Deutsche Telekom die Möglichkeit hätte, durch selektive Preissenkungen eine Preisdifferenzierung zwischen treuen Kunden und wechselwilligen Kunden zu betreiben, könnte sie sowohl die Deckungsbeiträge bei ihren treuen Kunden erhalten als auch das Abwandern der preiselastischen, wechselbereiten Kunden durch Niedrigpreise verhindern. In der Tat mag eine solche Preisdifferenzierung zwischen loyalen und weniger loyalen Kunden zumindest teilweise durch die Einführung neuer Tarife wie dem XXL-Tarif gelingen – allerdings bedeutet dies nicht, dass eine Verdrängungsstrategie deshalb automatisch rational und erfolgreich wäre. Ganz im Gegenteil werden die weniger loyalen, preissensiblen Kunden ja auch schnell wieder abwandern, sollte die Deutsche Telekom versuchen, nach einer etwaigen Verdrängung die Preise wieder zu erhöhen (was ja die Ultima Ratio einer Verdrängungsstrategie sein sollte).[19] Durch die niedrigen Markteintrittsbarrieren ist eine solche Preiserhöhung für die Deutsche Telekom daher kaum möglich, ohne postwendend wieder Wettbewerber „anzulocken" und die preissensiblen Kunden wieder zu verlieren.

Ganz wichtig ist in diesem Kontext vor allem, dass sämtliche für die Erstellung von Telefongesprächen wesentlichen Vorleistungspreise wie insbesondere die Zuführungs- und Zusammenschaltungstarife durch die Bundesnetzagentur ex ante auf Kostenbasis preisreguliert sind. Somit sind für einen Wettbewerber der Deutschen Telekom kaum Investitionen beim Markteintritt bzw. Wiedereintritt notwendig. Das Ausmaß an exogen versunkenen Kosten ist nahezu null, da für das Anbieten von Telefongesprächen kein eigener Netzaufbau erforderlich ist und lediglich einige wenige Infrastrukturelemente (Server, Switch) angeschafft werden müssen, die allerdings keine spezifischen Investitionen darstellen, sondern bei einem etwaigen Marktaustritt liquidiert werden könnten. Anders ausgedrückt bedeutet die Regulierung der Vorleistungsentgelte, dass die wesentlichen Vorleistungen für alle Anbieter zu kostenbasierten Entgelten zur Verfügung stehen, sodass für einen Markteintritt nur sehr geringe spezifische Investitionen erforderlich sind. Aufgrund der Vorleistungsregulierung kommt dieser Endkundenmarkt der realen Vorstellung eines bestreitbaren Marktes schon recht nahe. Auf einem bestreitbaren Markt ist jedoch eine Verdrängungsstrategie irrational.

Es gilt hier somit das Argument der Chicago School, dass aufgrund der niedrigen Markteintrittsbarrieren (hinreichend viele Konsumenten haben eine hohe Wechselbereitschaft, spezifische Investitionen sind kaum erforderlich) eine Verdrängung unwahrscheinlich ist, weil die potenziellen Verdrängungsgewinne nicht ersichtlich sind. Hinzu kommt, dass es inzwischen eine große Anzahl von Regionalanbietern und City Carriern gibt, die in eigene Infrastrukturen investiert haben und für die heute signifikante Marktaustrittsbarrieren bestehen. Allein diese Tatsache macht eine Verdrängungsstrategie der Deutschen Telekom unwahrscheinlich. Gekoppelt mit der Regulierung der Vorleistungspreise erscheint eine erfolgreiche Verdrängung mit anschließender Preiserhöhung durch die Deutsche Telekom somit wirklich sehr unwahrscheinlich.

19 Eine Abwanderung ist für die Kunden durch Sonderkündigungsrechte bei Preiserhöhungen auch problemlos möglich.

Nun wird jedoch manchmal angeführt, dass sehr wohl Markteintrittsbarrieren bestünden, da der Telekommunikationsmarkt ganz allgemein durch ein hohes Maß an endogen versunkenen Kosten gekennzeichnet sei, wobei vor allem auf Werbeausgaben rekurriert wird (vgl. Monopolkommission, 2002, Textziffer 28, sowie RegTP, 2004). Zumindest für Telefongespräche ist diese Hypothese jedoch nicht zutreffend. Es war und ist zu beobachten, dass viele Anbieter von Telefongesprächen im Retail-Bereich nahezu ohne jede Werbung in den Markt eintreten. Die zahlreichen Preisvergleiche in der Tagespresse und im Internet verhelfen Konsumenten zu einer hervorragenden Informationslage. Gekoppelt mit der Einfachheit des Call-by-Call-Systems bedeutet dies, dass Konsumenten mühelos von Gespräch zu Gespräch den Anbieter wechseln können. Um Konsumenten zu erreichen, ist es also nicht notwendig, massiv in Werbung zu investieren. Dasselbe gilt für Anbieter von Pre-Selection-Diensten. Auch hier bieten zahlreiche Preisvergleiche im Internet und der Presse preissensiblen Konsumenten eine Fülle von Informationen, ohne dass ein Anbieter in Werbemaßnahmen investieren muss. Es erscheint somit ziemlich unwahrscheinlich, dass Werbeinvestitionen eine Markteintrittsbarriere in den Retail-Sektor bei Telefongesprächen darstellen. Ganz im Gegenteil kann die Werbeintensität der TK-Branche gerade auch als ein Indikator für einen florierenden, scharfen Wettbewerb interpretiert werden.

Allerdings wird manchmal auch argumentiert, dass Wettbewerber es als schwierig empfinden, zweiteilige Tarife zu vermarkten, die aus einem Zuschlag auf die Grundgebühr für den Telefonanschluss (also einer zusätzlichen festen monatlichen Gebühr) und günstigen Verbindungspreisen bestehen (vgl. Infas, 2003). Es ist jedoch zu bedenken, dass dies für Angebote der Deutschen Telekom wie XXL ebenso gelten wird. Zudem ist zu beachten, dass die Deutsche Telekom inzwischen auch für Festbeträge bis zu 10 Euro das Inkasso für etwaige Wettbewerber übernimmt, sodass auch keine zusätzlichen Transaktionskosten bei den Konsumenten entstehen. Und schließlich ist festzuhalten, dass nicht *jedes* Geschäftsmodell am Markt einen gesicherten Erfolg haben muss. Wenn sich manche Geschäftsmodelle am Markt nicht durchsetzen, weil die Kunden diese nicht attraktiv genug finden, so deutet dies nicht unbedingt auf eine Ineffizienz hin. Ganz im Gegenteil ist mit der Einführung von Wettbewerb im Normalfall die Hoffnung verbunden, dass am Markt gerade nur die effizienten Geschäftsmodelle überleben und diese sich durch die Selektionswirkung des Wettbewerbs herauskristallisieren. Wenn Kunden manche Angebote nun als zu umständlich oder aus anderen Gründen wenig attraktiv finden, deutet dies nicht auf ein Marktversagen hin, das regulatorisch behoben werden sollte.

Wie aber verhält es sich mit den spieltheoretischen Erwägungen? Hat die Deutsche Telekom einen so großen Informationsvorsprung über Kosten- oder Nachfrageverhältnisse oder so viel günstigere Finanzierungsmöglichkeiten, dass eine Verdrängungspreisstrategie plausibel ist?

Wie bereits oben ausgeführt wurde, halten wir diese Argumente für den TK-Sektor im Allgemeinen für wenig relevant. Insgesamt spricht also aus theoretischer Perspektive wenig dafür, dass die Gefahr eines Verdrängungswettbewerbs auf dem Markt für Inlandsverbindungen höher ist als auf irgendwelchen anderen Märkten.

Ganz im Gegenteil deuten alle Indikatoren darauf hin, dass die Verdrängungsgefahr aufgrund der Regulierung der Vorleistungspreise sogar *geringer* sein dürfte als auf anderen Märkten.

3.3.2. Verdrängungsgefahr auf dem Markt für Auslandsverbindungen

Auf dem Markt für Auslandsverbindungen ergibt sich derselbe Befund wie auf dem Markt für Inlandsverbindungen. Ein Verdrängungswettbewerb stellt keine realistische Gefahr dar wegen (a) der Einfachheit des Call-by-Call- und des Pre-Selection-Verfahrens, (b) der Regulierung aller wesentlichen Vorleistungspreise (sprich der Zuführung) und (c) des geringen Ausmaßes an endogen versunkenen Kosten, die zum Markteintritt notwendig sind.

Ein Unterschied zwischen Inlands- und Auslandsverbindungen besteht darin, dass bei Auslandsverbindungen lediglich die Zuführung in Deutschland einer Ex-ante-Regulierung unterliegt, während bei Inlandsverbindungen sowohl Zuführung als auch Terminierung ex ante preisreguliert sind. Für die Überlegungen bzgl. eines möglichen Verdrängungswettbewerbs durch die Deutsche Telekom spielt dies jedoch keine Rolle. In beiden Fällen sind nämlich die Engpassbereiche der Deutschen Telekom preisreguliert, während die anderen Vorleistungen von allen Anbietern auf kompetitiven Märkten eingekauft werden können. Und selbst wenn die drei o. g. Bedingungen nicht kumulativ, also allesamt zugleich, zutreffen würden, wäre schon allein aufgrund der Regulierung der Vorleistungspreise für Engpassbereiche nicht von einer im Vergleich zu anderen Märkten erhöhten Verdrängungsgefahr auszugehen.

Alles in allem gibt es daher kein überzeugendes Argument, das für eine – im Vergleich zu anderen Märkten einer Marktwirtschaft – erhöhte Verdrängungsgefahr spricht. Somit ist auch kein gesonderter Regulierungsbedarf zu erkennen.

3.3.3. Verdrängungsgefahr auf dem Markt für Festnetz-Anschlüsse

Nicht ganz so einfach wie die Analyse der Märkte für Inlands- und Auslandsverbindungen ist die Einschätzung für den Markt für Festnetztelefonanschlüsse. Ein wesentlicher Unterschied zwischen den Märkten für Telefonverbindungen und dem Markt für Telefonanschlüsse besteht darin, dass zumindest Privatkunden, ähnlich wie in anderen netzgebundenen Industrien wie Strom oder Gas, in ihrem Wechselverhalten deutlich zurückhaltender sind, wenn es um den kompletten Anschluss geht. Dieses Phänomen ist nicht auf Deutschland beschränkt, sondern international vergleichbar. Hier scheinen trotz lokaler Nummernportabilität und anderen erleichternden Faktoren die realen und/oder psychischen Wechselkosten höher zu sein als bei Telefongesprächen.[20] Was aber bedeutet dies für die Gefahr eines Verdrängungswettbewerbs?

Für die Deutsche Telekom ist eine Verdrängungspreisstrategie unter diesen Umständen besonders unattraktiv, da die Deutsche Telekom sich bei einer Preissenkung ihre Erlöse von den „treuen" Kunden kannibalisieren würde. Dies deutet darauf hin, dass eine Verdrängungsgefahr in diesem Segment besonders unwahrscheinlich ist. Des Weiteren sind auch bei den Telefonanschlüssen essentielle Vorleistungen preisreguliert. Durch die Entbündelung der Teilnehmeranschlussleitung (TAL) können Wettbewerber diejenigen notwendigen Vorleistungsprodukte, die nicht ökonomisch duplizierbar sind, von der Deutschen Telekom beziehen. Durch die jüngste Regulierungsverfügung in Sachen Bitstream-Zugang verstärkt sich dies noch einmal. Da es aufgrund der Entbündelung der Teilnehmeranschlussleitung möglich ist, den kompletten Telefonanschluss zu übernehmen und die Deutsche Telekom Wettbewerbern die TAL zu den Kosten der effizienten Leistungserstellung (KEL) überlassen muss, kann jeder Wettbewerber prinzipiell das Angebot der Deutschen Telekom nachbilden. Durch einen regulierten Bitstream-Zugang wird dies sogar noch einfacher. Würde die Deutsche Telekom die Preise nach einer etwaigen Verdrängung erhöhen, wäre auch ein erneuter Markteintritt möglich. Auch dadurch erscheint die Verdrängungsgefahr prima facie als gering.

Es sei an dieser Stelle bereits angemerkt, dass die in dem Verfahren der EU-Kommission gegen die Deutsche Telekom festgestellte Preis-Kosten-Schere bei der Teilnehmeranschlussleitung auf einer, ökonomisch betrachtet, zu eng gefassten Analyse beruht. Die schlichte Feststellung, dass der Vorleistungspreis bei Telefonanschlüssen über dem Endkundentarif liegt, ist aufgrund der komplementären Nachfrage nach Gesprächen kein hinreichender Beleg für eine Verdrängungsabsicht oder andere Ineffizienzen (vgl. dazu ausführlich Dewenter und Haucap, 2004). Auf diese Problematik werden wir später zurückkommen.

Nun ist denkbar, dass aufgrund des Kundenverhaltens im Bereich der Festnetzanschlüsse mehr Werbung von Seiten der Wettbewerber betrieben werden muss, um Konsumenten zum Wechsel zu bewegen. In diesem Fall wären die Werbeausgaben allerdings als exogen versunkene Kosten zu klassifizieren, da sie nicht aus dem Verhalten der Deutschen Telekom resultieren, sondern aus der „natürlichen Bequemlichkeit" der Konsumenten. In einem solchen Fall ist auch deswegen eine Verdrängung unwahrscheinlich, weil die getätigten Werbeausgaben der Unternehmen, die auf dem Markt für Festnetzanschlüsse aktiv sind, wie Arcor, Alice oder die Stadtnetzbetreiber, zugleich wie oben beschrieben für diese Unternehmen eine Marktaustrittsbarriere darstellen. Auch diese Überlegung deutet also nicht auf eine erhöhte Verdrängungsgefahr hin.

20 Für Geschäftskunden gilt dies allerdings weniger.

3.4. Die Rolle von Produktbündeln

Eine weitere Problematik kann sich schließlich noch hinter dem gebündelten Angebot von Telekommunikationsdiensten verbergen. So bieten diverse Betreiber im In- und Ausland z. B. gegen einen Aufschlag bei der Grundgebühr für den Telefonanschluss günstige Gesprächstarife und auch Flatrates an. Solche Produktbündel sind sowohl im Festnetz als auch im Mobilfunk international zu beobachten.

Wie der Gesetzesbegründung zum TKG explizit entnommen werden kann, ist eine solche Bündelung nicht automatisch problembehaftet. Zu dieser Auffassung gelangt auch das WIK in einem Gutachten für die Bundesnetzagentur, in dem es heißt: „Bündelung ist im TK-Sektor eine durchaus verbreitete Strategie und somit ex ante nicht per se als wettbewerbswidrig einzustufen" (Nett, Neumann und Vogelsang, 2004, S. 107). Ein wettbewerbspolitisches Problem ergibt sich lediglich, wenn es auch *effizienten* Unternehmen nicht möglich ist, das Produktbündel zu vergleichbaren Konditionen auf den Markt zu bringen.

Prinzipiell und aus einer theoretischen Perspektive ist der Fall eines gebündelten Angebotes nicht problematischer als das Angebot eines Einzelproduktes, *solange* die Preise für sämtliche *wesentlichen* Vorleistungen, die zur Herstellung des Produktbündels benötigt werden und nicht von einem effizienten Wettbewerber selbst erstellt werden können (wie z. B. der Zugang zur TAL) auf Kostenbasis preisreguliert sind. Daher sollten etwaige wettbewerbsökonomische Probleme, die durch eine Produktbündelung entstehen, nicht durch eine Regulierung auf der Retail-Ebene adressiert, sondern möglichst durch eine adäquate Regulierung der *wesentlichen* Vorleistungsprodukte gelöst werden.[21] Durch die Regulierung des entbündelten Zugangs zur Teilnehmeranschlussleitung entschärft sich die etwaige Problematik in diesem Bereich ganz erheblich. Bietet ein marktbeherrschendes Unternehmen Produkte wie z. B. den XXL-Tarif der Deutschen Telekom an, bei dem gegen eine höhere Grundgebühr bestimmte Gespräche für den Kunden günstiger werden, so kann ein effizienter Wettbewerber prinzipiell diesem Kunden dasselbe Angebot unterbreiten, da er den entbündelten Telefonanschluss komplett von der Deutschen Telekom übernehmen kann.

In Großbritannien ist 2004 genau ein solches neues Bündelprodukt der British Telecom (BT) durch die Ofcom untersucht worden. BT hatte in 2004 die Preise für Orts- und Ferngespräche stark gesenkt und zugleich die Grundgebühr für den Anschluss erhöht. Dabei stehen den Konsumenten drei Pakete zur Auswahl, wobei eine höhere Grundgebühr mit niedrigeren Gesprächstarifen einhergeht (wobei zum Teil sogar bestimmte Gespräche zum Nulltarif geführt werden können). Die Ofcom-Untersuchung hat in diesem Fall den Verdacht einer Verdrängungspreisstrategie gegen BT entkräftet.

Wichtig ist in diesem Zusammenhang auch festzuhalten, dass nicht relevant ist, ob *jedes* Geschäftsmodell gegen ein solches Bündelprodukt konkurrenzfähig ist, sondern ob ein Produktbündel prinzipiell durch einen *effizienten* Wettbewerber

21 Auch das WIK ist dieser Auffassung (vgl. Nett, Neumann und Vogelsang, 2004, S. 109).

nachbildbar ist. Es wäre durchaus möglich, dass im Extremfall bestimmte Geschäftsmodelle (z. B. auf Ortsgespräche beschränkte Pre-Selection) durch neue Tarife unattraktiv werden und vom Markt verschwinden. Ein solcher Selektionsprozess ist jedoch gerade eine ganz wesentliche Funktion des Wettbewerbs, die nicht durch regulatorische Maßnahmen künstlich unterbunden werden sollte.

3.5. Fazit

Insgesamt lässt sich festhalten, dass eine Kostenprüfung und Entgeltgenehmigung nicht erforderlich ist, wenn die strukturellen Bedingungen für eine erfolgreiche Verdrängungsstrategie nicht gegeben sind. Zu diesem Schluss kommt auch das WIK in dem o. g. Gutachten zu dieser Thematik. Dort heißt es: „Zunächst ist somit ex ante zu prüfen, ob Predation oder sonstiger Behinderungsmissbrauch für den Incumbent möglich und sinnvoll ist. Nur in solchen Fällen ist es notwendig, Maßnahmen zu treffen, die ein derartiges Verhalten unterbinden“ (Nett, Neumann und Vogelsang, 2004, S. 112). Die strukturellen Bedingungen für einen rationalen und erfolgreichen Verdrängungswettbewerb sind bei Orts-, Fern- und Auslandsgesprächen nicht gegeben. Daher ist es richtig, auf den Märkten für Inlands- und für Auslandsverbindungen von einer Ex-ante-Regulierung der Retail-Preise strikt abzusehen.

Schwieriger erscheint zunächst die Beurteilung von Monopolisierungsgefahren bei Diensten wie DSL. Bei näherer Betrachtung zeigt sich jedoch, dass auch auf dem Markt für Telefonanschlüsse keine besondere Verdrängungsgefahr besteht, die so gravierend wäre, dass eine gesonderte Regulierung von Retail-Preisen notwendig wäre. Entscheidend ist hier (wie allerdings auch auf anderen TK-Märkten) vor allem die effiziente Regulierung der Vorleistungstarife. Von einer strikteren Regulierung der Endkundentarife durch die Bundesnetzagentur sollte jedoch abgesehen werden.

Ganz allgemein ist davon auszugehen, dass die Deutsche Telekom bei einer effizienten Regulierung der wesentlichen Vorleistungen zumindest mittelfristig nicht mehr über beträchtliche Marktmacht auf nachgelagerten Märkten verfügen wird und somit eigentlich auch keine Entgeltregulierung nach § 39 TKG stattfinden sollte. In diesen Fällen ist – wenn denn nicht schon aktiver Wettbewerb besteht – zumindest mit der Entstehung von nachhaltig wettbewerbsorientierten Märkten zu rechnen. Einziger Hinderungsgrund für eine solche Entwicklung könnten signifikante Wechselkosten bei den Verbrauchern sein, sodass trotz einer Vorleistungsregulierung Marktmacht auf nachgelagerten Märkten bestehen könnte. Wir schätzen diese Wechselkosten jedoch nicht als so gravierend ein, dass sie die Entwicklung von Wettbewerb hier nachhaltig behindern könnten.

Sollte die Bundesnetzagentur zu dem Schluss kommen, dass die Deutsche Telekom auf den Retail-Märkten (trotz Regulierung der wesentlichen Vorleistungen) über beträchtliche Marktmacht verfügt (z. B. aufgrund signifikanter Wechselkosten), so sollten die Tarife vorzugsweise einer nachträglichen Regulierung gemäß § 39 Abs. 3 Satz 1 TKG unterworfen werden. Eine Missbrauchsgefahr besteht bei hohen Wechselkosten nämlich primär in der Ausbeutung der Verbraucher und nicht in der

Verdrängung von Wettbewerbern. Ein Ausbeutungsmissbrauch bringt jedoch, gerade bei einer recht unelastischen Nachfrage wie im Anschlussbereich, kaum irreversible Schäden, sodass das Tempo des korrigierenden Regulierungseingriffs weniger entscheidend ist als bei einem etwaigen Behinderungsmissbrauch, der eher irreversible Schäden (Verdrängung) anrichten kann (vgl. auch Holznagel und Vogelsang, 2008). Eine über eine Ex-post-Regulierung hinausgehende Verpflichtung scheint aus unserer Sicht nicht ökonomisch gerechtfertigt zu sein.

4. Identifikation von Verdrängungspreisen gemäß § 28 Abs. 2 TKG

4.1. Allgemeine Überlegungen

Auch wenn wir die Gefahr eines Verdrängungswettbewerbs auf den deutschen TK-Märkten nicht für realistisch halten, sind in § 28 TKG die oben beschriebenen Tests gefordert, um eine etwaige Verdrängungsstrategie zu identifizieren. Wie lassen sich diese Tests aus ökonomischer Sicht bewerten?

Wie oben bereits erörtert wurde, sind Verdrängungspreise im Allgemeinen so gestaltet, dass es den Wettbewerbern des verdrängenden Unternehmens nicht möglich ist, langfristig kostendeckend anzubieten. Oft bedeutet dies aus Sicht des verdrängenden Unternehmens auch, dass die Preise so niedrig sind, dass sie die eigenen Kosten nicht decken können. Somit sind Verdrängungspreise zumeist Preise, die einem Preis-Kosten-Schere-Test und auch einem Unter-Kosten-Preis-Test (im Folgenden: Preis-Dumping-Test) nicht standhalten, wie sie in § 28 Abs. 2 TKG festgeschrieben sind. Problematisch ist jedoch, dass nicht alle Preise, die durch solche Tests als Verdrängungspreise identifiziert werden, notwendigerweise auch wirklich Verdrängungspreise sind. Es besteht die Gefahr, dass Tests so ausgestaltet werden, dass Preise als Verdrängungspreise identifiziert werden, obwohl keine Verdrängungsabsicht vorliegt. Anders ausgedrückt bedeutet dies, dass in aller Regel die Menge der Preise, die durch einen Preis-Kosten-Schere- oder Preis-Dumping-Test angezeigt werden, nur als Teilmenge die Menge der Verdrängungspreise enthält. Jedoch sind in der Menge der Preise, die durch einen Preis-Kosten-Schere-Test angezeigt werden, auch „harmlose" Preise enthalten, die nicht aus einer Verdrängungsabsicht resultieren. Ein Preis-Kosten-Schere-Test identifiziert daher in der Regel zu viele Preise als Verdrängungspreise. Dasselbe gilt für den Test auf die Nachbildbarkeit von Produktbündeln. Aus diesem Grund ist es wichtig, dass in § 28 Abs. 1 TKG explizit die Möglichkeit zur sachlichen Rechtfertigung gegeben ist. Prinzipiell besteht nämlich bei allen standardisierten Testverfahren die Gefahr, dass zu leicht Preise als verdächtig eingestuft werden. Dies hängt natürlich von der konkreten Ausgestaltung des Tests ab. Das Risiko lässt sich jedoch durch die Möglichkeit der sachlichen Rechtfertigung reduzieren, wie es in § 28 TKG auch vorgesehen ist.

4.2. Mögliche Gründe für eine sachliche Rechtfertigung

Wie soeben erörtert liegt eine Gefahr von Preis-Kosten-Schere- und Preis-Dumping-Tests darin, dass wettbewerbskonforme Preise fälschlicherweise als Verdrängungspreise identifiziert werden. Selbst Unter-Kosten-Preise können Bestandteil einer rationalen, gewinnmaximierenden Preispolitik ohne Verdrängungsabsichten sein, wenn

1. ein Anbieter hohe Fixkosten hat und sich einer sinkenden Nachfrage gegenübersieht (z. B. wegen einer konjunkturellen Nachfrageflaute oder aufgrund neuer Konkurrenz mit zusätzlichen Kapazitäten), oder
2. ein Produkt neu auf einem Markt eingeführt wird oder
3. ein Unternehmen komplementäre Produkte verkauft.

In den drei Fällen kann ein Verkauf zu Unter-Kosten-Preisen mit einem „naiven" gewinnmaximierenden Verhalten kompatibel sein. Dabei kann der Preis in Fall 1 unter den kurz- und langfristigen Durchschnittskosten liegen und in den Fällen 2 und 3 sogar unter den kurz- und langfristigen Grenzkosten, ohne dass dies mit einer Verdrängungsstrategie zusammenhängt.

4.2.1. Auswirkungen von Überkapazitäten

Viele Märkte sind aufgrund irreversibler Kosten durch eine wenig elastische kurzfristige Angebotsfunktion gekennzeichnet. Kommt es nun entweder durch den Markteintritt neuer Anbieter zum Aufbau zusätzlicher Kapazitäten oder kommt es zu einem marktexogenen (z. B. konjunkturellen, strukturellen oder saisonalen) Nachfragerückgang, so können Preise, die unter den kurz- und langfristigen Durchschnittskosten liegen, kurzfristig durchaus gewinnmaximierend sein, sofern sie wenigstens die kurzfristigen Grenzkosten decken. Der Teil der Kosten, der irreversibel ist, ist für die kurzfristige Preispolitik nicht entscheidungsrelevant. Kurzfristig entscheidend sind daher nur die reversiblen Kosten pro Stück, die in der Regel unter den kurzfristigen Durchschnittskosten liegen werden. Von Nachfrageschwankungen (nach unten) sind die Unternehmen daher insbesondere dann stark in ihren Gewinnen (bzw. Deckungsbeiträgen) betroffen, wenn der Anteil der fixen, versunkenen Kosten hoch ist, sodass die kurzfristige Angebotsfunktion unelastisch ist, und mehr noch, wenn auch die Nachfragefunktion unelastisch ist.

Beide Bedingungen sind typischerweise in der Telekommunikation in hohem Maße erfüllt. Sofern in der Telekommunikationsbranche Überkapazitäten bestehen, sind Preise unter den Durchschnittskosten kein Ausdruck einer Verdrängungsstrategie.

4.2.2. Produktneueinführungen

Ein weiterer typischer Fall, in dem ein Anbieter einen nicht kostendeckenden Preis setzt, ist die Neueinführung von Produkten, deren Qualität oder Nutzen die Konsumenten noch nicht so gut einschätzen können oder bei denen es Lerneffekte auf der Produktionsseite gibt. Im ersten Fall versucht der Anbieter, die Konsumenten durch einen niedrigen Einführungspreis zum Kauf zu bewegen, damit die Konsumenten das Produkt einmal testen, wenn sie die Qualität oder den Nutzen des Produktes nicht durch einfache Inspektion vor dem Kauf feststellen können (vgl. Shapiro, 1983). Sind die Konsumenten dann von der Qualität bzw. dem Nutzen des Produkts überzeugt, erhöht der Anbieter den Preis auf ein Niveau, das ihm gestattet, die Anfangsverluste wieder auszugleichen. Im zweiten Fall, bei Lerneffekten auf der Produktionsseite, wird ein Anbieter durch das anfängliche Setzen von Unter-Kosten-Preisen unter Umständen versuchen, die Nachfrage nach seinem Produkt zu steigern, um möglichst schnell die Lerneffekte im Produktionsprozess auszuschöpfen und dann effizient produzieren zu können (vgl. Cabral und Riordan, 1997).

Ein weiterer Fall, in dem Unter-Kosten-Preise Anwendung finden, sind Güter, bei denen Netzwerkeffekte relevant sind und bei denen es darauf ankommt, möglichst schnell eine kritische Masse an Konsumenten zu erreichen (vgl. Bolton, Brodley und Riordan, 2000). Wenn die Zahlungsbereitschaft von Konsumenten (positiv) davon abhängt, wie viele andere Konsumenten das Produkt nutzen, so kann es für einen Anbieter durchaus rational sein, das Produkt einem Teil der Nutzer auch dann bereitzustellen, wenn ihre eigene Zahlungsbereitschaft unter den Grenzkosten der Produktion liegt. So sind z. B. im Mobilfunk ein Teil der Kunden (insbesondere im sog. Prepaid-Bereich) nur deshalb profitabel, weil sie angerufen werden, nicht jedoch weil sie selbst so viel telefonieren.

In all diesen Fällen sind Unter-Kosten-Preise nicht Ausdruck einer Verdrängungsabsicht, sondern Resultat einer einfachen Gewinnmaximierungszielsetzung zur Erreichung einer kritischen Schwelle. Allerdings werden in den genannten Fällen die Preise auch nur für eine bestimmte Zeit *zu Beginn des Produktzyklus*, also bei der Neueinführung, auf Unter-Kosten-Niveau gesetzt. Die Beispiele können nicht dazu dienen, Preissenkungen für bereits etablierte Produkte als Reaktion auf Markteintritt zu erklären.

Für den Telekommunikationsbereich kann eine solche Penetrationspreisstrategie, wie einige Unternehmen sie z. B. bei DSL-Produkten betreiben, durchaus Ausdruck einer „naiven“ Gewinnmaximierung sein, ohne dass eine Verdrängungsabsicht besteht (vgl. auch Kurth, 2002). Auch das WIK kommt zu dem Schluss, dass Unter-Kosten-Preise gerechtfertigt sind und nicht untersagt werden sollten, wenn „Penetration Pricing“ gegeben ist (vgl. Nett, Neumann und Vogelsang, 2004, S. 115).

4.2.3. Komplementäre Produkte

Unter-Kosten-Preise können auch Bestandteil einer rationalen, gewinnmaximierenden Preispolitik ohne Verdrängungsabsichten sein, wenn ein Unternehmen komplementäre Produkte verkauft. Der Anbieter zweier komplementärer Produkte wird nämlich unter Umständen eines der beiden Produkte zu einem Unter-Kosten-Preis anbieten, um den Absatz des anderen zu erhöhen. Das klassische Beispiel sind Nassrasierer à la Gillette: Während die Rasierklingen profitabel verkauft werden, liegt der Preis für den Klingenhalter unter seinen Grenzkosten, ohne dass dies als Verdrängungsstrategie zu bezeichnen wäre (vgl. Allen, 1938, oder Davis und Murphy, 2000).

Im Telekommunikationssektor ist ein solches Verhalten z. B. im Mobilfunk zu beobachten (aber nicht ausschließlich dort). Während die Handys von Netzbetreibern und Diensteanbietern im Wettbewerb zu Preisen unterhalb der Einkaufskosten (und somit Grenzkosten) an die Kunden abgegeben werden, werden mit Gesprächen, SMS, Roaming und anderen Diensten positive Deckungsbeiträge erzielt. Das bedeutet, dass Endgeräte aus den Diensteumsätzen quersubventioniert werden, ohne dass die Mobilfunkanbieter damit eine wettbewerbswidrige Verdrängungsstrategie verfolgen. Ganz ähnlich handelt es sich auch im Festnetz bei Anschlüssen und Telefongesprächen um komplementäre Produkte, sodass eine Quersubventionierung (wie das im Mobilfunk oder bei Nassrasierern üblich ist) keineswegs Teil einer Verdrängungsstrategie sein muss. Die Entscheidung der EU-Kommission zur vorgeblichen Preis-Kosten-Schere bei der Teilnehmeranschlussleitung ist somit dahingehend heftigst zu kritisieren, dass die vorhandene Komplementarität zwischen Anschluss und den darüber geführten Gesprächen in keiner Weise berücksichtigt worden ist (vgl. dazu auch ausführlich Dewenter und Haucap, 2004).

Zusammenfassend lässt sich also festhalten, dass sich auch Unter-Kosten-Preise ökonomisch sachlich rechtfertigen lassen, wenn Überkapazitäten im Markt bestehen, neue Dienste durch Penetrationspreise in den Markt gebracht werden sollen oder Komplementaritäten zwischen bestimmten Diensten bestehen. Liegt eine solche sachliche Rechtfertigung nicht vor, gilt es zu prüfen, inwiefern die Vermutungskriterien des § 28 Abs. 2 TKG erfüllt sind.

5. Ökonomisch sinnvolle Ausgestaltung der rechtlich unumgänglichen Tests

5.1. Allgemeine Erwägungen

Auch wenn wir aufgrund der sehr rigorosen Regulierung der Vorleistungsprodukte die Gefahr eines Verdrängungswettbewerbs in der TK-Branche nicht als höher einschätzen als auf anderen nichtregulierten Märkten, gibt § 28 Abs. 2 TKG nichtsdestotrotz drei Tests vor, anhand derer eine erste Einschätzung gewonnen werden soll, ob es sich bei einer bestimmten Preissetzung um einen Verdrängungsversuch handelt. Erfüllt die Preissetzung nicht diese Tests, so wird eine Verdrängungsabsicht vermutet, sofern keine sachlichen Gründe die Preispolitik rechtfertigen können.

Auf einer ganz allgemeinen Ebene ist zunächst zu unterscheiden zwischen:

1. Märkten, auf denen die Wettbewerber auf wesentliche Vorleistungen der Deutschen Telekom angewiesen sind, und
2. Märkten, auf denen dies nicht der Fall ist und die Vorleistungspreise dementsprechend nicht reguliert sind.

Betrachten wir zunächst den einfachsten Fall ohne jegliche Interdependenzen auf der Nachfrageseite. Diese Interdependenzen auf der Nachfrageseite werden wir dann bei der konkreten Ausgestaltung der Tests miteinbeziehen.

Auf Märkten ohne wesentliche Vorleistungen der Deutschen Telekom ist Markteintritt effizient, wenn die (langfristigen) zusätzlichen Erstellungskosten der Wettbewerber für einen Dienst (C_W) unter den (langfristigen) zusätzlichen Erstellungskosten des marktbeherrschenden Unternehmens (C_T) für diesen Dienst liegen. Somit ist Markteintritt effizient, wenn $C_W \leq C_T$. Für den Wettbewerber ist der Markteintritt zugleich möglich, wenn der Preis (P) seine zusätzlichen Kosten für diesen Dienst deckt, d. h. $C_W \leq P$. Somit kann sichergestellt werden, dass effizienter Markteintritt auch profitabel ist, wenn $C_T \leq P$. Relevant ist also hier der sog. Preis-Dumping-Test.

Bei Märkten, auf denen Wettbewerber auf wesentliche Vorleistungen des marktbeherrschenden Unternehmens angewiesen sind, verändert sich die Betrachtung etwas. Nehmen wir an, dass C_{VT} die langfristigen Zusatzkosten für die Erstellung der wesentlichen Vorleistungen durch die Deutsche Telekom (oder irgendeinen Inhaber einer wesentlichen Einrichtung) sind. Diese Kosten fallen bei der Leistungserstellung immer und unabhängig davon an, ob der vertikal integrierte Betreiber einer wesentlichen Einrichtung oder ein Wettbewerber das betreffende Endprodukt an den Endkunden verkauft.

Markteintritt ist unter diesen Umständen effizient, wenn die Summe aus den (langfristigen) zusätzlichen Retail-Kosten der Wettbewerber (C_{RW}) und den (langfristigen) zusätzlichen Kosten (C_A), die dem marktbeherrschenden Unternehmen entstehen, um die Vorleistung für Wettbewerber verfügbar zu machen und an sie zu verkaufen, kleiner ist als die (langfristigen) zusätzlichen Retail-Kosten des marktbeherrschenden Unternehmen (C_{RT}). Dabei umfassen die (langfristigen) zusätzlichen Retail-Kosten der Wettbewerber (C_{RW}) alle zusätzlichen Kosten, die über die vom marktbeherrschenden Unternehmen bezogenen Vorleistungen hinausgehen und die bei der Erstellung eines Dienstes für die Wettbewerber notwendig sind, um den Dienst an die Endkunden zu vertreiben. C_{RW} sind also die notwendigen zusätzlichen Kosten der Leistungserstellung z. B. für zusätzliche, nicht vom marktbeherrschenden Unternehmen bezogene, notwendige Transitleistungen sowie notwendige Vertriebskosten. Dementsprechend sind C_{RT} die dazu korrespondierenden zusätzlichen Retail-Kosten, die dem marktbeherrschenden Unternehmen über die notwendigen Vorleistungen hinaus bei der Erstellung eines Dienstes entstehen. C_A schließlich sind die Kosten, die dem marktbeherrschenden Unternehmen dadurch *zusätzlich* entstehen, dass es seine Vorleistungen an Wettbewerber verkaufen muss, z. B. für die Einrichtung von Kollokationsräumen, die Änderung von Abrechnungssystemen, u. ä. Bei allen drei Größen, C_A, C_{RW} und C_{RT}, handelt es sich somit um langfristige Zusatzkosten.

Markteintritt durch Wettbewerber ist somit effizient, wenn die langfristigen Zusatzkosten, welche anfallen, wenn ein Wettbewerber eine Leistung für einen Endkunden erstellt ($C_{VT} + C_{RW} + C_A$), kleiner sind als die langfristigen Zusatzkosten des marktbeherrschenden Unternehmens bei der Erstellung der Leistung für den Kunden ($C_{VT} + C_{RT}$), d. h. wenn $C_{VT} + C_{RW} + C_A \leq C_{VT} + C_{RT}$ bzw. wenn $C_{RW} \leq C_{RT} - C_A$. Profitabel ist Markteintritt für Wettbewerber hingegen, wenn ihre zusätzlichen Retail-Kosten zzgl. des Zugangsentgeltes (A) kleiner sind als der relevante Retail-Preis (P), d. h. wenn $C_{RW} + A \leq P$ bzw. $C_{RW} \leq P - A$.

Damit also effizienter Markteintritt auch profitabel ist, muss bei regulierten Zugangsentgelten $C_{RW} \leq \min \{P - A, C_{RT} - C_A\}$ gelten. Dabei kann gelten, dass $P - A < C_{RT} - C_A$, sodass sich die Bedingung zu $C_{RW} \leq P - A$ bzw. $P \geq A + C_{RW}$ reduzieren würde. Alternativ kann gelten, dass $P - A \geq C_{RT} - C_A$, sodass eine Preisuntergrenze von $P \geq A + C_{RT} - C_A$ in jedem Fall garantiert, dass ein effizienter Markteintritt auch stattfindet und nicht unterbleibt (vgl. dazu auch Bouckaert und Verboven, 2004, S. 330). Letzteres halten wir für die ökonomisch sinnvolle Preisuntergrenze, da die zusätzlichen Retail-Kosten (C_{RW}) *potenzieller* Wettbewerber in der Praxis nicht ermittelbar sein dürften und daher durch den Ausdruck ($C_{RT} - C_A$) approximiert werden können. Dies bedeutet, dass die ökonomisch sinnvolle Preisuntergrenze anhand eines Preis-Kosten-Schere-Tests ermittelt werden sollte, wenn bei der Erstellung des Retail-Dienstes auf wesentliche und somit regulierte Vorleistungen zurückgegriffen wird, während hingegen bei Retail-Diensten, die nicht mit Hilfe regulierter Vorleistungen erstellt werden, ein Preis-Dumping-Test verwendet werden sollte. Diese Unterscheidung ist zunächst einmal völlig unabhängig von dem gesetzlich angepeilten Aggregationsniveau, auf dem die Analyse durchgeführt werden soll.

Warum bei Produkten, die mit Hilfe wesentlicher und somit preisregulierter Vorleistungen erstellt werden, ein Preis-Kosten-Schere-Test anstelle eines Preis-Dumping-Tests sinnvoll ist, wird noch verständlicher, wenn man sich verdeutlicht, dass im Falle regulierter Vorleistungspreise die regulierten Vorleistungsentgelte die *Opportunitätskosten* der Leistungserstellung für das vertikal integrierte Unternehmen darstellen. Wenn nämlich anstelle des vertikal integrierten Unternehmens ein Wettbewerber eine Dienstleistung (z. B. ein Gespräch) für einen Endkunden erbringt, erhält das vertikal integrierte Unternehmen dafür das Vorleistungsentgelt. Der Deckungsbeitrag für das Unternehmen entspricht also dem Vorleistungsentgelt abzgl. der relevanten Erstellungskosten für diese Vorleistung. Letztere fallen unabhängig davon, ob das vertikal integrierte Unternehmen oder ein Wettbewerber die Dienstleistung erbringt, beim vertikal integrierten Unternehmen an.[22] Erbringt das vertikal integrierte Unternehmen die Dienstleistung allerdings selbst für den Endkunden, verzichtet sie auf die Vorleistungsentgelte. Diese stellen somit für ein vertikal integriertes Unternehmen Opportunitätskosten dar, korrigiert um die Zusatzkosten (C_A), die nur bei der Bereitstellung der Vorleistungen für Dritte anfallen.

Entscheidungsrelevant bei einem hypothetischen Verdrängungsversuch sind die *Opportunitätskosten* des verdrängenden Unternehmens. Konsequenterweise sollten als Grundlage für einen Test zur Ermittlung von Preisuntergrenzen die Opportunitätskosten angesetzt werden, d. h. die bei Fremderstellung der Leistung dem Unternehmen zufließenden Vorleistungsentgelte (A) abzgl. etwaiger Sonderkosten für die Bereitstellung der Vorleistung für Dritte (C_A).

Zu berücksichtigen ist bei der konkreten Testdurchführung allerdings, dass nur solche regulierten Vorleistungsentgelte berücksichtigt werden sollten, die sich tatsächlich auf wesentliche, d. h. nicht duplizierbare, Vorleistungen beziehen. So waren z. B. bis vor Kurzem auch Vorleistungsentgelte für Transitleistungen der Deutschen Telekom reguliert, die kaum von der Deutschen Telekom bezogen, sondern wettbewerblich erstellt und vermarktet werden. Bei solchen Leistungen ist *nicht* davon auszugehen, dass die Vorleistungsentgelte die Opportunitätskosten der Deutschen Telekom reflektieren. Diese sollten somit nicht zur Grundlage eines Preis-Kosten-Schere-Tests gemacht werden.

Sind jedoch Vorleistungen *wesentlich* für die Leistungserstellung, dann sollten dementsprechend die regulierten Vorleistungsentgelte als Opportunitätskosten betrachtet werden und ein Preis-Kosten-Schere-Test verwendet werden. Sind die Vorleistungen hingegen nicht wesentlich, dann sollten die langfristigen Zusatzkosten im Rahmen eines Preis-Dumping-Tests verwendet werden.[23]

Im Folgenden werden wir uns nun der Frage zuwenden, welche ökonomischen Konzepte den drei in § 28 Abs. 2 TKG genannten Tests zugrunde liegen. Konkret geht es, wie oben bereits ausgeführt, um

1. den sog. Preis-Dumping-Test,

22 Insofern sich die relevanten Kosten unterscheiden bzw. unterschiedliche Vorleistungen notwendig sind, sollten die Vorleistungsentgelte allerdings um diese Differenz korrigiert werden.

23 Es wird manchmal argumentiert, dass Preis-Kosten-Schere-Tests durch Preis-Dumping-Tests auf einer disaggregierten Ebene flankiert werden sollten. Auf diesen Punkt werden wir später im Zusammenhang mit dem adäquaten Aggregationsniveau für die Testdurchführung zu sprechen kommen.

2. den sog. Preis-Kosten-Schere-Test und
3. den Test auf die Nachbildbarkeit von Bündelprodukten.

5.2. Der Preis-Dumping-Test

Der Preis-Dumping-Test nach § 28 Abs. 2 TKG sieht vor, dass eine Verdrängungsabsicht vermutet wird, wenn *„das Entgelt der betreffenden Leistung deren langfristige zusätzliche Kosten einschließlich einer angemessenen Verzinsung des eingesetzten Kapitals nicht deckt."* Dieser Test orientiert sich an der von Posner (1976) vorgeschlagenen Regel, dass Preise unterhalb der langfristigen Grenzkosten als Anhaltspunkt für Verdrängungswettbewerb dienen sollten. Die Grenzkosten sind die zusätzlichen Kosten eines marginalen Inkrements. Für die Praxis können sie mit den langfristigen Zusatzkosten gleichgesetzt werden. Um die zugrunde liegende Logik eines Preis-Dumping-Tests nun nachzuvollziehen, ist es sinnvoll, das Konzept der langfristigen Inkrementalkosten, im Englischen Long-Run Incremental Costs (LRIC), näher zu erörtern.

5.2.1. Langfristige Zusatzkosten

Die langfristigen Zusatzkosten oder auch langfristigen Inkrementalkosten (LRIC) werden in vielen Jurisdiktionen als Grundlage für die Preisregulierung in Netzindustrien verwendet. Dabei sind zunächst zwei Merkmale dieser Kosten wichtig:
1. Es handelt sich um langfristige Kosten (im Gegensatz zu kurzfristigen Kosten), und
2. es geht um Inkremental- oder Zusatzkosten (im Gegensatz zu Alleinerstellungskosten oder im Englischen „Stand-Alone Costs").

5.2.1.1. Langfristige versus kurzfristige Kosten

Eine für ökonomische Analysen sehr wesentliche Unterscheidung ist diejenige zwischen kurzfristigen und langfristigen Kostenfunktionen. Die Unterscheidung bezieht sich im Kern darauf, welche Faktoren in der betrachteten Situation als gegeben vorausgesetzt werden. Es ist also primär eine entscheidungsorientierte Perspektive. Der übliche Sprachgebrauch in der Ökonomie erklärt sich eher sekundär daraus, dass kurzfristig in aller Regel bestimmte Faktoren als gegeben betrachtet werden müssen, während langfristig alles verändert werden kann. Ganz konkret sind langfristige Kosten die Kosten, die sich ergeben, wenn *alle* Produktionsfaktoren variabel sind und somit eine Kostenminimierung über alle Produktionsfaktoren vorgenommen werden kann. Kurzfristig hingegen sind bestimmte Produktionsfaktoren gegeben und nicht veränderbar. Für die Unterscheidung in kurzfristig und langfristig kann also keine bestimmte Zahl von Monaten oder Jahren angegeben werden, da sich die Zeitspanne, in der Produktionstechnologien ausgetauscht werden, von Branche zu Branche unterscheidet.

Im Telekommunikationsbereich wird zumeist versucht, mit Hilfe von analytischen Kostenmodellen langfristige Kostenfunktionen zu ermitteln. Zu unterscheiden sind hier der sog. Scorched-Earth-Ansatz, der eine Kostenminimierung ohne jegliche fixe Produktionsfaktoren vornimmt, und der sog. Scorched-Node-Ansatz, bei dem die bestehende Struktur eines Telekommunikationsnetzes (wie z. B. die Anzahl und der Standort der Vermittlungsstellen) als gegeben angenommen wird.

Ganz streng genommen ermittelt nur der Scorched-Earth-Ansatz wirklich langfristige Kosten. Sobald bestimmte Produktionsfaktoren als gegeben angenommen werden, handelt es sich eigentlich nicht mehr um einen langfristigen Kostenstandard. Dies ist z. B. beim Scorched-Node-Ansatz der Fall, da er ja die bestehende Struktur eines Telekommunikationsnetzes als gegeben annimmt und somit nicht mehr alle Produktionsfaktoren als variabel angesehen werden.

In der regulatorischen Praxis ist es nichtsdestotrotz üblich, einen Scorched-Node-Ansatz („Greenfield Approach“) oder eine modifizierte Form des Scorched-Node-Ansatzes zur Ermittlung der langfristigen Kosten zu verwenden (bei dem zwar nicht alle Teile des bestehenden Netzes als fest vorgegeben angesehen werden, aber doch ein Teil des Netzes). Streng genommen handelt es sich somit nicht wirklich um langfristige Kosten, auch wenn die so ermittelten Kosten in der regulatorischen Praxis dennoch als langfristige Kosten bezeichnet werden. Aufgrund der regulatorischen Praxis ergibt sich daher ganz klar ein Interpretationsspielraum dahingehend, welche Bestandteile eines Netzes als nicht veränderbar und gegeben angesehen werden und welche variabel sind. Je nachdem, über wie viele Parameter optimiert wird, verändern sich somit auch die ermittelten Kosten, die dann – der reinen Theorie zum Trotz – in der regulatorischen Praxis als langfristige Kosten bezeichnet werden.

Es sollte allerdings festgehalten werden, dass die geschilderten Probleme auch bereits bei der Festsetzung der Vorleistungsentgelte, wie z. B. den IC-Tarifen, auftauchen. Selbst wenn jedoch die Vorleistungsentgelte als gegeben betrachtet werden und somit die Festlegung einer Preisuntergrenze erleichtert wird, bleiben die Fragen, wie die langfristigen Kosten im Retail-Bereich ermittelt werden, d. h. inwiefern Kostenblöcke als fix und als variabel und inwieweit Kosten als notwendig oder nicht betrachtet werden.

5.2.1.2. Inkrementalkosten versus Kosten der Alleinerstellung

Die Inkrementalkosten (IK) bezeichnen die Kostendifferenz einer bestimmten Veränderung (Inkrement) der Menge oder sonstiger Output-Größen (z. B. ein zusätzlicher Dienst). Sie geben also an, um wie viel kostspieliger die gesamte Produktion wird, wenn ein bestimmter Zusatz (also eine zusätzliche Menge oder ein zusätzlicher

Dienst) erstellt wird. Demgegenüber geben die Alleinerstellungskosten („Stand-Alone-Kosten", SAK) an, wie hoch die Kosten wären, einen bestimmten Dienst allein zu erstellen, d. h. ohne dass andere Dienste parallel angeboten werden.

Betrachten wir das hypothetische Beispiel eines Unternehmens, welches die Produkte A und B anbietet. Die Produktion von A allein koste 10 Euro, die Produktion von B allein 8 Euro und die gemeinsame Produktion von A und B 15 Euro. Dann sind die Inkrementalkosten von A gleich 7 Euro und die Inkrementalkosten von B gleich 5 Euro. Demgegenüber sind die Alleinerstellungskosten von A gleich 10 Euro, die von B gleich 8 Euro. Für diese Betrachtung ist unerheblich, ob z. B. das Inkrement B einige weitere Mengeneinheiten des gleichen Produktes beinhaltet oder ein zusätzliches Produkt. Der Zusammenhang zwischen Inkrementalkosten und Grenzkosten wird in der folgenden Abbildung veranschaulicht. Wenn $\Delta X = X_2 - X_1$, dann entsprechen die Inkrementalkosten $IK(\Delta X)$ der schattierten Fläche, also dem Integral unter der Grenzkostenkurve von X_1 bis X_2.

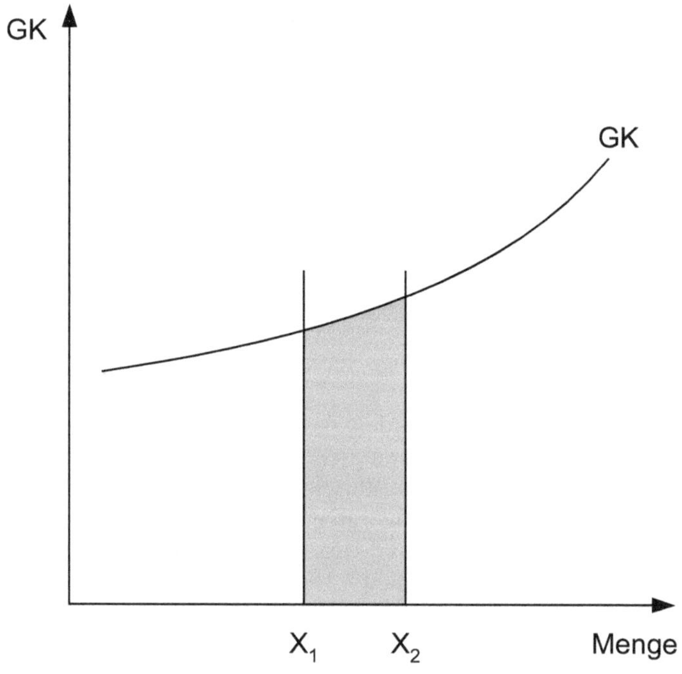

Abbildung 2: Grafische Veranschaulichung von Inkrementalkosten

Die Inkrementalkosten eines zusätzlichen Dienstes A ergeben sich somit als IK(A) = SAK(AB) - SAK(B). Analog sind die Inkrementalkosten von B gegeben durch IK(B) = SAK(AB) - SAK(A). Betrachten wir z. B. einen Pre-Selection-Anbieter von Orts-, Fern- und Auslandsgesprächen. Hier ließe sich als Inkrement jede einzelne Gesprächsart definieren. Die Kosten für Marketing, Rechnungsstellung und Inkasso sind Gemeinkosten. Somit würden z. B. die Inkrementalkosten für Ortsgespräche die o. g. Gemeinkosten nicht beinhalten, während sie in den SAK enthalten wären. Werden hingegen alle drei Gesprächsarten zusammen als relevantes Inkrement definiert, das zusätzlich zu einem anderen Dienst (z. B. Strom, Internet, o. ä.) angeboten wird, so sind die genannten Gemeinkosten Teil der Inkrementalkosten.

Die Ermittlung der Inkrementalkosten hängt also maßgeblich davon ab, wie das zu betrachtende Inkrement definiert wird. Dies wiederum ist abhängig von der Definition des relevanten Endnutzermarktes bzw. von der Frage, welches Aggregationsniveau betrachtet werden soll. Auf diese Frage werden wir später noch detailliert eingehen.

5.2.1.3. Zukunftsgerichteter versus historischer Kostenansatz

Eine weitere Unterscheidung ist der zwischen einem zukunftsgerichteten („Forward Looking") und einem historischen Kostenansatz. Das TKG stellt auf einen zukunftsgerichteten Kostenansatz ab, d. h. Anlagegüter sollten zu Wiederbeschaffungspreisen bewertet werden. Hingegen orientiert sich ein historischer Ansatz an den ursprünglichen Anschaffungskosten. Je nach technologischem Fortschritt, Entwicklung von Rohstoffpreisen u. ä. können sich zwischen einem zukunftsgerichteten und einem historischen Kostenansatz mehr oder minder große Unterschiede ergeben. Sinken die Inputpreise (z. B. für Computertechnik) und werden aufgrund technologischen Fortschritts mit der Zeit weniger Inputs benötigt (z. B. weniger Vermittlungsstellen), so ist davon auszugehen, dass die Kosten in einem zukunftsgerichteten Kostenansatz *unter* denen in einem historischen Kostenansatz liegen. Steigen die Inputpreise hingegen aufgrund zunehmender Knappheit oder veränderter regulatorischer Rahmenbedingungen (z. B. Kosten für Tiefbauarbeiten), dann werden die Kosten in einem zukunftsgerichteten Kostenansatz *über* denen in einem historischen Kostenansatz liegen. Prinzipiell ist also beides möglich.

In der regulatorischen Praxis werden manchmal aufgrund von Informationsproblemen nicht zukunftsgerichtete Marktpreise als Kostenansatz gewählt, sondern die Buchwertmethode verwendet, die sich an historischen Kosten orientiert. Aus streng ökonomischer Sicht ist allerdings eine zukunftsgerichtete Vorgehensweise mit einer Orientierung an Marktpreisen vorzuziehen. Warum dies so ist, mag deutlicher werden, wenn man sich die ökonomische Logik hinter der Verwendung von LRIC nochmals verdeutlicht.

5.2.1.4. Die ökonomische Rationale hinter LRIC

Die ökonomische Rationale hinter der Verwendung eines LRIC-Kostenstandards liegt, einfach ausgedrückt, darin, dass sich auf einem bestreitbaren Markt ebenfalls Preise auf LRIC-Niveau ergeben würden. Ziel der Regulierung ist es ja unter anderem,[24] so zu regulieren, dass die Ergebnisse eines hypothetischen Wettbewerbsmarktes reproduziert bzw. simuliert werden. Da es aufgrund resistenter Monopole nicht zu tatsächlichem Wettbewerb in diesen Bereichen kommt, sollen die Preise so gesetzt werden, als gäbe es eben diesen Wettbewerb. Warum aber würden sich auf einem bestreitbaren Markt gerade Preise auf LRIC-Niveau ergeben?

Ein bestreitbarer Markt ist dadurch gekennzeichnet, dass Marktteilnehmer „ohne Risiko" in einen Markt ein- und wieder austreten können. „Ohne Risiko" bedeutet in diesem Zusammenhang, dass keinerlei versunkene Kosten beim Markteintritt entstehen, sodass auch ein kostenloser Marktaustritt möglich ist, ohne dass beim Markteintritt vorgenommene Investitionen abgeschrieben werden müssen. Würde auf einem solchen Markt ein Anbieter einen Preis oberhalb der LRIC ansetzen, würde dies sofort Markteintritt von Wettbewerbern nach sich ziehen. Daher kann sich auf einem bestreitbaren Markt kein Preis oberhalb der LRIC durchsetzen (vgl. z. B. Viscusi, Vernon und Harrington, 1995, S. 162-164).

Für die Bewertung der Anlagen eines Anbieters hat diese Sichtweise ebenfalls Konsequenzen. Auf einem wettbewerblichen Markt kann eine Produktionsanlage niemals einen höheren Wert haben als die Kosten, die bei der Neuanschaffung einer effizienten Anlage entstehen würden. Die ursprünglichen Anschaffungskosten, also die historischen Kosten, sind für den heutigen Wert irrelevant. Letzterer kann die Wiederbeschaffungskosten für eine effiziente Anlage niemals übersteigen.

Zwar sind die Orientierung am Leitbild des bestreitbaren Marktes und die daraus resultierende Verwendung des LRIC-Standards für Telekommunikationsmärkte, die ja nun gerade durch spezifische Investitionen und somit versunkene Kosten gekennzeichnet sind, keineswegs unumstritten (vgl. Hausman, 1999, 2001). Nichtsdestotrotz hat sich der LRIC-Standard als Basis für die Entgeltregulierung auf Vorleistungsebene durchgesetzt, wobei zur LRIC-Basis dann zumeist noch ein Gemeinkostenzuschlag kommt. So sollen wesentliche Vorleistungen auf dem deutschen TK-Markt auf Basis der KEL reguliert werden. Die KEL wiederum ergeben sich genau aus den LRIC und einem Gemeinkostenzuschlag. Somit liegen die KEL schon definitionsgemäß nie unterhalb der LRIC (vgl. Nett, Neumann und Vogelsang, 2004, S. 20).

24 So schreibt z. B. die österreichische Regulierungsbehörde in ihrem Positionspapier zu LRAIC: „Mit diesem Ansatz [LRAIC] versucht man eine Wettbewerbssituation zu simulieren und somit Preise, die sich erst später in diesem Markt etablieren würden, vorwegzunehmen" (vgl. Belfin und Lukanowicz, 1999, S. 9. Ebenso spricht das WIK-Gutachten im Auftrag der RegTP von der „Simulierung von Wettbewerbspreisen durch Entgeltregulierung" (vgl. Nett, Neumann und Vogelsang, 2004, S. 86.

5.2.1.5. Interpretationsspielräume

In der regulatorischen Praxis wird in aller Regel unterschieden zwischen den Zusatzkosten für bestimmte Dienste (TSLRIC) und den Zusatzkosten für bestimmte Elemente (TELRIC), die notwendig sind, um bestimmte Dienste zu erstellen. TSLRIC misst dementsprechend die Zusatzkosten für einen zusätzlichen Dienst, während TELRIC die Zusatzkosten für bestimmte Netzelemente sind. Die TSLRIC können somit als die Summe der TELRIC verschiedener Netzelemente betrachtet werden. Da es bei den Endkunden keine Nachfrage für einzelne Netzelemente gibt, sondern nur für Dienste, sollte zur Identifikation von Verdrängungspreisen ein TSLRIC-Standard verwendet werden.

Zur Ermittlung der LRIC werden zwei verschiedene Methoden verwandt. Der sog. Bottom-Up-Ansatz basiert auf analytischen Kostenmodellen, die versuchen, die Kosten eines effizienten Netzes anhand von ingenieurwissenschaftlichen Modellen zu ermitteln. Die Frage, die sich stellt, ist somit, wie teuer es heute wäre ein effizientes Netz bei heute gegebenen Preisen für die notwendigen Inputs (Kabel, Server, Löhne, Immobilienpreise, etc.) zu ermitteln. Unterschieden werden beim Bottom-Up-Ansatz wie bereits ausgeführt der sog. Scorched-Node-Ansatz und der Scorched-Earth-Ansatz, auch Greenfield Approach genannt. In der regulatorischen Praxis finden unseres Wissens lediglich Scorched-Node-Ansätze Anwendung, d. h. bestimmte Netzelemente werden stets als gegeben angenommen. Dies erscheint auch sinnvoll, um (a) *unvermeidliche* Pfadabhängigkeiten beim Netzausbau zu berücksichtigen und (b) politische Nebenbedingungen anzuerkennen, die durch den Netzbetreiber ebenfalls nicht beeinflusst werden können (z. B. kann aufgrund von anderweitiger Bebauung oder fehlender Verfügbarkeit von Immobilien nicht überall dort eine Vermittlungsstelle eingerichtet werden, wo ein ingenieurwissenschaftliches Modell eine solche planen würde).

Im Gegensatz zum Bottom-Up-Ansatz werden beim sog. Top-Down-Ansatz die Kosten anhand der Buchhaltung des regulierten Unternehmens ermittelt. Oft ergeben sich Unterschiede in der Kostenermittlung, je nachdem, welches Verfahren zur Kostenermittlung (Bottom-Up oder Top-Down) verwendet wird.[25] Auch bei der Auswahl der miteinzubeziehenden Kosten ergeben sich Interpretationsspielräume. Die Frage, welche Kosten in die Ermittlung der LRIC einzubeziehen sind, hängt direkt zusammen mit der Frage nach der Definition des relevanten Inkrements.

In diesem Zusammenhang steht auch die Frage nach der adäquaten Ermittlung der notwendigen Kapitalbasis. Zwar wird in § 28 TKG vom *„eingesetzten Kapital"* gesprochen, doch stellt sich hier z. B. die Frage, in welchem Umfang (noch) nicht benutzte Kapazitäten als Teil der Kapitalbasis berücksichtigt werden. Um effiziente Investitionen zu fördern, sollten auch (noch) nicht genutzte Kapazitäten Berücksichtigung bei der Ermittlung der LRIC finden.

25 Für die Details zu den unterschiedlichen Methoden vgl. ausführlich Oftel (1996a), sowie Oftel (1996b).

Für die Identifikation von Verdrängungspreisen stellt sich also, wie bereits erwähnt, die Frage nach der Größe des Inkrements, das betrachtet werden soll. Ganz allgemein unterscheiden sich die ermittelten Zusatzkosten nämlich danach, wie groß das zusätzliche Inkrement ist, das es zu analysieren gilt. Je kleiner das zusätzliche Inkrement ist, desto stärker gehen die Zusatzkosten gegen null. Je größer das Inkrement ist, desto eher sind auch bestimmte Gemeinkosten Bestandteil der Zusatzkosten.

5.2.1.6. Welche Kosten sollten ganz konkret miteinbezogen werden?

Ein weiteres Problem bei der praktischen Ermittlung der LRIC ist die Frage, welche Kosten in die Berechnung der LRIC einfließen sollten. Diese Frage hängt wiederum davon ab, welches Inkrement genau betrachtet wird. So sollten die Retail-Kosten des marktbeherrschenden Unternehmens für Marketing, Rechnungsstellung, Customer Care und Support bei einer Analyse von Produktbündeln auf Kundenebene voll berücksichtigt werden. Bei einer Analyse der LRIC einer Diensteart (z. B. nur Ferngespräche) sollten diese Kosten hingegen überhaupt nicht enthalten sein.

In diesem Zusammenhang ist noch beachtenswert, dass die Telekommunikationsanbieter auf der Diensteebene in Deutschland seit sieben Jahren im Wettbewerb stehen. Daher ist davon auszugehen, dass sich die Retail-Kosten heute effizient im Wettbewerb ergeben.

Noch zu erörtern könnte die Frage sein, wie z. B. Marketing-Kosten oder Kundenakquisitionskosten periodisch umgelegt werden. Prinzipiell sollten diese Kosten periodisch so umgelegt werden, dass sie der durchschnittlichen Vertrags- bzw. Verweildauer eines Kunden entsprechen. Da diese manchmal schwer zu prognostizieren sein dürfte, muss hier am besten auf die Erfahrungen seit der Liberalisierung zurückgegriffen werden.

Schließlich bleibt noch anzumerken, dass diejenigen Kosten, die dem marktbeherrschenden Unternehmen nur dadurch entstehen, dass Vorleistungsprodukte für Dritte bereitgestellt werden, keine Berücksichtigung bei der Ermittlung von Preisuntergrenzen für das Unternehmen finden sollten. Dies würde auf keinem wettbewerblichen Markt geschehen, da sich Unternehmen an ihren *Opportunitätskosten* orientieren. Die Kosten, die dem marktbeherrschenden Unternehmen nicht entstehen, wenn es einen Dienst für einen Endkunden anstelle eines Wettbewerbers selbst erbringt, sind nicht Bestandteil der Opportunitätskosten des Unternehmens. Diese bestehen aus den IC-Entgelten oder sonstigen Vorleistungsentgelten *abzüglich* eben dieser Zusatzkosten.[26]

26 Dies werden wir später noch ausführlicher erörtern.

5.2.2. Angemessene Verzinsung des eingesetzten Kapitals

§ 28 Abs. 2 Nr. 1 TKG vermutet Unter-Kosten-Tarife, wenn das Entgelt eines Unternehmens mit beträchtlicher Marktmacht die langfristigen zusätzlichen Kosten einschließlich einer angemessenen Verzinsung nicht deckt. § 28 Abs. 2 Nr. 2 TKG fordert zudem, dass *„einem effizienten Unternehmen die Erzielung einer angemessenen Verzinsung des eingesetzten Kapitals auf dem Endnutzermarkt"* möglich sein muss. Es zeigt sich somit, dass die Bestimmung einer angemessenen Verzinsung des eingesetzten Kapitals ein bedeutender Bestandteil im Rahmen der Ermittlung von Unter-Kosten-Tarifen ist.

§ 31 Abs. 4 TKG enthält einige Kriterien, die bei der Festlegung der angemessenen Verzinsung des eingesetzten Kapitals durch die Bundesnetzagentur zu beachten sind. Diese Kriterien werden in der folgenden Tabelle dargestellt:

Kriterien gemäß § 31 Abs. 4 TKG
• Berücksichtigung der Kapitalstruktur des regulierten Unternehmens • Einbeziehung der Verhältnisse auf den nationalen und internationalen Kapitalmärkten sowie die Bewertung des Unternehmens auf diesen Märkten • Berücksichtigung der Erfordernisse bzgl. der Rendite für das eingesetzte Eigenkapital (Würdigung der leistungsspezifischen Risiken des eingesetzten Eigenkapitals) • Gewährleistung der langfristigen Stabilität der wirtschaftlichen Rahmenbedingungen (auch im Hinblick auf die Wettbewerbssituation auf den Telekommunikationsmärkten)

Tabelle 1: Kriterien zur Bestimmung der angemessenen Kapitalverzinsung[27]

Eine kritische Würdigung der angeführten Kriterien zeigt, dass das Gesetz sowohl einer marktorientierten Bewertung unter Einbeziehung unternehmensspezifischer Risiken als auch der langfristigen Stabilität der Rahmenbedingungen einen wichtigen Stellenwert einräumt. Dass die Frage nach einer angemessen Verzinsung durchaus unterschiedlich beantwortet wird, zeigt sich auch an den gewichteten Kapitalkosten (WACC), die in Europa bei der Regulierung von Telekommunikationsanbietern unterstellt werden. Im Jahr 2001 z. B. variierten die regulatorisch angesetzten WACC für etablierte Telekommunikationsanbieter in Europa zwischen 9,3 % und 15 % (vgl. Cohen, 2004).

27 Quelle: Eigene Darstellung in Anlehnung an § 31 Abs. 4 Nr. 1-4 TKG.

5.2.3. Praktische Probleme bei Preis-Dumping-Tests

Die Feststellung der langfristigen Zusatzkosten kann für Regulierungs- und Kartellbehörden aufgrund von Informationsproblemen schwierig sein. Diese Schwierigkeiten sind auch seit langem bekannt und werden schon von Posner (1976) thematisiert. Noch schwieriger ist es typischerweise, die von Areeda und Turner (1975) favorisierten kurzfristigen Grenzkosten zu ermitteln. Posner hat daher vorgeschlagen, aus Gründen der Praktikabilität Durchschnittskosten anhand von Daten aus der internen Rechnungslegung zu berechnen. Es ist zwar nicht unproblematisch, dass die historischen Kosten aus der Bilanz typischerweise nicht den ökonomisch entscheidungsrelevanten Kosten entsprechen, da effiziente Preisentscheidungen auf den zukunftsorientierten Kosten der effizienten Leistungsbereitstellung basieren (vgl. Knieps, 2003, S. 167). Allerdings sind andere Methoden mit einem unverhältnismäßigen Aufwand verbunden.

Ein erster einfacher und informationseffizienter Anhaltspunkt kann sich jedoch aus einem nationalen Preisvergleich ergeben. Wird ein verdächtigter Tarif auch von anderen Anbietern offeriert, ist nicht davon auszugehen, dass das marktbeherrschende Unternehmen eine Verdrängungsabsicht hegt. Das Nachziehen bei Preissenkungen (Price Matching) ist eine normale wettbewerbliche Reaktion und sollte daher auch etablierten Anbietern wie der Deutschen Telekom gestattet sein und nicht künstlich unterbunden werden.

5.2.4. Fazit

Preis-Dumping-Tests, die den Preis für ein Produkt mit den langfristigen Zusatzkosten der Leistungserstellung vergleichen, sind zwar theoretisch sauber fundiert, werden in der Praxis aber aufgrund zahlreicher Informationsprobleme sehr schwer durchzuführen sein. Es bietet sich daher an, auf Durchschnittskosten anhand von Daten aus der internen Rechnungslegung zurückzugreifen. Zuvor sollte jedoch stets überprüft werden, ob das Unternehmen seine Tarife weiter senkt als alternative Anbieter oder ob es sich um ein reines Nachziehen handelt, um mit bereits am Markt existierenden Angeboten zu konkurrieren. Letzteres sollte jedem Unternehmen am Markt gestattet sein, sofern die wesentlichen Vorleistungen preisreguliert sind.

Betont sei zudem noch einmal, dass sich Preis-Dumping-Tests aus ökonomischer Sicht auf die Dienste beschränken sollten, die nicht auf wesentliche und somit regulierte Vorleistungen zurückgreifen. Wird ein Dienst mit Hilfe einer wesentlichen und somit preisregulierten Vorleistung erbracht, sollte ein Preis-Kosten-Schere-Test verwendet werden. Somit dürfte für die allermeisten TK-Märkte, auf denen eine Verdrängungsstrategie vermutet wird, ein Preis-Kosten-Schere-Test der relevante Test sein. Diesen werden wir im Folgenden erörtern.

5.3. Der Preis-Kosten-Schere-Test

Der Preis-Kosten-Schere-Test nach § 28 Abs. 2 TKG sieht vor, dass eine Verdrängungsabsicht vermutet wird, wenn

> „die Spanne zwischen dem Entgelt, das der Betreiber eines öffentlichen Telekommunikationsnetzes, der über beträchtliche Marktmacht verfügt, Wettbewerbern für eine Zugangsleistung in Rechnung stellt, und dem entsprechenden Endnutzerentgelt nicht ausreicht, um einem effizienten Unternehmen die Erzielung einer angemessenen Verzinsung des eingesetzten Kapitals auf dem Endnutzermarkt zu ermöglichen (Preis-Kosten-Schere)."

Die EU Kommission hat 1998 zwei verschiedene Definitionen einer Preis-Kosten-Schere (Price Squeeze) vorgenommen. In Textziffer 117 der Mitteilung zu Zugangsregeln im TK-Bereich heißt es zunächst:

> „Ist der Betreiber in dem betreffenden Produkt- oder Dienstleistungsmarkt beherrschend, könnte ein Missbrauch auch in der Ausübung eines zweifachen Preisdrucks bestehen. Ein solcher Preisdruck könnte durch den Nachweis belegt werden, dass die nachgeordneten Sparten des beherrschenden Unternehmens selbst nicht wirtschaftlich arbeiten könnten, wenn der den Wettbewerbern für die Nutzung der vorgelagerten Einrichtungen berechnete Preis zugrunde gelegt würde" (vgl. EU-Kommission 1998, Tz. 117).

Danach besteht bei einem Produkt keine Preis-Kosten-Schere, wenn der Retail-Preis zumindest so hoch ist wie die Summe aus Vorleistungspreis und eigenen Retail-Kosten, d. h. $P \geq A + C_{RT}$, wobei A der Vorleistungspreis ist bzw. die Summe der relevanten Vorleistungspreise und C_{RT} die Retail-Kosten des marktbeherrschenden Unternehmens sind.

Gleich in der nächsten Textziffer (118) definiert die Kommission eine Preis-Kosten-Schere dann als einen Sachverhalt, bei dem

> „[...] die Spanne zwischen dem Preis für den Zugang, der Wettbewerbern im nachgeordneten Markt [...] berechnet wird, und dem Preis, den der Netzbetreiber im nachgeordneten Markt berechnet, nicht ausreicht, um einem hinreichend effizienten Diensteanbieter im nachgeordneten Markt die Erzielung eines normalen Gewinns zu ermöglichen" (vgl. EU-Kommission 1998, Tz. 118).

Gemäß dieser Definition besteht bei einem Produkt keine Preis-Kosten-Schere, wenn $P \geq A + C_{RW}$, wobei A wieder der Vorleistungspreis ist und C_{RW} nun die Retail-Kosten eines hinreichend effizienten Wettbewerbers, bzw. im Englischen eines „Reasonably Efficient Entrant", sind. Somit stellt sich zunächst die Frage, ob sich ein Preis-Kosten-Schere-Test an den Kosten eines Wettbewerbers oder an den Kosten des marktbeherrschenden Unternehmens ausrichten sollte. Diese Problematik ergibt sich nicht nur bei einem Preis-Kosten-Schere-Test, sondern ebenso bei einem Test auf die Nachbildbarkeit von Bündelprodukten.

5.3.1. Effizientes Unternehmen und effiziente Wettbewerber

In § 28 TKG ist zum einen von effizienten Unternehmen (§ 28 Abs. 2 Nr. 2), zum anderen von effizienten Wettbewerbern (§ 28 Abs. 2 Nr. 3) als Referenzpunkt für einen Test auf Verdrängungspreise die Rede. Es stellt sich somit evtl. die Frage, ob hier unterschiedliche Standards gemeint sind. Auch die Diskussion um die Reziprozität der Terminierungsentgelte hat die Frage aufgeworfen, ob es beim Effizienzbegriff um einen objektiven Begriff geht oder ob Effizienz für verschiedene Unternehmen etwas anderes bedeuten kann (vgl. auch Schebstadt, 2004, 2005).

Zunächst einmal ist festzuhalten, dass in der Diskussion um die Reziprozität und auch in § 28 TKG auf die produktive Effizienz abgestellt wird, also auf die Frage, ob ein Unternehmen einen bestimmten Output mit minimalen Kosten erzeugt. Sinnvollerweise sollte es keinen Bestandsschutz für ineffiziente Unternehmen geben, indem marktstarke Anbieter dazu gezwungen werden, durch überhöhte Preise ineffizienten Unternehmen eine angemessene Verzinsung des eingesetzten Kapitals zu ermöglichen. Dies würde den Eintritt ineffizienter Unternehmen begünstigen und stünde im Widerspruch zu den in § 2 TKG verankerten Zielen, insbesondere § 2 Abs. 2 Nr. 3 TKG. Aus Sicht der ökonomischen Theorie kann ein effizienter Wettbewerber nicht etwas anderes sein als ein effizientes Unternehmen. Ökonomisch betrachtet ist Effizienz ohne Frage ein universelles Konzept. Ein Unternehmen, das einen bestimmten Output zu höheren Kosten erstellt als ein anderes, ist somit ökonomisch gesehen definitiv ineffizient. Aus wirtschaftspolitischer Sicht besteht unter Ökonomen sehr weitgehend Einigkeit, dass eine Politik, welche Unternehmen, die nicht effizient produzieren, Bestandsschutz gewährt und ihnen durch staatliche Maßnahmen eine Verzinsung des eingesetzten Kapitals garantiert, zu gesamtwirtschaftlich ineffizienten Ergebnissen führt.

In der regulatorischen Praxis wird nichtsdestotrotz zwischen zwei Arten der Preis-Kosten-Schere unterschieden, die hier angesprochen sein könnten: der sog. „Equally Efficient Operator“-Test und der sog. „Reasonably Efficient New Entrant”-Test (vgl. Ofcom, 2004). Die zugrunde liegende Idee dahinter, einen verhältnismäßig effizienten Wettbewerber als Maßstab zu verwenden, liegt darin, dass neue Wettbewerber gegenüber dem etablierten Ex-Monopolisten Nachteile haben könnten. Diese Nachteile können darin begründet sein, dass der Ex-Monopolist bei der Marktliberalisierung bereits einen Kundenstamm besitzt, während die neuen Wettbewerber diese Kunden erst vom Ex-Monopolisten abwerben müssen. Insbesondere die Loyalität mancher (wenn auch nicht aller) Kunden kann den Markteintritt für neue Anbieter schwierig machen und dem etablierten Anbieter quasi einen „natürlichen“ Wettbewerbsvorteil verschaffen, den es nach dem „Reasonably Efficient New Entrant”-Test dann auszugleichen gilt.

Aus ökonomischer Sicht kann jedoch der Schutz ineffizienter Wettbewerber kein adäquates wettbewerbspolitisches Ziel sein. Wettbewerb dient aus ökonomischer Perspektive letztlich dazu, effiziente Marktergebnisse herbeizuführen. Diese ergeben sich, wenn neue Anbieter in den Markt eintreten, die mindestens genauso effizient wie das etablierte Unternehmen oder sogar noch besser sind. In Ausnahmefällen kann auch der Markteintritt von ineffizienten Anbietern trotz einer Verschlechterung der produktiven Effizienz zu einer allgemeinen Effizienzverbesserung führen, wenn durch diese zusätzlichen Anbieter die allokative Effizienz erheblich zunimmt. Dies kann der Fall sein, wenn es durch den Eintritt neuer Anbieter zu Kapazitätsausweitungen und somit zu Preissenkungen kommt.

Allerdings erscheint dieses Szenario sehr unwahrscheinlich auf Märkten, auf denen alle Wettbewerber prinzipiell Zugang zur selben Technologie haben. Des Weiteren – und dies ist ganz wichtig – wird der Zugewinn an allokativer Effizienz geringer werden, wenn das kostengünstigere (also produktiv effiziente) Unternehmen seinen Kostenvorteil nicht ausspielen darf. Das hypothetische Szenario, dass durch den Markteintritt und Schutz ineffizienter Anbieter die gesamtwirtschaftliche Effizienz gefördert wird, gilt daher nur unter sehr speziellen Bedingungen, die für den Retail-Sektor im TK-Markt kaum zutreffen dürften. Daher sollte dieses Szenario nicht zur Leitlinie für eine effizienzorientierte Wettbewerbspolitik werden.

Des Weiteren ist zu bedenken, dass die Loyalität einiger Kunden zwar den Markteintritt für neue Anbieter schwierig macht. Zugleich ist aber wichtig festzuhalten, dass ein möglichst häufiges oder ausgeprägtes Wechseln der Anbieter an sich kein Wettbewerbsziel ist, insbesondere dann nicht, wenn Konsumenten Wechselkosten haben und somit jeder Anbieterwechsel mit Kosten verbunden ist. Unter Effizienzgesichtspunkten ist nicht entscheidend, dass möglichst viele Konsumenten wechseln oder möglichst viele Anbieter am Markt überleben können, sondern dass die Preise für die Verbraucher möglichst nah an den effizienten Kosten (resultierend aus der sog. Minimalkostenkombination) sind, sodass möglichst wenig Verbraucher durch überhöhte Preise vom Konsum abgehalten werden. Werden jedoch Anbieter künstlich gezwungen ihre Preise hochzuhalten, so wird dieses Effizienzziel gerade verfehlt, da somit zwar vielleicht bestimmte, weniger effiziente Anbieter am Leben gehalten werden, dies jedoch auf Kosten der Konsumenten geschieht und tendenziell zu wenig konsumiert wird.

Auch die britische Ofcom hat in ihren Price-Squeeze-Analysen den „Reasonably Efficient New Entrant"-Test als Maßstab für einen möglichen Price Squeeze verworfen (vgl. Ofcom, 2004, Paragraph 120). Zugleich berücksichtigt Ofcom bei Call-by-Call-Anbietern allerdings innerhalb des „Equally Efficient Operator"-Tests strukturelle, unvermeidbare Nachteile, die sich aus der Notwendigkeit der Zusammenschaltung ergeben (der sog. „Local Call Disadvantage"). Diese strukturellen Nachteile betreffen allerdings nach Auskunft der Deutschen Telekom lediglich die Verbindungsnetzbetreiber (VNB), nicht jedoch die Teilnehmernetzbetreiber (TNB).

5.3.1.1. Zusammenschaltungsbedingte strukturelle Nachteile neuer Anbieter

Worum geht es bei diesen strukturellen Nachteilen der VNB? Im Gegensatz zu einem vertikal integrierten TNB wie der Deutschen Telekom, der sowohl Vorleistungen als auch Endprodukte erstellt und anbietet, haben reine Verbindungsnetzbetreiber zunächst einen unvermeidbaren Kostennachteil beim Angebot von Telefongesprächen oder auch anderen (Daten-)Diensten, bei denen die Wettbewerber auf das Netz der TNB angewiesen sind. Dieser Nachteil ist von der britischen Ofcom als „Local Call Disadvantage“ bezeichnet worden, bezieht sich aber nicht ausschließlich auf Ortsgespräche. Bei Ortsgesprächen fällt dieser strukturelle Nachteil jedoch gemessen an den Gesamtkosten der Leistungserstellung prozentual am stärksten ins Gewicht.

Der natürliche, strukturelle Kostennachteil der VNB betrifft somit vor allem Ortsgespräche. Der Nachteil resultiert daraus, dass bei einem Ortsgespräch bei VNB zwangsläufig ein zusätzlicher Vermittlungsstellendurchlauf notwendig ist (vgl. Ofcom, 2004, Paragraphen 65 und 66). Besonders stark betroffen sind von diesem strukturellen Nachteil Gespräche zwischen Teilnehmern, die im gleichen lokalen Einzugsbereich angeschlossen sind. Hier ist keine Transitleistung erforderlich, wenn das Gespräch im Netz der Deutschen Telekom oder innerhalb des Netzes eines anderen Anbieters (z. B. eines City Carriers) bleibt.

Wird ein solches Gespräch hingegen von einem konkurrierenden VNB angeboten, so entstehen diesem Wettbewerber (z. B. einem Call-by-Call-Anbieter) aus zwei Gründen kostenmäßig Nachteile (vgl. Ofcom, 2004, Paragraphen 65 und 66):

1. „Tromboning“ bzw. zusätzlicher Vermittlungsstellendurchlauf: Selbst ein VNB, der an allen möglichen Teilnehmervermittlungsstellen (TVSt) mit der Deutschen Telekom zusammengeschaltet wäre, würde einen zusätzlichen Vermittlungsstellendurchlauf im Vergleich zur Deutschen Telekom benötigen. Dies ergibt sich daraus, dass die Deutsche Telekom das Gespräch auf das Netz des VNB führt, der das Gespräch dann direkt wieder an derselben TVSt ins Netz der Deutschen Telekom leitet (vgl. Ofcom, 2004, Paragraph 63). Diese zusätzliche Schaltung ist in der folgenden (von Ofcom entwickelten) Grafik durch die Pfeile (3) und (5) illustriert.

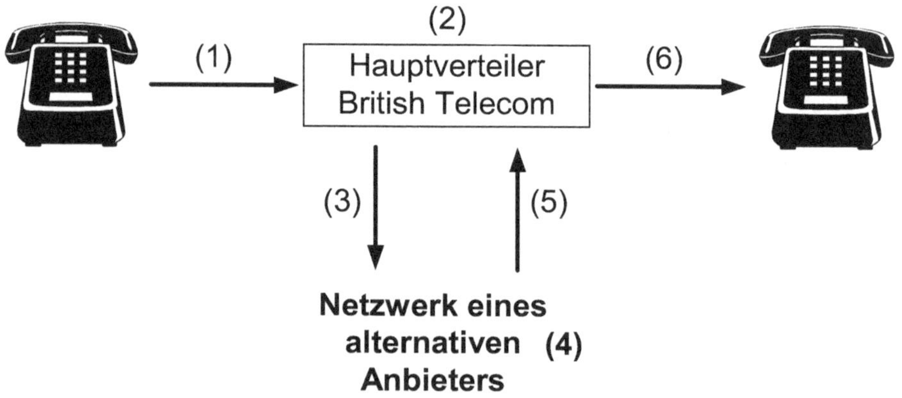

Abbildung 3: Grafische Veranschaulichung des „Tromboning“[28]

28 Quelle: Ofcom (2004), Paragraph 65 (Übersetzungen unsererseits).

2. Skalennachteile: Um deutschlandweit Gespräche innerhalb desselben lokalen Einzugsbereichs effizient zu routen, müsste der VNB auf lokaler Ebene idealerweise an allen 1622 lokalen Einzugsbereichen bzw. an wenigstens 475 lokalen Einzugsbereichen mit der Deutschen Telekom zusammengeschaltet sein. Anderenfalls muss das Gespräch über den nächsten „Point Of Interconnection" (POI) geroutet werden, was dann signifikant höhere Kosten verursacht als ein netzinternes Gespräch. Momentan sind nur sechs Wettbewerber der Telekom an mindestens 475 Stellen mit der Deutschen Telekom zusammengeschaltet.

Die erwähnten Skalennachteile spiegeln sich auch darin wider, dass die Interconnection-Tarife, die Wettbewerber als Vorleistungsentgelte an die Deutsche Telekom zu entrichten haben, (auch) in Deutschland von den selbst getätigten Infrastrukturinvestitionen abhängen. Je stärker ein Wettbewerber sein eigenes Netz ausgebaut hat, desto geringer sind die zu zahlenden Interconnection-Entgelte. Wettbewerber, die an mindestens 475 lokalen Einzugsbereichen mit der Deutschen Telekom zusammengeschaltet sind, zahlen für Verbindungen ins Netz der Deutschen Telekom lediglich das Entgelt für eine Local-Terminierungsleistung, während diejenigen Anbieter, die zumindest an den 23 Grundeinzugsbereichen, aber an weniger als 475 lokalen Einzugsbereichen mit dem Netz der Deutschen Telekom zusammengeschaltet sind, entweder das Entgelt für eine Single-Transit-Leistung an die Deutsche Telekom entrichten oder die Terminierungsleistung von einem Wettbewerber mit gut ausgebauter Infrastruktur und mindestens 475 POI beziehen.

In der Tat bezieht selbst ein Großteil der VNB ohne ausgebaute Infrastruktur die notwendigen Transitleistungen, die über den Local-Transit hinausgehen, nicht von der Deutschen Telekom zu regulierten Preisen, sondern zu Marktpreisen von anderen Wettbewerbern. Somit ist von Anbietern mit mindestens 475 POI als effizienten Wettbewerbern auszugehen. Selbst ein solcher relativ effizienter VNB hat jedoch aufgrund des Tromboning, also des zusätzlichen Vermittlungsstellendurchlaufs, einen Kostennachteil im Vergleich zur Deutschen Telekom. Dies betrifft wie gesagt besonders stark, wenn auch nicht ausschließlich, die Ortsgespräche. Diese strukturellen Nachteile eines VNB treten jedoch nach Angaben der Deutschen Telekom nicht bei einem TNB-Wettbewerber auf. Dies sollte vor dem Hintergrund des zunehmenden Wettbewerbs durch TNB berücksichtigt werden. Als Kosten des effizienten Unternehmens sollten in diesem Fall somit die Kosten der Deutschen Telekom verwendet werden, zumindest was die Netzkosten betrifft.

Darüber hinaus stellt sich die Frage, welche weiteren Retail-Kosten (für Vertrieb, Billing, Customer Care, etc.) berücksichtigt werden sollten. Aufgrund des intensiven Wettbewerbs auf den Retail-Märkten (vgl. BNetzA, 2008) ist nicht davon auszugehen, dass hier bei den Unternehmen Ineffizienzen bestehen. Möglicherweise haben neue Anbieter hier Kostennachteile aufgrund einer vergleichsweise schlechteren Reputation bzw. der Tatsache, dass die Deutsche Telekom einen Teil ihrer Kunden noch aus der Monopolzeit vor 1998 „geerbt" hat. Hier gilt jedoch zu bedenken, dass nicht das Wechseln an sich, sondern möglichst günstige, kostenorientierte Preise das Ziel einer effizienten Regulierung sein sollten. In Übereinstimmung mit Ofcom

(2004, Paragraph 120) sollten diese potenziellen Nachteile neuer Anbieter daher keine Berücksichtigung finden.

Aus ökonomischer Sicht spricht wenig dafür, dass ein marktbeherrschendes Unternehmen seine Preise künstlich über die eigenen Kosten anheben sollte, nur um Wettbewerbern den Markteintritt und das Überleben am Markt zu erleichtern. Zudem würde dem marktbeherrschenden Unternehmen ein regulatorisch induzierter Wettbewerbsnachteil vor allem gegenüber den konkurrierenden TNB entstehen. Maßstab für einen Preis-Kosten-Schere-Test sollten daher die Vorleistungsentgelte des marktbeherrschenden Unternehmens zzgl. der Kosten sein, welche dem marktbeherrschenden Unternehmen bei der Erstellung und Vermarktung des Retail-Produktes entstehen.

5.3.1.2. Praxis in Deutschland

Die bislang verwendete Praxis des sog. „IC + 25"-Tests sieht bei den Tarifen für City-Verbindungen so aus, dass als Vorleistungen (a) das Entgelt für die lokale Zuführung sowie (b) das Entgelt für eine Single-Transit-Leistung zugrunde gelegt werden. Liegen die effektiven Einnahmen pro Minute im Retail-Markt dann um mindestens 25 % über der Summe der Vorleistungsentgelte, so ist ein Retail-Tarif genehmigungsfähig (vgl. Monopolkommission, 2005, S. 100). Bei einer Deutschlandverbindung sieht der „IC + 25"-Test so aus, dass als Vorleistungen (a) wiederum der Preis für die lokale Zuführung sowie (b) der Preis für eine Double-Transit-Leistung zugrunde gelegt werden. Liegen die effektiven Einnahmen pro Minute im Retail-Markt dann wiederum um mindestens 25 % über der Summe der Vorleistungsentgelte, ist der Retail-Tarif genehmigungsfähig. Differenziert wird im Rahmen der „IC + 25"-Regel nach Haupt- und Nebenzeiten (Peak und Off-Peak), sofern es sich um Tarifangebote handelt, die zu 100 % einer bestimmten Zeit zuzuordnen sind wie z. B. der XXL-Tarif für Sonn- und Feiertage. Bei Tarifangeboten wie dem Budgettarif Aktiv Plus calltime 120, die sowohl in der Haupt- als auch in der Nebenzeit benutzt werden können, ist die Bundesnetzagentur bei ihrer Prüfung zumeist davon ausgegangen, dass die Telefonate bzw. Verbindungen zu 100 % in der Peak-Zeit zustande kommen.

Diese Vorgehensweise ist aus vielerlei Gründen sehr problematisch (vgl. auch Monopolkommission, 2005): Erstens ist völlig unklar, ob die implizite Zuordnung eines 25-prozentigen Gemeinkostenblocks in irgendeiner Weise dem entspricht, was sich im Wettbewerb ergeben würde. Dies wäre wohl rein zufällig und ist äußerst unwahrscheinlich (vgl. Nett, Neumann und Vogelsang, 2004, S. 6 und S. 121 f.). Wie Ofcom (2004, Paragraph 109) richtig ausgeführt hat, sollte es den Unternehmen nicht regulatorisch vorgegeben, sondern selbst überlassen bleiben, durch welche Dienste sie ihre Gemeinkosten decken. Insofern ist ein 25-prozentiger Aufschlag auf die IC-Entgelte zur Ermittlung einer Preisuntergrenze äußerst fragwürdig.

Zweitens ist es auch problematisch zu unterstellen, dass bei Optionaltarifen bzw. Paketen alle Leistungen zur Peak-Zeit erbracht werden. Hier sollte statt eines solchen „Worst-Case"-Szenarios das tatsächliche Verbraucherverhalten zugrunde gelegt werden. Ist dies ex ante schwer zu prognostizieren, sollten Erfahrungen anderer Anbieter oder auch aus anderen Ländern berücksichtigt werden. Die Unterstellung eines „Worst-Case"-Szenarios hingegen verhindert Preissenkungen zum Schaden der Verbraucher.

Und drittens entspricht diese Vorgehensweise natürlich in keiner Weise einem Test, der sich an einem *effizienten* Unternehmen ausrichtet. Ganz im Gegenteil wird wiederum ein „Worst-Case"-Szenario unterstellt. Als Vorleistungsentgelte werden diejenigen Tarife zugrunde gelegt, die ein Wettbewerber mit der allernötigsten Infrastruktur, nämlich noch nicht einmal 475 POI, zu zahlen hätte, würde er die Vorleistungen von der Deutschen Telekom beziehen. In der Tat gibt es momentan jedoch bereits sechs Wettbewerber, die an mindestens 475 POI mit dem Netz der Deutschen Telekom zusammengeschaltet sind und somit keine Single- oder gar Double-Transit-Leistung für die Terminierung beziehen, wie beim „IC + 25"-Test unterstellt wird. Zudem kaufen selbst diejenigen Wettbewerber, die über weniger als 475 POI verfügen, einen Großteil der Transitleistungen nicht bei der Deutschen Telekom zu bislang regulierten Preisen, sondern auf Wettbewerbsmärkten ein.

Für Wettbewerber mit einer gering ausgebauten eigenen Netzinfrastruktur ist es somit augenscheinlich günstiger, die Vorleistungen von der Deutschen Telekom und anderen Anbietern zu beziehen, als sie selbst zu erstellen. Diese grundlegende Entscheidung ist in der Wissenschaft ausführlich unter dem Stichwort „Eigenfertigung versus Fremdbezug" bzw. im Englischen „Make or Buy" behandelt worden. Demnach wird ein Unternehmen solche Leistungen selbst erstellen („Make"), bei denen die Kosten der Erstellung unter den Preisen bei Fremdbezug („Buy") liegen. Umgekehrt bedeutet dies auch, dass diejenigen Wettbewerber, die an vielen Stellen mit der Deutschen Telekom zusammengeschaltet sind, erwarten, dass ihre Selbsterstellungskosten unter den Preisen der Deutschen Telekom für diese Leistungen liegen. Das bedeutet, dass diese Wettbewerber relativ effizient in der Erstellung von Transit-Leistungen sind, denn ansonsten würden sie diese ja nicht selbst erstellen, sondern fremd beziehen. Dies bedeutet auch, dass die regulierten IC-Entgelte für Single- und Double-Transit-Leistungen Obergrenzen für die Vorleistungskosten *effizienter* Wettbewerber darstellen. Ein effizienter Wettbewerber hingegen wird weniger Vorleistungen von der Deutschen Telekom beziehen. Daher sollten sich Tests zur Ermittlung von Preisuntergrenzen unbedingt an Unternehmen orientieren, die nur noch die unabdingbar notwendigen Vorleistungen von der Deutschen Telekom beziehen.

Die sog. „IC + 25"-Regel hingegen überschätzt die Kosten der Leistungserstellung systematisch und zieht die Preisuntergrenze daher zu hoch ein. Weder sollte ein 25-prozentiger Aufschlag auf die Vorleistungsentgelte verlangt werden, noch sollte ein „Worst-Case"-Szenario hinsichtlich des Verbraucherverhaltens oder der Infrastruktur des Wettbewerbers unterstellt werden. Vielmehr sollte vom tatsächlichen oder prognostizierten Verbraucherverhalten sowie einem *effizienten* Wettbewerber ausgegangen werden, der über entsprechende Infrastruktur verfügt.

5.3.1.3. Internationale Praxis

Was die Retail-Kosten angeht, hat sich international als gängige Praxis herausgebildet, die tatsächlichen Retail-Kosten des jeweiligen dominanten Unternehmens als Maßstab zu verwenden und nicht die Kosten etwaiger Wettbewerber. So schreibt z. B. die britische Oftel in ihren Richtlinien von Januar 2000:

> „In considering whether an undertaking is engaging in price squeezing in breach of the Competition Act, the Director General will consider whether the dominant undertaking would be profitable in the relevant downstream market if it had to pay the same input prices as its competitors" (Oftel, 2000, Paragraph 7.26).

Auch die niederländische OPTA hat die Kosten des etablierten Anbieters zum Maßstab gemacht. In Paragraph 4 der relevanten Richtlinie heißt es zwar:

> „A price squeeze scenario applies in the event of the margin between the sourcing and the selling rates applied by the provider having significant market power, or by a business having economic power, being reduced to such a level as to prohibit (efficient) competitors from marketing their services on a profitable basis."

Doch wird in Paragraph 28 derselben Richtlinie klar gestellt, dass diese Retail-Kosten eines „Reasonably Efficient Entrant" durch die Kosten des etablierten Anbieters approximiert werden können (vgl. OPTA/Nma 2001).

Die EU-Kommission hat sich dieser Praxis angeschlossen. Im Dokument des ONP-Ausschusses vom 26.06.2001 (ONPCOM 01-17) heißt es:

> „[...] a situation of a margin squeeze occurs when the incumbent's price of access combined with its downstream costs are higher than its corresponding retail price."[29]

Diese Vorgehensweise entspricht auch der wettbewerbspolitischen Praxis der EU, z. B. im Fall *Napier Brown – British Sugar*, in dem eine Preis-Kosten-Schere definiert wurde als

> „[...] margin between the price which it charges for a raw material to the companies which compete with the dominant company in the production of the derived product and the price which it charges for the derived product, which is insufficient to reflect that dominant company's own cost of transformation [...] with the result that competition in the derived product is restricted."[30]

Auch in ihrem Verfahren gegen die Deutsche Telekom in Sachen Preis-Kosten-Schere TAL/TELAS hat die EU-Kommission als Preisuntergrenze des Retail-Preises für einen Telefonanschluss den Vorleistungspreis für die entbündelte TAL plus einen Zuschlag für Gemeinkosten (z. B. für Billing und Customer Care) verwendet.[31] Problematisch aus Sicht der Kommission war, dass die Differenz zwischen Vorleistungs- und Endkundenpreis nicht ausreichend war, um die *eigenen* Retail-

29 Dokument des ONP-Ausschusses (ONPCOM 01-17), S. 5.

30 Vgl. Entscheidung der Kommission 88/518/EEC, OJ [1988], L284/41 („Napier Brown – British Sugar").

31 Vgl. Entscheidung der Kommission vom 21. Mai 2003, 2003/707/EG, OJ [2003], L263/9.

Kosten der Deutschen Telekom zu decken. Somit wurde als Maßstab für ein effizientes Unternehmen die Deutsche Telekom selbst gewählt.

5.3.1.4. Zwischenfazit

Als Zwischenfazit bleibt festzuhalten, dass sich ein Preis-Kosten-Schere-Test an den Retail-Kosten des marktbeherrschenden Unternehmens selbst orientieren sollte und etwaige Kostennachteile alternativer Anbieter aus ökonomischen Effizienzgründen keine Berücksichtigung finden sollten. Dies ist zudem gängige internationale Praxis.

Im Folgenden soll nun detaillierter auf eine sinnvolle Ausgestaltung von Preis-Kosten-Schere-Tests unter Berücksichtigung der Zusammenhänge auf der Nachfrageseite eingegangen werden.

5.3.2. Entwurf eines Preis-Kosten-Schere-Tests auf dem Endnutzermarkt

Um einen Preis-Kosten-Schere-Test sinnvoll zu gestalten, sollte berücksichtigt werden, dass die allermeisten Konsumenten eine Vielzahl von Telekommunikationsdiensten beziehen, häufig von demselben Anbieter. Insbesondere werden Konsumenten häufig aus Loyalität, Bequemlichkeit, Vertrauen oder auch Trägheit von dem Anbieter weitere Dienste wie Gespräche etc. beziehen, von dem sie ihren Telefonanschluss beziehen. Diese Überlegung sollte und wird bei der Preiskalkulation der Anbieter auf Telekommunikationsmärkten eine wichtige Rolle spielen.

Aufgrund dieser Komplementarität der Nachfragen ist zu erwarten, dass die Preiskalkulation für verschiedene Dienste nicht unabhängig voneinander erfolgt. Vielmehr berücksichtigt jedes Multi-Produkt-Unternehmen bei seiner Preissetzung, dass zwischen den Nachfragen nach einzelnen Diensten Zusammenhänge bestehen. Dies gilt prinzipiell für Märkte mit funktionsfähigem Wettbewerb genauso wie für Märkte mit eingeschränktem Wettbewerb. Dementsprechend sieht die Gesetzesbegründung zum TKG auch explizit vor, dass nicht jeder einzelne Tarif kostendeckend sein muss, sondern lediglich eine Kombination von Tarifen. Die Gesetzesbegründung geht daher auch davon aus, dass nicht jeder einzelne Tarif verlustfrei nachbildbar sein muss. Sichergestellt werden soll lediglich *„dass effiziente Konkurrenten des Unternehmens mit beträchtlicher Marktmacht diese Tarife in Kombination nachvollziehen können, ohne Verluste zu machen.“*[32] Ebenso sollte dann konsequenterweise gelten, dass nicht jeder einzelne Kunde gewinnbringend sein muss, sondern lediglich die Gesamtheit der Kunden, die einen speziellen Tarif gewählt hat.

Eine solche Vorgehensweise ist wettbewerbsökonomisch auch sinnvoll, weil sie sich am Verhalten von Unternehmen im Wettbewerb orientiert. Gewinnmaximierende Unternehmen werden in ihrer Preispolitik berücksichtigen, inwiefern die

32 Gesetzesbegründung zu § 26 TKG-E, Hervorhebungen unsererseits.

Nachfragen nach verschiedenen Diensten zusammenhängen und sich beeinflussen. So kann ein gebündeltes Angebot von Anschlüssen mit Orts- und Ferngesprächen durchaus profitabel sein, auch wenn das getrennte Angebot der Dienste zu derselben Preissumme nicht profitabel wäre. Ebenso könnte ein gemeinsames Pre-Selection-Angebot für Orts-, Fern- und Auslandsgespräche profitabel sein, selbst wenn das getrennte Angebot nur zu einer höheren Preissumme gewinnbringend wäre. Dementsprechend sollten Gemeinkosten wie Rechnungsstellung, Marketing, Kundendienste und -management nicht durch die Bundesnetzagentur verschiedenen Einzeldiensten zugeordnet werden. Entscheidend ist, dass eine Kundengruppe insgesamt profitabel ist. Wie ein Unternehmen seine Gemeinkosten deckt, d. h. über welche Dienste, sollte dem Unternehmen überlassen werden. Idealerweise erfolgt hier eine Orientierung an Preiselastizitäten bzw. den sog. Superelastizitäten. Diese Umlegung der Gemeinkosten erfolgt automatisch durch gewinnmaximierende Unternehmen (vgl. Laffunt und Tirole, 2000).

Interessant ist in diesem Zusammenhang wiederum die bereits erwähnte Ofcom-Untersuchung bzgl. der neuen Tarifangebote der British Telecom (BT). Ofcom hat hier richtigerweise festgestellt (vgl. Ofcom, 2004, Paragraphen 100 und 101), dass eine Preis- und Kosten-Analyse von einzelnen Tarifen oder einzelnen Diensten nicht sinnvoll ist. Vielmehr ist zu analysieren, ob die Kundengruppe, die einen bestimmten Tarif auswählt, insgesamt profitabel ist. Im konkreten Fall hat Ofcom daher untersucht, ob ein effizienter Wettbewerber von BT bei einem gebündelten Angebot von Orts- und Ferngesprächen profitabel sein könnte. Die Tatsache, dass ein alleiniges Angebot von Ferngesprächen für einen Wettbewerber nicht profitabel möglich wäre, ist richtigerweise nicht relevant für die Beurteilung eines Price Squeeze-Vorwurfs (vgl. Ofcom, 2004, Paragraph 109). Ganz allgemein kann der Vorgehensweise von Ofcom zugestimmt werden, dass eine Analyse von Preisuntergrenzen auf Basis der gesamten Kunden, die einen Tarif wählen, erfolgen sollte. Ob einzelne Teilleistungen nach einer willkürlichen Kostenzuordnung durch die Bundesnetzagentur – wie bei der „IC + 25"-Regel der Fall – profitabel wären, ist nicht adäquat zu untersuchen. Hier könnte man höchstens fragen, ob die Teilleistungen (z. B. nur Ferngespräche) im Durchschnitt über alle Kunden über den eigenen langfristigen Zusatzkosten liegen, wobei allerdings unbedingt zu berücksichtigen ist, ob durch diesen Tarif andere zusätzliche Erlösquellen erschlossen werden. Ist letzteres der Fall, ist selbst bei einem Preis unterhalb der langfristigen Zusatzkosten nicht automatisch von einer Verdrängungspreissetzung auszugehen.

Geprüft werden sollte sodann die durchschnittliche *Profitabilität des Leistungsbündels*, welches die Kunden in einem Tarif typischerweise beziehen, über alle Kunden. Wie die Ofcom richtig bemerkt hat, ist nicht entscheidend, ob einzelne Kundensegmente profitabel sind oder nicht. Die relevante Fragestellung lautet, ob die Kunden *im Durchschnitt* profitabel sind. Dies ist die Frage, die sich jedes Multi-Produkt-Unternehmen im Wettbewerb stellt. Interessehalber kann eine nähere Untersuchung einzelner Kundengruppen vorgenommen werden, wie auch Ofcom dies aus Informationsgründen getan hat. In den von Ofcom durchgeführten Tests wurden die Kunden dabei nach ihrem Umsatz auf zehn Gruppen verteilt. Diese Aufteilung auf 10 Gruppen ist rein willkürlich. Ebenso sinnvoll hätte eine Aufteilung auf 5 oder 20 Gruppen erfolgen können. Allerdings wäre eine Aufteilung auf 20 Gruppen in der Praxis aus Gründen der Informationsbeschaffungskosten kaum sinnvoll.

Um eine Preispolitik zu beurteilen ist letzten Endes eine Betrachtung des durchschnittlichen Kunden in einem Tarif relevant, nicht der einzelnen Kundengruppen innerhalb des Tarifes. Dies ist auch in § 28 Abs. 2 Nr. 2 TKG der Fall, wenn von einem Preis-Kosten-Schere-Test *auf dem Endnutzermarkt* die Rede ist.

Um dies weiter zu verdeutlichen, ist das Beispiel von Preisen im Supermarkt sinnvoll. Auch Supermärkte, die im scharfen Wettbewerb stehen, werden ggf. einige Produkte, sagen wir Schokolade, zu Unter-Kosten-Preisen anbieten (sog. „Lockvogelangebote"), weil davon auszugehen ist, dass die meisten Kunden dann auch andere Produkte kaufen werden, die einen positiven Deckungsbeitrag erwirtschaften. Natürlich könnte nun ein Anbieter, der nur Schokolade verkauft, nicht erfolgreich am Markt bestehen. Zudem wird der Supermarkt mit denjenigen (wenigen) Kunden, die tatsächlich nur Schokolade kaufen, Verluste machen. Wichtig ist aber, dass der Supermarkt im Durchschnitt verlustfrei arbeitet.

5.3.3. Konkrete Gestaltung der Preis-Kosten-Schere auf dem Endnutzermarkt

Betrachten wir nun also die Frage, welchen Preis ein Anbieter von Telekommunikationsdiensten bei intensivem Wettbewerb für die Bereitstellung eines bestimmten Leistungsbündels verlangen könnte. Welche Preissumme also würde sich für ein bestimmtes Leistungsbündel auf einem hochgradig kompetitiven Endnutzermarkt für Telekommunikationsdienste ergeben? Gemäß der Logik der ökonomischen Standardtheorie wäre das der Preis, bei dem ein effizientes Unternehmen gerade noch verlustfrei arbeiten kann. Für ein bestimmtes Konsumbündel an Telekommunikationsdiensten würde das Kalkül also dahingehen, einen Kunden gerade dann noch mit diesen Leistungen zu versorgen, wenn dadurch wenigstens keine Verluste entstehen bzw., in einer Welt mit Unsicherheit, keine Verluste zu *erwarten* sind.[33, 34]

Zu bedenken ist dabei auch, dass z. B. die meisten Kunden, die erst einmal ein bestimmtes Leistungsbündel von einem Anbieter beziehen, oft noch weitere Dienste von diesem Anbieter kaufen werden, d. h. es bestehen Komplementaritäten zwischen den unternehmensspezifischen Nachfragen. So werden z. B. die Nachfrager, die einen Anschluss von einem TNB beziehen, zumindest auch einen Teil ihrer Telefongespräche mit diesem TNB führen. Natürlich wird es auch Kunden geben,

33 Das kann sich natürlich ex post als Irrtum herausstellen.

34 Die Vorgehensweise der EU-Kommission im TAL/TELAS-Verfahren gegen die Deutsche Telekom, allein von der Differenz zwischen dem Vorleistungspreis und dem Endkundenpreis schon auf eine wettbewerbspolitisch bedenkliche Preis-Kosten-Schere zu schließen (vgl. Entscheidung der Kommission vom 21. Mai 2003, 2003/707/EG, OJ [2003], L263/9), ignoriert diese Frage und ist – wie wir sehen werden – daher auch nicht konsistent mit dem Ziel, durch Regulierung wettbewerbliche Preise zu erreichen.

die nur einen Anschluss bei dem entsprechenden TNB besitzen, aber alle Gespräche durch Pre-Selection oder Call-by-Call mit anderen Anbietern führen. Im Durchschnitt wird dies jedoch nicht zutreffen. Aus Sicht des TNB besteht also die berechtigte Erwartung, dass ein Kunde, der einen Anschluss hat, zumindest im Durchschnitt auch einen Teil seiner Gespräche mit diesem TNB führt. Hingegen wird ein Kunde, der seinen Anschluss bei einem alternativen TNB hat, vermutlich auch einen Teil seiner Gespräche über eben diesen Anbieter führen.

Mit jedem Gespräch, das der Kunde dann über „seinen" TNB führt, erwirtschaftet der TNB einen Deckungsbeitrag, den wir im Folgenden mit DB_G bezeichnen. Auf diese Deckungsbeiträge müsste der TNB verzichten, wenn der Kunde das Leistungsbündel statt von ihm von einem anderen TNB erhielte. Somit stellen diese zusätzlichen Deckungsbeiträge aus Sicht des TNB *Opportunitätskosten* dar, welche der TNB zu tragen hätte, würde er das gefragte Leistungsbündel nicht bereitstellen. Anders formuliert reduzieren eben diese zusätzlichen Deckungsbeiträge die Opportunitätskosten der Bereitstellung des betreffenden Leistungsbündels.

Nun sind Gespräche über das Netz eines TNB keineswegs die einzige Quelle für zusätzliche Deckungsbeiträge. Vielmehr entstehen bei der Bereitstellung eines Konsumbündels an TK-Diensten – je nach Umfang des betrachteten Leistungsbündels – Deckungsbeiträge aus bis zu fünf Quellen:

1. Die Gebühr für den Telefonanschluss abzüglich der LRIC der TAL.
2. Deckungsbeiträge aus Gesprächen über den TNB im direkten Endkundengeschäft:
   Mit Gesprächen, die von dem betrachteten Anschluss mit Teilnehmern des eigenen Netzes geführt werden, generiert der TNB Erlöse, welche, vermindert um die dazugehörigen inkrementellen Netznutzungskosten, Deckungsbeiträge DB_G erwirtschaften.
3. Deckungsbeiträge aus Gesprächen über einen VNB:
   Wenn von dem betrachteten Anschluss Gespräche über einen alternativen Anbieter via Call-by-Call oder Pre-Selection geführt werden, erlöst der TNB Entgelte für die Zuführung des Gespräches. Vermindert um die entstehenden Kosten der Zuführung wird wiederum ein Deckungsbeitrag DB_Z erwirtschaftet.
4. Deckungsbeiträge aus Zusatzdiensten (Auskunft, Weckdienst, o. ä.).
5. Terminierung von Gesprächen aus anderen Netzen:
   Sobald der betrachtete Anschluss von einem anderen Anschluss aus über einen alternativen Anbieter oder aus dem Mobilfunknetz angerufen wird, wird das Gespräch ortsnah an den TNB übergeben, wofür dann der TNB ein Terminierungsentgelt erhält. Somit ergibt sich ein fünfter Deckungsbeitrag DB_T.

In ganz ähnlicher Weise ist davon auszugehen, dass Pre-Selection-Kunden oftmals nicht nur eine Gesprächsart, sondern typischerweise gleich mehrere Arten von Gesprächen auf einen neuen Anbieter umstellen lassen. So werden einige Kunden sowohl Orts- als auch Fern- als auch Auslandsgespräche umstellen, andere vielleicht nur Orts- und Ferngespräche oder auch andere Kombinationen. Wichtig ist, dass der Durchschnittskunde nicht nur einen Dienst von einem Anbieter beziehen wird, sondern aus Gründen der Bequemlichkeit, des Vertrauens etc. gleich mehrere Dienste von einem Anbieter beziehen wird. Dies wiederum heißt, dass für die Preiskalkulation der Anbieter die Komplementarität der Nachfragen relevant ist und bei der Preissetzung einbezogen wird. Eine unabhängige Betrachtung von Einzelpreisen ist somit irreführend und wettbewerbsökonomisch nicht sinnvoll.

Diese Komplementarität, d. h. dass der Kauf eines Dienstes oft mit dem Kauf anderer Dienste von demselben Anbieter verbunden ist, gilt für alle Anbieter gleichermaßen. Somit bedeutet die Berücksichtigung der Komplementaritäten auch, dass dadurch automatisch berücksichtigt wird, ob der Preis bzw. die Preissumme für ein Leistungsbündel ökonomisch nachbildbar ist, d. h. ob ein bestimmtes Portfolio von Tarifen insgesamt in Kombination nachvollziehbar ist. Denn ebenso wie ein marktbeherrschendes Unternehmen in seiner Preispolitik Komplementaritäten berücksichtigen kann, steht es auch jedem Wettbewerber offen, sein Produktportfolio und die entsprechenden Tarife so zu gestalten, dass die gegebenen Komplementaritäten berücksichtigt werden.

Aus den Teilleistungen, welche die Endnutzer typischerweise konsumieren, ergibt sich sodann, der oben beschriebenen Opportunitätskosten-Logik folgend, als Preis-Kosten-Schere-Test der folgende Ansatz:

Effektive Erlöse aus dem Verkauf aller Endnutzerleistungen auf allen regulierten Endnutzermärkten (Anschlüsse, Inlands- und Auslandsverbindungen)	$\geq$	Summe aus (a) dem Produkt von Absatzmenge und entsprechenden Vorleistungspreisen und (b) Retail-Kosten auf LRIC-Basis abzgl. zusätzlich induzierter Erlöse

Da der Kauf eines ganzen Bündels von Leistungen bei einem Anbieter wie gesagt dazu führt, dass sich auch andere Erlösquellen für den Anbieter erschließen, sind die dadurch generierten Deckungsbeiträge abzuziehen vom Gesamtpreis, den der Endnutzer für sein Bündel von Leistungen zahlt, um zur Preisuntergrenze zu gelangen. Bei diesen zusätzlichen Erlösquellen geht es vor allem um:

1. Deckungsbeiträge aus allen Terminierungsleistungen (Festnetz, Mobilfunk, IP-Netze), und
2. Deckungsbeiträge aus noch nicht in der Berechnung enthaltenen Diensten, welche auf nichtregulierten Endnutzermärkten erlöst werden.

Somit sollte die Preisuntergrenze für ein Leistungsbündel so aussehen, dass alle direkt generierten Umsatzerlöse mindestens den entstehenden Zusatzkosten entsprechen müssen abzgl. der durch den Verkauf des Bündels auf nichtregulierten Endnutzermärkten und aus Terminierungsleistungen möglicherweise (je nach betrachtetem Konsumbündel) induzierten Zusatzerlöse. Dabei sollten in die Kostenberechnung die wesentlichen Vorleistungen mit den regulierten Vorleistungspreisen eingehen und alle auf anderen Wertschöpfungsstufen entstehenden Kosten auf LRIC-Basis.

5.3.4. Preis-Kosten-Schere-Test für einzelne Dienste

Prinzipiell lässt sich ein Preis-Kosten-Schere-Test nicht nur über ein Bündel an Dienstleistungen auf dem Endnutzermarkt durchführen, sondern ebenso für einzelne Dienste. Hierbei gilt es dann die Komplementaritäten zu berücksichtigen. Die Berücksichtigung der Komplementaritäten beantwortet zugleich die Frage nach der Nachbildbarkeit, da davon auszugehen ist, dass die Komplementaritäten allgemeiner Natur sind und von allen effizienten Anbietern gleichermaßen berücksichtigt werden können und müssen.

Wie bereits ausgeführt wurde, sind Gespräche über das Netz eines TNB keineswegs die einzige Quelle für zusätzliche Deckungsbeiträge. Vielmehr entstehen bei der Bereitstellung eines Telefonanschlusses Deckungsbeiträge aus allen oben genannten fünf Quellen: Ein Anbieter, der einen Telefonanschluss an einen Endkunden vermietet, erhält somit mehr als den monatlichen Mietzins, der mit dem Kunden vereinbart wurde, denn zusätzlich erlöst das vermietende Unternehmen verschiedene Deckungsbeiträge für die vielfältige Nutzung der TAL.

Die Deckungsbeiträge für Gespräche im Netz des TNB und über einen VNB, Terminierung, etc. fallen an, weil hier die Vorleistungspreise auf das Niveau der Kosten der effizienten Leistungserstellung (KEL) gesetzt werden. Die KEL wiederum werden von der Bundesnetzagentur so angesetzt, dass sie einen Beitrag zu den Fix- und Gemeinkosten des TNB enthalten. Selbst wenn also bei sehr scharfem Wettbewerb die Preise für Telefonverbindungen auf das Niveau der KEL absinken – was bei der Loyalität einiger Konsumenten unwahrscheinlich ist – müsste der TNB bei einer Übernahme der TAL durch einen Wettbewerber auf die in den KEL enthaltenen Fixkostenanteile und somit Deckungsbeiträge verzichten. Somit werden dem TNB Deckungsbeiträge aus vielerlei Quellen verloren gehen, wenn ein anderer Anbieter den Anschluss übernimmt.

Was bedeutet dies für die wettbewerbliche Preisuntergrenze für einen Telefonanschluss? Wenn ein TNB einen Telefonanschluss an einen Endkunden vermietet, hat er zum einen natürlich die langfristigen zusätzlichen Ressourcenkosten (LRIC) zu tragen. Zum anderen ist die Vermietung des Anschlusses zugleich aber mit Erlösen verbunden, die aus der Vermietung resultieren. Aus ökonomischer Perspektive sind nämlich die sog. *Opportunitätskosten* für die Preispolitik eines Unternehmens relevant. Wie oben bereits ausgeführt, sind dies bei regulierten Vorleistungspreisen genau diese Entgelte. Warum ist das so?

Gehen wir einmal davon aus, dass ein TNB sich – rein theoretisch – auch aus dem Retail-Geschäft ganz zurückziehen könnte wie dies z. B. bei vertikaler Trennung der Fall wäre, und dann würde er die TAL an alternative Anbieter vermieten. Der daraus resultierende Ertrag ist gegeben durch A_{TAL} - $LRIC_{TAL}$ - C_A, wobei A_{TAL} der Vorleistungspreis für die TAL ist.

Somit ist die Bereitstellung der TAL an einen Endkunden (anstelle eines Wettbewerbers) mit *Opportunitätskosten* in Höhe von A_{TAL} - $LRIC_{TAL}$ - C_A verbunden. Anders ausgedrückt kann ein TNB seinen Anschluss entweder einem Wettbewerber überlassen und dafür einen Deckungsbeitrag von A_{TAL} - $LRIC_{TAL}$ - C_A erwirtschaften. Oder aber der TNB versorgt den Kunden selbst und erwirtschaftet Erlöse in Höhe von P_{TA} - $LRIC_{TAL}$ - $C_T + \sum DB_i$, wobei letzteres die o. g. Deckungsbeiträge aus anderen Quellen sind, die sich ergeben, wenn der TNB selbst den Zugang zum Kunden hat. Der TNB ist nun indifferent zwischen den beiden Alternativen, wenn gilt:

$$A_{TAL} - C_A - LRIC_{TAL} = P_{TA} - C_T - LRIC_{TAL} + \sum DB_i.$$

Als Preisuntergrenze für den Telefonanschluss (P_{TA}) ergibt sich somit der Vorleistungspreis für die TAL (A_{TAL}) abzüglich des Betrages der Erlöse aus anderen Diensten, korrigiert um die Ersparnisse, die sich durch den Verzicht auf das Retail (relativ) ergeben (also $C_T - C_A$). Dies wäre der geringste Preis, bei dem es sich für einen TNB rentieren würde, den Anschluss selbst den Kunden anzubieten, und es würde ein Nullgewinn resultieren.

Warum ist eine solche an der Profitabilität ausgerichtete Überlegung sinnvoll? Der Grundgedanke ist, dass strategisches Verhalten vermutet werden kann, wenn ein TNB einen so niedrigen Retail-Preis setzt, dass er durch die Vermietung der entbündelten TAL an einen Wettbewerber mehr Profit erzielen würde als durch die Eigenvermarktung an einen Endkunden zu diesem Retail-Preis. Dies kann prima facie als Evidenz für strategisches Verhalten gewertet werden. Das bedeutet, dass bei Preisen unterhalb dieser Grenze strategisches Verhalten vorliegen *könnte*.

Mathematisch könnten wir die ökonomisch sinnvolle Preisuntergrenze für einen Telefonanschluss nun wie folgt ausdrücken:

$$P_{TA}^{T} \geq A_{TAL} + C_T - C_A - \begin{pmatrix} \gamma \cdot \left(\pi \cdot DB_G^{\pi} + (1-\pi) \cdot DB_G^{1-\pi}\right) \\ + (1-\gamma) \cdot \left(\pi \cdot DB_Z^{\pi} + (1-\pi) \cdot DB_Z^{1-\pi}\right) \\ + \pi \cdot DB_T^{\pi} + (1-\pi) \cdot DB_T^{1-\pi} \end{pmatrix},$$

wobei π der Anteil der Gespräche zur Peak-Time ist und $1-\pi$ entsprechend der Anteil der Gespräche zur Off-Peak-Time und γ der Anteil der Gespräche im Netz des TNB und $1-\gamma$ der Anteil der Gespräche über VNB. DB_G sind die Deckungsbeiträge aus Gesprächen über den TNB selbst, DB_Z die Deckungsbeiträge aus Gesprächen über einen VNB. Zu beachten ist zudem, dass DB_T sich auf die Terminierungserlöse aus Gesprächen (Mobilfunk und andere Festnetze) bezieht.

Um noch besser zu verstehen, warum in der Formel die Erlöse vom Vorleistungspreis für die TAL abgezogen werden, fügen wir ein kleines Zahlenbeispiel an: Nehmen wir rein hypothetisch an, die Miete für die TAL würde für einen Wettbewerber pro Monat 20 € betragen. Die Summe der Deckungsbeiträge, die mit sämtlichen über den Anschluss laufenden (eingehenden und abgehenden) Verbindungen generiert wird, beläuft sich auf 15 €. Der Anbieter des Anschlusses hat nun einen Mindestpreis zu berechnen, ab dem es sich lohnt, einen Kunden selbst zu bedienen anstatt den Anschluss an einen Wettbewerber zu vermieten. Letzteres würde 20 € einbringen, doch bringt jeder eigene Kunde auch Erlöse von 15 € mit sich. Bei einem Preis von 20 € - 15 € = 5 € wäre der Anbieter also gerade indifferent, da die

Opportunitätskosten (der entgangenen Vermietung) von 20 € gerade durch die Erlöse von 15 € und 5 € gedeckt werden. Jeder Preis unter 5 € würde darauf hindeuten, dass die Vermietung an Wettbewerber eigentlich attraktiver ist, d. h. dass der etablierte Anbieter bei der Vermietung an Endkunden bewusst Erlöseinbußen in Kauf nimmt, was wiederum auf strategische Absichten hindeutet.

Theoretisch könnte die Summe der zusätzlichen Deckungsbeiträge sogar die zusätzlichen Ressourcenkosten des Anschlusses ($LRIC_{TAL}$) bzw. den Vorleistungspreis (A_{TAL}) übersteigen und die Preisuntergrenze infolgedessen einen negativen Wert annehmen. Solch ein negativer Preis könnte bspw. in einem Gesprächsguthaben bestehen oder einer einmaligen Zahlung bei Abschluss eines Vertrages, wie es im Mobilfunk-Bereich teilweise üblich ist. Festzuhalten bleibt hier, dass ein niedriger oder negativer Preis kein Anzeichen für Verdrängungswettbewerb sein muss, sondern vielmehr als ein Hinweis für starken Wettbewerb gesehen werden kann, der die Gewinne der beteiligten Unternehmen schrumpfen lässt.

Konsequenterweise ergibt sich aus den o. g. Überlegungen auch, dass ein Preis definitiv kein Verdrängungspreis ist, wenn er dem Vorleistungspreis der TAL plus den *zuzuordnenden* Retail-Kosten entspricht oder sogar darüber liegt. Eine weitere Zuordnung von Gemeinkosten ist dann überflüssig. Das bedeutet, dass Preise für einen Telefonanschluss, die oberhalb der KEL liegen (welche ja Gemeinkosten beinhalten), definitiv keine Verdrängungspreise sind. Aber auch Preise unterhalb von A_{TAL} müssen aufgrund der zusätzlichen Deckungsbeiträge keine Verdrängungspreise sein.

Bei den zuzuordnenden Retail-Kosten handelt es sich um Kosten, die in direkter Verbindung mit dem Telefonanschluss stehen. Rechnungsstellung und Inkasso gehören nicht dazu, denn diese Kosten würden auch für einen reinen Call-by-Call- oder Pre-Selection-Anbieter anfallen. Hinzu zu zählen sind hingegen Kosten für Customer Care (zumindest teilweise) und evtl. andere Kosten.

Die zweite Dienstleistung, welche Endnutzer neben Telefonanschlüssen typischerweise nachfragen, sind Inlands- und Auslandsverbindungen. Auch hier greift das oben schon beschriebene *Opportunitätskostenkalkül*. Führt ein Teilnehmer ein Gespräch nicht über einen TNB, wird er das Gespräch über einen alternativen Anbieter führen. Der TNB erlöst in diesem Fall $2 \cdot P_{local}$, in einigen (wenigen) Fällen auch mehr (nämlich wenn eine Single- oder Double-Transit-Leistung erbracht wird). Diesen Erlösen stehen die langfristigen Zusatzkosten von Terminierung und Zuführung und ggf. Transit entgegen. Wird das Gespräch nun über den TNB geführt, so ergeben sich mehr oder minder dieselben Kosten, während die Erlöse im Endkunden-Entgelt (P_G) für das Gespräch bestehen.

Wichtig für die Entwicklung des Preis-Kosten-Schere-Tests ist, dass der relevante Vergleichsmaßstab ein *effizientes* Unternehmen ist, sodass wir davon ausgehen können, dass nur die geringst möglichen Interconnection-Tarife anfallen. Für Ortsgespräche bedeutet dies, dass der Preis mindestens dem Entgelt für die lokale Zuführung und Terminierung entsprechen sollte, d. h. $P_{OG} \geq 2 \cdot P_{local}$, jeweils unterschieden nach Peak und Off-Peak.

Für Ferngespräche muss neben der lokalen Zuführung und Terminierung auch eine Transitleistung erbracht werden. Dies muss in der Preisuntergrenze berücksichtigt werden, sodass wir als Preisuntergrenze $P_{FG} \geq 2 \cdot P_{local} + LRIC_{Transit}$ erhalten, unterschieden wiederum nach Peak und Off-Peak.

Für die Transitleistung ist nicht das Vorleistungsentgelt anzusetzen, sondern die langfristigen Zusatzkosten, welche unter den KEL liegen, da sie ja keine Gemeinkosten enthalten. Die LRIC sind hier anzuwenden, weil diese Transitleistungen keine *wesentlichen* Vorleistungen sind, da sie dupliziert werden können und daher nicht von einem marktbeherrschenden Unternehmen bezogen werden müssen. Vielmehr können diese Leistungen auch zu Marktpreisen von anderen Wettbewerbern bezogen werden.

Sollte sich die Deutsche Telekom ähnlich wie andere Anbieter im Ausland dazu entscheiden, die Differenzierung zwischen Orts- und Ferngesprächen aufzuheben, wäre hier eine Mischkalkulation vorzunehmen, die sich an den tatsächlichen Anteilen von Orts- und Ferngesprächen orientiert. Hier wäre die Preisuntergrenze $P_{IG} \geq 2 \cdot P_{local} + \alpha \cdot LRIC_{Transit}$, wobei α der Anteil der Ferngespräche ist.

Die Bestimmung einer Preisuntergrenze für Auslandsverbindungen folgt der gleichen Logik wie die Bestimmung einer Preisuntergrenze für Inlandsverbindungen. Bei Auslandsverbindungen kommt jedoch hinzu, dass sowohl ein marktbeherrschendes Unternehmen als auch Wettbewerber Entgelte für die Nutzung des ausländischen Netzes zu entrichten haben.

Diese Entgelte hängen hauptsächlich von zwei Einflussgrößen ab: Zum einen hat die Marktstruktur des betreffenden Ziellandes einen Einfluss. Zum anderen könnte die Verhandlungsposition des inländischen Unternehmens eine Rolle dafür spielen, welche Entgelte es für die Terminierung zu leisten hat bzw. in welcher Form ein Entgelt erfolgt.[35]

Es sind also vielfältige Spielformen denkbar, wie sich ein Preis für die Terminierung im Ausland ergeben kann. Für die folgende Darstellung wird an dieser Stelle jedoch angenommen, dass die Höhe der Entgelte für die Terminierung im Ausland t_A lediglich von der Nachfragesituation abhängt und für sämtliche inländischen Unternehmen gleich ist.[36]

Als Preisuntergrenze für Auslandsgespräche ergibt sich dann, wiederum unterschieden nach Peak und Off-Peak, $P_{AG} \geq P_{local} + LRIC_{Ausland}$. Dabei bestehen die über die lokale Zuführung hinausgehenden Zusatzkosten eines Auslandsgesprächs aus der inländischen Transit-Leistung und der ausländischen Terminierungsgebühr, t_A, d. h. $LRIC_{Ausland} = LRIC_{Transit} + t_A$.

An dieser Stelle ergibt sich die Frage, ob der Markt für Auslandsgespräche als ein Markt betrachtet werden sollte oder ob es sich – je nach Zielland – um viele separate Märkte handelt. Die Beantwortung dieser Frage hängt davon ab, wie sich Konsumenten in ihrer Nachfrage nach Auslandsgesprächen verhalten. Orientieren sich die Nachfrager in ihrem Telefonierverhalten an den einzelnen Gesprächspreisen (wie

35 Dies spielt z. B. eine Rolle beim International Roaming im Mobilfunk.

36 Dies ist der Fall, wenn Terminierungsleistungen auf einem Spotmarkt gehandelt werden und sich für alle Handelsteilnehmer gleichgewichtige Marktpreise ergeben.

vermutlich im Call-by-Call-Verfahren), dann sollte von einzelnen Märkten ausgegangen werden. Im Pre-Selection-Verfahren hingegen oder bei vielen Geschäftskunden dürften die durchschnittlichen Preise eine Rolle spielen, sodass von einem Gesamtmarkt für Auslandsgespräche auszugehen wäre. Dementsprechend müsste die Preisuntergrenze sich am durchschnittlichen Telefonierverhalten (gewichtet nach Zielländern) orientieren.

Aus den Teilleistungen, welche die Endnutzer typischerweise konsumieren, ergibt sich sodann, der oben beschriebenen Opportunitätskosten-Logik folgend, als Preis-Kosten-Schere-Test die folgende Formel:

$$P_B \geq A_{TAL} + C_T - C_A + [n_{IG} \cdot (2 \cdot P_{local} + \alpha \cdot LRIC_{Transit}) + n_{AG} \cdot (P_{local} + LRIC_{Ausland})] - DB_{Andere}.$$

Dabei steht P_B für die effektiven Einnahmen aus den Leistungen, die ein *durchschnittlicher* Kunde in einem bestimmten Tarif bezieht, n_{IG} und n_{AG} für die durchschnittliche Anzahl von Inlands- und Auslandsgesprächen, wobei hier noch eine Gewichtung nach Peak und Off-Peak-Zeiten (und den dementsprechenden Kosten) zu erfolgen hat.

Da der Kauf eines ganzen Bündels von Leistungen bei der Deutschen Telekom (inkl. des Teilnehmeranschlusses) wie gesagt dazu führt, dass sich auch andere Erlösquellen für die Deutsche Telekom erschließen, sind die dadurch generierten Deckungsbeiträge abzuziehen vom Gesamtpreis, den der Endnutzer für sein Bündel von Leistungen zahlt, um zur Preisuntergrenze zu gelangen. Bei diesen zusätzlichen Erlösquellen geht es vor allem um:

1. Deckungsbeiträge aus allen Terminierungsleistungen (Festnetz, Mobilfunk, IP-Netze), und
2. Deckungsbeiträge aus noch nicht in der Berechnung enthaltenen Diensten.

5.3.5. Fazit

Unsere Erörterungen haben ergeben, dass ein Preis-Kosten-Schere-Test auf dem Endnutzermarkt:

1. sich an den Kosten eines effizienten Unternehmens orientieren sollte, welche der Einfachheit halber und der internationalen Praxis folgend durch die Kosten der Deutschen Telekom approximiert werden können,
2. Komplementaritäten dadurch berücksichtigen sollte, dass Deckungsbeiträge aus anderen Diensten, die mit Hilfe eines Dienstes generiert werden, in die Ermittlung der Preisuntergrenze einfließen.

Relevant ist bei einem *Preis-Kosten-Schere-Test* auf dem Endnutzermarkt die Frage, ob der *durchschnittliche* Kunde in einem Tarif profitabel ist unter Berücksichtigung der zusätzlich generierten Deckungsbeiträge aus Terminierungsleistungen, Zusatzdiensten, etc. Eine Betrachtung einzelner Kundengruppen in einem Tarif kann zwar informativ sein, ist aber für die Gesamtbeurteilung nicht entscheidend. Der bisherige „IC + 25“-Test hingegen ist ökonomisch äußerst fragwürdig und daher als Testmethode zu verwerfen.

5.4. Nachbildbarkeit von Produktbündeln

Bei Bündelprodukten dürfte davon auszugehen sein, dass eine Koppelung von Telefongesprächen an den Teilnehmeranschluss geschieht, wie z. B. beim XXL-Tarif. Zu fragen ist dann, welche Preisuntergrenze für ein solches Paket wettbewerbsökonomisch sinnvoll ist. Aufgrund der unvollständigen Information der Anbieter ist es nicht möglich, jedem einzelnen Kunden ein Paket an Diensten „maßzuschneidern“. Daher ist auch davon auszugehen, dass nicht unbedingt alle Kunden, die einen bestimmten Tarif wählen, für den Anbieter profitabel sind. Wichtig ist jedoch, dass die Kunden, die einen bestimmten Tarif oder ein Produktbündel gewählt haben, im Durchschnitt profitabel sind.

Eine solche Betrachtung des hypothetischen Durchschnittskunden in einem Tarif hat auch Ofcom vorgenommen (vgl. Ofcom, 2004). Dabei kann aus Gründen der zusätzlichen Informationsgewinnung zwischen verschiedenen Kundengruppen unterschieden werden, indem die Kunden nach ihrem Telefonierverhalten in Dezile, Quintile oder sonstige Gruppen zusammengefasst werden. Es ist jedoch wichtig festzuhalten, dass (a) diese Unterteilung rein willkürlich ist und (b) letzten Endes immer eine Orientierung am Durchschnittskunden erfolgen sollte. Die Vorstellung, dass jedes einzelne Kundendezil oder, noch extremer, jeder einzelne Kunde profitabel sein muss, ist aufgrund der bestehenden Informationsprobleme nicht realistisch und auch nicht ökonomisch rational. Entscheidend ist, ob ein Tarif bzw. ein Produkt *im Durchschnitt* profitabel ist. Ob ein Bündel regulierte und nichtregulierte Bestandteile enthält, ist für die Beurteilung von Preisuntergrenzen aus wettbewerbsökonomischer Perspektive nicht relevant, solange die Vorleistungen entweder duplizierbar oder preisreguliert sind und auch tatsächlich zur Verfügung gestellt werden.

Allgemein lässt sich festhalten, dass durch die entbündelte Bereitstellung der TAL prinzipiell jedes Produktbündel bzw. jeder Tarif, das bzw. der einen Preis-Kosten-Schere-Test besteht, auch ökonomisch nachbildbar ist. Somit liefert ein Test bzgl. der Nachbildbarkeit von Produktbündeln keine weiteren wettbewerbsökonomisch relevanten Informationen. Erfüllt ein Tarif einen Preis-Kosten-Schere-Test, ist aber von Wettbewerbern nicht nachbildbar, dürfte es sich nicht um *effiziente* Wettbewerber handeln, sofern die wesentlichen Vorleistungsprodukte effizient reguliert sind. Insofern kann ein Test auf Nachbildbarkeit ggf. lediglich darauf hinweisen, dass bestimmte wesentliche Vorleistungen nicht verfügbar sind. Durch die Entbündelung der TAL ist letzteres allerdings schwer vorstellbar.

5.5. Dynamische Aspekte

Im Zuge dynamischer technologischer Entwicklungen ist nicht davon auszugehen, dass sämtliche Anbieter von Telefongesprächen dies noch mit Hilfe traditioneller Technologien tun. So müssen Anbieter von VoIP-Gesprächen je nach Gesprächsziel nur noch wesentlich weniger Vorleistungen von der Deutschen Telekom beziehen.

Mit zunehmender Verbreitung von VoIP ist davon auszugehen, dass der Preis für Telefongespräche rapide sinken wird, ggf. sogar auf null fallen wird. Damit auch ein etablierter Anbieter wie die Deutsche Telekom auf solche neuen Wettbewerbssituationen reagieren kann, wäre evtl. ein Dynamisierungsparameter bei der Ermittlung der Preisuntergrenzen sinnvoll.

Möglich wäre z. B. aus pragmatischen Gründen eine Vorgehensweise, bei der die Preisuntergrenze zunächst sich anteilig an VoIP-Gesprächen und „normalen" Telefongesprächen orientiert, bis VoIP einen bestimmten Prozentsatz am gesamten Gesprächsvolumen überschritten hat. Sobald dieser Schwellenwert erreicht ist, sollte sich die Preisuntergrenze nur noch an der neuen, kostengünstigeren Technologie (VoIP) orientieren.

6. Mögliche Prüfalgorithmen

6.1. Benchmarking als mögliches Testverfahren

Da die Opportunitätskosten in Form entgangener Deckungsbeiträge für die Bundesnetzagentur (und andere Behörden) schwer zu schätzen sind und da die Vorlage von Kostenunterlagen und anderen Dokumenten für eine Offenkundigkeitsprüfung nicht vorgesehen ist, ließe sich zunächst relativ schnell ein nationales und internationales Benchmarking durchführen. Führt dieses Benchmarking zu dem Resultat, dass national oder international dieselben oder sogar noch günstigere Preise (relativ zu den Vorleistungsentgelten) am Markt gefordert werden, so kann die Preispolitik als unverdächtig gelten.

Allerdings ist vor allem ein internationales Benchmarking bei Telefonanschlüssen nicht unproblematisch. Bei ähnlicher Regulierung kann jedoch versucht werden, die Differenz zwischen Vorleistungspreisen und Endkundentarifen international zu vergleichen und daraus Rückschlüsse zu ziehen. Die Probleme eines internationalen Preisvergleichs werden ausführlich im Appendix dargestellt.

Einen besseren Anhaltspunkt können nationale Preisvergleiche bieten. Ganz allgemein gilt, dass auch ein etabliertes Unternehmen mit hohen Marktanteilen aus ökonomischer Sicht nicht daran gehindert werden sollte, bei Preissenkungen der

Wettbewerber nachzuziehen. Bietet ein Wettbewerber einen besonders günstigen Tarif an, dann sollte auch das etablierte Unternehmen diesen Tarif nachbilden dürfen. Zu beachten ist allerdings, dass die betrachteten Wettbewerber eigentumsrechtlich unabhängig sein müssen.

Streng ökonomisch gesprochen reicht es aus, wenn mindestens ein alternativer Anbieter einen bestimmten Tarif flächendeckend anbietet, um dasselbe flächendeckende Angebot durch die Deutsche Telekom für unbedenklich zu erklären. Gibt es kein flächendeckendes vergleichbares oder günstigeres Angebot des untersuchten Tarifs, wäre zu untersuchen, inwiefern regionale Kostenunterschiede mit berücksichtigt werden müssen. Hier wäre zunächst die Frage nach der richtigen geographischen Abgrenzung des relevanten Marktes zu beantworten.

Im Bezug auf Benchmarking als Testmethode zur Ermittlung von Preisuntergrenzen für Inlandsgespräche gelten dieselben prinzipiellen Bedenken wie bei Telefonanschlüssen. Allerdings können internationale und vor allem nationale Preisvergleiche ein wertvoller Indikator für Preisuntergrenzen sein. Insofern die Tarife der Deutschen Telekom nicht unter denen der Wettbewerber liegen, sollte von keinem missbräuchlichen Verhalten ausgegangen werden.

Wie auch bei Telefonanschlüssen ist ein missbräuchliches Verhalten der Deutschen Telekom nicht zu vermuten, wenn Wettbewerber bereits mit denselben oder sogar niedrigeren Tarifen am Markt sind (bei vergleichbaren Konditionen).

Bei Auslandsgesprächen scheidet ein internationales Benchmarking aus, da sich die nationalen Nachfragen zu sehr unterscheiden dürften. Allerdings kann ein nationaler Preisvergleich hilfreich sein. Ein Preis-Matching sollte der Deutschen Telekom in jedem Fall gestattet sein.

6.2. Praktischer Vorschlag zur Feststellung möglicher Verdrängungspreise

Für die zweiwöchige Offenkundigkeitsprüfung im Rahmen des Anzeigeverfahrens gemäß § 39 Abs. 3 S. 3 TKG schlagen wir daher folgende Prüfschritte vor:

1. Gibt es andere Anbieter in Deutschland, die ein entsprechendes Produkt zu vergleichbaren Konditionen anbieten? Wenn ja, keine vorläufige Untersagung, sonst weiter bei Stufe 2.
2. Gibt es ein entsprechendes Produkt zu vergleichbaren Konditionen auf vergleichbaren ausländischen Märkten? Wenn ja, keine weitere Untersuchung, sonst weiter bei Stufe 3 bzw. 4.
3. Sofern es sich um ein Produkt handelt, bei dessen Erstellung *keine* wesentlichen Vorleistungen benötigt werden: Entspricht der Preis des Produkts wenigstens den langfristigen Zusatzkosten seiner Erstellung? Wenn ja, keine vorläufige Untersagung, sonst weiter in Stufe 5.
4. Sofern es sich um ein Produkt handelt, bei dessen Erstellung wesentliche und somit regulierte Vorleistungen benötigt werden: Entspricht der Preis des Produkts wenigstens der Summe der durchschnittlichen Vorleistungsentgelte, die ein effizienter Wettbewerber aufzubringen hat?

5. Gibt es sachliche Gründe für die Preissetzung (z. B. Auslastungssituation, Produktneueinführung, weitergehende Komplementaritäten)? Wenn ja, keine vorläufige Untersagung, sonst vorläufige Untersagung und Einleitung eines Ex-post-Verfahrens (siehe unten).

Dieses Prüfprogramm konzentriert sich auf die für die Offenkundigkeitsprüfung entscheidende Frage, ob die geforderten Entgelte in offenkundiger Weise wettbewerbswidrig sind, und ist in zwei Wochen abzuarbeiten. Des Weiteren schlagen wir für die praktische Regulierungspolitik im Ex-Post-Verfahren nach § 39 Abs. 3 S. 1 in Verbindung mit § 38 Abs. 2-4 TKG das folgende sechsstufige Test-Programm vor:

1. Gibt es andere Anbieter in Deutschland, die ein entsprechendes Produkt zu vergleichbaren Konditionen anbieten? Wenn ja, keine weitere Untersuchung, sonst weiter bei Stufe 2.
2. Gibt es ein entsprechendes Produkt zu vergleichbaren Konditionen auf vergleichbaren ausländischen Märkten? Wenn ja, keine weitere Untersuchung, sonst weiter bei Stufe 3.
3. Sofern es sich um ein Produkt handelt, bei dessen Erstellung wesentliche und somit regulierte Vorleistungen benötigt werden, sollte ein Preis-Kosten-Schere-Test auf den regulierten Endnutzermärkten angewendet werden (Stufe 4). Andernfalls sollte ein Preis-Dumping-Test durchgeführt werden: Entspricht der Preis des Produkts wenigstens den langfristigen Zusatzkosten seiner Erstellung? Wenn ja, keine weitere Untersuchung, sonst weiter in Stufe 5.
4. (a) Entspricht der Preis des Produkts wenigstens der Summe der durchschnittlichen Vorleistungsentgelte, die ein effizienter Wettbewerber aufzubringen hat? Wenn ja, keine weitere Untersuchung, sonst weiter mit Stufe 4b.
   (b) Entsprechen die erwarteten Umsatzerlöse auf den regulierten Endnutzermärkten wenigstens der Summe der durchschnittlichen Entgelte der entsprechenden (regulierten) Vorleistungen zuzüglich der erwarteten Retail-Kosten (auf LRIC-Basis), keine weitere Untersuchung, sonst weiter bei Stufe 5.
   Hier ist die Unterstützung der BNetzA durch die Deutsche Telekom notwendig, um Prognosen über das Telefonierverhalten abzugeben.
5. Gibt es sachliche Gründe für die Preissetzung (z. B. Auslastungssituation, Produktneueinführung, weitergehende Komplementaritäten)? Wenn ja, keine weitere Untersuchung, sonst weiter mit Stufe 6.
6. Gemäß § 38 Abs. 4 TKG untersagt die BNetzA das nach diesem Gesetz verbotene Verhalten und erklärt die beanstandeten Entgelte ab dem Zeitpunkt der Feststellung für unwirksam. Gleichzeitig kann die Bundesnetzagentur Entgelte anordnen, die den Maßstäben des § 28 TKG genügen. Sofern der Anbieter mit beträchtlicher Marktmacht danach eigene Entgeltvorschläge vorlegt, prüft die Bundesnetzagentur binnen eines Monats, ob diese Entgelte die festgestellten Verstöße gegen die Maßstäbe des § 28 TKG abstellen.

Indem dieses Testverfahren, wie auch gesetzlich vorgesehen, zunächst auf nationale Preisvergleiche abstellt und nur subsidiär entweder einen Preis-Dumping- oder einen Preis-Kosten-Schere-Test unter Berücksichtigung der bestehenden Komplementaritäten durchführt, ist es flexibel und unbürokratisch genug, um der Dynamik der regulierten Endnutzermärkte gerecht zu werden.

Da auch im Wettbewerb für neue Produkte, die am Anfang des Produktlebenszyklus stehen, nicht von Anbeginn an positive Deckungsbeiträge erwirtschaftet werden, sollten auch bei wesentlichen Einrichtungen wie der TAL keine härteren Maßstäbe angelegt werden. Durch Regulierung sollen ja gerade Wettbewerbsergebnisse „simuliert" werden. Somit erscheint eine Frist von mindestens drei Jahren (ggf. auch länger) sinnvoll, bevor das Kriterium der dritten Teststufe erfüllt werden muss. Anders ausgedrückt heißt dies, dass Produktneueinführungen als sachliche Rechtfertigung auf der vierten Stufe akzeptiert werden sollten.

Des Weiteren sollte aufgrund der saisonalen Nachfrageschwankungen nach TK-Diensten nicht erwartet werden, dass der Preis für ein Produkt zu jedem Zeitpunkt kostendeckend ist. Hier sollte entweder ein Jahresdurchschnitt betrachtet werden, wodurch saisonale Schwankungen vermieden werden, oder aber ein Durchschnitt, der sich wiederum an der durchschnittlichen Vertragslaufzeit bzw. „Kundenverweildauer" orientiert. Das einfachste und somit transaktionskosteneffiziente Verfahren wäre dabei eine Orientierung am Jahresdurchschnitt.

Forderungen nach flankierenden Tests auf Quersubventionierung – bspw. in der Form schematischer Preis-Dumping-Tests auf Einzelproduktebene zusätzlich zum Preis-Kosten-Schere-Test – sind aus ökonomischer Sicht nicht nachvollziehbar, da dadurch die relevanten ökonomischen Komplementaritäten in der Nachfrage wieder völlig ausgeblendet würden.

7. Fazit

Wie unsere Analyse ergeben hat, ist die Verdrängungsgefahr auf Telekommunikationsmärkten in Deutschland gering und nicht höher einzuschätzen als in anderen Industrien. Grund für die geringe Verdrängungsgefahr ist vor allem (aber nicht ausschließlich) die rigorose Regulierung der *wesentlichen* Vorleistungsprodukte. Dies gilt sowohl für die Märkte für Inlands- und Auslandsverbindungen als auch, aufgrund der Entbündelung der TAL, für den Anschlussbereich.

Da auch etwaige andere Markteintrittsbarrieren vergleichsweise niedrig sind, sehen wir keinen gesonderten Regulierungsbedarf auf den Retail-Märkten in der deutschen Telekommunikation. Sollte die BNetzA nichtsdestotrotz zu dem Schluss kommen, dass die Deutsche Telekom auf einigen Retail-Märkten (trotz Regulierung der wesentlichen Vorleistungen) über beträchtliche Marktmacht verfügt, so sollten die Tarife lediglich einer nachträglichen Regulierung gemäß § 39 Abs. 3 TKG unterworfen werden. Eine darüber hinausgehende Verpflichtung zu einer Ex-ante-Entgeltgenehmigung ist aus unserer Sicht nicht ökonomisch gerechtfertigt.

Auch wenn wir aufgrund der sehr rigorosen Regulierung der Vorleistungsprodukte die Gefahr eines Verdrängungswettbewerbs in der TK-Branche nicht höher einschätzen als auf anderen Märkten, gibt § 28 Abs. 2 TKG nichtsdestotrotz drei Tests vor, anhand derer eine erste Einschätzung gewonnen werden soll, ob es sich bei einer bestimmten Preissetzung um einen Verdrängungsversuch handelt.

Bei diesen Tests ist unserer Analyse folgend zu unterscheiden zwischen:

1. Märkten, auf denen die Wettbewerber auf wesentliche Vorleistungen der Deutschen Telekom angewiesen sind, und
2. Märkten, auf denen dies nicht der Fall ist und die Vorleistungspreise dementsprechend nicht reguliert sind.

Wie unsere Analyse gezeigt hat, sollte die ökonomisch sinnvolle Preisuntergrenze anhand eines Preis-Kosten-Schere-Tests ermittelt werden, wenn bei der Erstellung des Retail-Dienstes auf wesentliche und somit regulierte Vorleistungen zurückgegriffen wird, während hingegen bei Retail-Diensten, die nicht mit Hilfe regulierter Vorleistungen erstellt werden, ein Preis-Dumping-Test verwendet werden sollte.

Die bisherige Praxis des „IC + 25“-Tests hingegen ist aus vielerlei Gründen sehr problematisch: Erstens ist völlig unklar, ob die implizite Zuordnung eines 25-prozentigen Gemeinkostenblocks in irgendeiner Weise effizienzfördernd ist oder dem entspricht, was sich im Wettbewerb ergeben würde. Zweitens ist es auch problematisch zu unterstellen, dass bei Optionaltarifen bzw. Paketen alle Leistungen zur Peak-Zeit erbracht werden. Und drittens entspricht die bisherige Vorgehensweise in keiner Weise einem Test, der sich an einem *effizienten Unternehmen* ausrichtet. Ganz im Gegenteil wird wiederum ein „Worst-Case“-Szenario unterstellt, wobei als Vorleistungsentgelte diejenigen Tarife zugrunde gelegt werden, die ein Wettbewerber mit der allernötigsten Infrastruktur, nämlich noch nicht einmal 475 POI, zu zahlen hätte, würde er die Vorleistungen von der Deutschen Telekom beziehen.

Die in § 28 TKG angelegten Tests hingegen sollen sich an den Kosten eines effizienten Unternehmens ausrichten. International gängige Praxis ist es, hier die Kosten des etablierten Anbieters selbst, also hier der Deutschen Telekom, zu verwenden.

Wichtig ist zudem, die im TK-Sektor verbreiteten Komplementaritäten und somit die Interdependenz der Nachfragen bei der Ermittlung von Preisuntergrenzen adäquat zu berücksichtigen.

Für eine große Anzahl von Märkten dürfte daher das von uns entwickelte mehrstufige Testverfahren gut geeignet sein, das zunächst auf nationale Preisvergleiche abstellt und dann einen Preis-Kosten-Schere-Test auf dem Endnutzermarkt unter Berücksichtigung möglicher Komplementaritäten durchführt.

Appendix: Umsetzbarkeit des Primats von Benchmarks

A. Einleitung

Gemäß § 38 Abs. 2 S. 3 TKG soll die Regulierungsbehörde in der Ex-post-Regulierung eine Überprüfung nach dem Vergleichsmarktprinzip entsprechend § 35 Abs. 1 Nr. 1 vornehmen. Hierzu ist zunächst einmal festzuhalten, dass das TKG in § 35 Abs. 1 Nr. 1 vorsieht, dass zusätzlich zu den Kostenangaben des regulierten Unternehmens als Vergleich die Preise von entsprechenden Produkten auf vergleichbaren Wettbewerbsmärkten herangezogen werden können. Dabei sollen laut Gesetz die „Besonderheiten der Vergleichsmärkte" (§ 35 Abs. 1 Nr. 1 S. 2 TKG) in der Preisbestimmung Berücksichtigung finden.

Die folgenden Abschnitte werden aus diesem Grund die Potenziale sowie die inhaltlichen und methodischen Probleme des Benchmarkings gemäß § 35 Abs. 1 Nr. 1 TKG aufzeigen. Wie sich zeigen wird, ergeben sich aufgrund dieser methodischen Probleme bei der Durchführung von Benchmarks zwangsläufig für die Bundesnetzagentur Ermessens- und Interpretationsspielräume, die wir aufzeigen werden.

Ganz allgemein ist zunächst festzuhalten, dass es sich bei den allermeisten Telekommunikationsleistungen, die von Endkunden konsumiert werden, um international nicht handelbare Produkte handelt. Die Nachfrage nach Ferngesprächen, DSL-Diensten oder anderen Endprodukten in Frankreich ist nicht direkt relevant für die Angebotsentscheidungen in Deutschland, d. h. die Nachfrage in Frankreich beeinflusst nicht den Preis in Deutschland. Da es sich bei den allermeisten Telekommunikationsdiensten um international nicht handelbare Produkte handelt, muss es – im Gegensatz zu international handelbaren Gütern und Dienstleistungen – auch nicht zu einem Angleichungsprozess bei den Preisen kommen. Dies erschwert die Vergleichbarkeit der Preise. Während bei international handelbaren Produkten Kostenunterschiede zwischen verschiedenen Ländern im Idealfall egalisiert werden, da es eine integrierte Weltmarktnachfrage oder zumindest eine internationale Nachfrage gibt, trifft dies bei nicht handelbaren Gütern nicht zu. Bei letzteren werden sowohl nationale Kostenunterschiede als auch Nachfrageunterschiede in den Preisen reflektiert.[37] Da zu erwarten ist, dass international zum Teil gravierende Unterschiede sowohl auf der Kosten- bzw. Angebotsseite als auch bei der Nachfrage bestehen, ist nicht zu erwarten, dass sich Preise international für sämtliche Telekommunikationsdienste ähneln.

37 Die Problematik entschärft sich etwas, wenn die wesentlichen Inputfaktoren frei handelbar sind. Für ortsgebundene Dienstleistungen trifft dies jedoch nur in sehr beschränktem Ausmaß zu, da ein wesentlicher Teil der TK-Netze zumeist vor Ort verlegt werden muss und auch der Faktor Arbeit nur beschränkt mobil ist.

Illustrativ mag in diesem Zusammenhang ein ganz anderes Beispiel sein, nämlich der von der britischen Zeitschrift The Economist regelmäßig veröffentlichte sog. „Big-Mac-Index". Dieser vergleicht die Preise für einen Big Mac von McDonald's, ebenfalls ein international nicht handelbares Produkt. Aufgrund lokal und national unterschiedlicher Angebots- und Nachfragebedingungen sind die Preise international höchst unterschiedlich. So unterscheiden sich Arbeitskosten (Löhne und Lohnnebenkosten), Mieten, Steuern, etc. international, sodass sich auch unterschiedliche Preise ergeben.

Weiterhin ist zu bedenken, dass zumindest in Europa diejenigen Anbieter von Telekommunikationsdienstleistungen, welche aus einem ehemaligen nationalen Monopolunternehmen hervorgegangen sind, einer Preisregulierung unterliegen. Dies betrifft in allen europäischen Märkten die Vorleistungspreise, oft aber auch Endkundentarife. Die Rationale für die Preisregulierung von Vorleistungsprodukten ergibt sich ökonomisch betrachtet daraus, dass die Vorleistungen unter Rückgriff auf (noch) resistente natürliche Monopolbereiche (namentlich das örtliche Teilnehmeranschlussnetz) erbracht werden und die mit Hilfe des Anschlussnetzes erbrachten Vorleistungen wesentlich für den Wettbewerb auf nachgelagerten Dienstemärkten sind.

Die Notwendigkeit der Regulierung auf Vorleistungsebene soll hier nicht weiter problematisiert werden. Es ist jedoch wichtig diesen Aspekt gedanklich festzuhalten, wenn es um die Vergleichbarkeit von Endkundenpreisen geht. Insofern sich die Regulierung auf Vorleistungsebene unterscheidet, wird es nahezu zwangsläufig auch zu unterschiedlichen Ergebnissen auf den nachgelagerten Märkten für Endkundendienste kommen.

Des Weiteren unterliegen auch viele Endkundenpreise auf europäischen und anderen ausländischen Telekommunikationsmärkten einer besonderen Regulierung oder Preisaufsicht. Sind die Endkundenpreise direkt reguliert, ist ein internationaler Preisvergleich nur von sehr beschränkter Aussagekraft, da es sich nicht um Marktpreise handelt. Ein Preisvergleich kann hier bestenfalls, wenn überhaupt, Aufschluss über unterschiedliche Erstellungskosten (bei einer kostenbasierten Regulierung), unterschiedliche Regulierungsziele (z. B. Förderung dienstebasierten oder infrastrukturbasierten Wettbewerbs) oder Regulierungsmethoden (Einzelpreisregulierung, Price Cap, etc.) geben.

Selbst in einem hypothetischen Fall, in dem Regulierungsziele und -methoden zweier Länder identisch sind (wie gesagt hypothetisch), stellt sich die Frage, ob die Kosten der Leistungserstellung, auf denen regulierte Preise letztlich in irgendeiner Weise beruhen, vergleichbar sind.

Sind die Endkundentarife nicht reguliert, so hängen die Preise bei funktionsfähigem Wettbewerb sowohl von den Nachfrage- als auch den Angebotsparametern auf einem Markt ab. Die Angebotsparameter wiederum hängen direkt von den Kosten der Leistungserstellung ab. Lediglich im völlig hypothetischen Idealfall vollständiger Konkurrenz hängen die individuellen Unternehmenspreise *nicht* von der

Nachfrage ab, sondern lediglich von Kostenfaktoren.[38] In allen anderen Wettbewerbsmodellen ergeben sich Preise in Abhängigkeit von Kosten- *und* Nachfrageparametern.

Des Weiteren hängen die Preise auf einem Markt nicht nur mechanisch von Kostenfaktoren und Nachfragebedingungen ab, sondern auch von der genauen Form des Wettbewerbs, die wiederum vom Verhalten der Unternehmen (zu Englisch dem „Market Conduct") abhängt. Aus der ökonomischen Standardtheorie ist z. B. seit Langem bekannt, dass selbst bei identischen Kosten und Nachfrageparametern auf einem Markt Preiswettbewerb ohne Kapazitätsbeschränkungen (sog. Bertrand-Wettbewerb) zu anderen Ergebnissen führt als ein Wettbewerb, der auf unterschiedlichen Angebotskapazitäten beruht (Cournot-Wettbewerb) (vgl. Kreps und Scheinkman, 1983).

Während das o. g. Beispiel ein extremer Fall ist und allgemein nicht zu erwarten ist, dass auf dem Markt für ein Produkt in einem Land A Cournot-Wettbewerb herrscht, während der Markt für dasselbe Produkt in einem anderen Land B durch Bertrand-Wettbewerb gekennzeichnet ist, bleibt dennoch zu fragen, ob z. B. die Produktdifferenzierung und allgemeiner die Wettbewerbsintensität auf beiden Märkten tatsächlich dieselbe ist.

Insofern es bei internationalen Preisvergleichen darum geht, eine unterschiedliche Wettbewerbsintensität auf verschiedenen Märkten festzustellen, ist dies nicht nur unproblematisch. Vielmehr ist dann ja sogar das genaue Ziel von Preisvergleichen, Unterschiede in der Intensität des Wettbewerbs zu identifizieren.

Ganz anders ist die Lage allerdings, wenn es darum geht, durch internationale Preisvergleiche mögliche Preisuntergrenzen zu identifizieren. Unterscheiden sich nämlich zwei Märkte in ihrer Wettbewerbsintensität, dann sollten die Preise, die sich auf den weniger wettbewerbsintensiven Märkten ergeben, nicht als Preisuntergrenze für wettbewerbsintensive Märkte herangezogen werden.

Für den Vergleich von Preisen mit dem Ziel, Preisuntergrenzen festzulegen, sind also konsequenterweise als „Besonderheiten der Vergleichsmärkte" ganz allgemein drei Faktoren zu berücksichtigen, in denen sich nationale (oder auch regionale) Märkte nicht nur theoretisch unterscheiden können, sondern in der Realität auch unterscheiden werden:

1. Kostenfaktoren, d. h. die Kosten der effizienten Leistungserstellung,
2. Nachfrageparameter (wie z. B. Elastizitäten), und
3. Wettbewerbsintensitäten.

Die konkreten Probleme eines internationalen Preisvergleichs sollen nun im Folgenden systematisch erörtert werden.

38 Bei vollständiger Konkurrenz ergeben sich die Preise direkt aus den langfristigen Inkrementalkosten bzw. den langfristigen Grenzkosten, die in diesem Spezialmodell auch den langfristigen Durchschnittskosten entsprechen. Zu diesem Preis wird in diesem hypothetischen Idealfall jegliche Nachfrage bedient. Im Gegensatz dazu hängt in allen anderen Modellen der Preis von Kosten *und* Nachfragebedingungen ab.

B. Unterschiedliche Kosten der effizienten Leistungserstellung

I. Dichtevorteile

Die Kosten der effizienten Leistungserstellung hängen im Telekommunikationssektor ganz maßgeblich von der Nachfragedichte ab. Je dichter ein bestimmtes Land besiedelt ist, desto dichter wird typischerweise auch die Nachfrage nach Telekommunikationsdiensten sein. Mit zunehmender Nachfragedichte sinken in der Telekommunikation die durchschnittlichen Netzkosten (pro Konsument) und somit auch die Durchschnittskosten für die über das Netz erbrachten Leistungen. Man spricht hier von Dichtevorteilen oder auch „Economies of Density".

Das New Zealand Institute of Economic Research (NZIER) hat 1999 in einer Studie für das dortige Wirtschaftsministerium ("Ministry of Commerce") zur Vergleichbarkeit von Telekommunikationstarifen als abstraktes Modell folgenden funktionalen Zusammenhang zur Kostenermittlung vorgeschlagen (vgl. NZIER, 1999):

$$C = \frac{L}{\Theta} f(P_K, P_L, \ldots)\left(c_o + \int c_1(\sigma)h(\sigma)d\sigma\right)$$

In der Formel steht C für die idealisierten Kosten eines Netzwerkes mit L Leitungen, Θ gibt die Produktivität und P_K bzw. P_L die Inputpreise für die Produktionsfaktoren K und L an, wobei die Aufzählung der Inputpreise in der Formel nicht abschließend ist. Der zweite geklammerte Teil der Formel beinhaltet sowohl einen Fixkostenteil c_0 pro Leitung als auch einen durchschnittlichen Kostenanteil, der von der Netzwerkdichte $c_1(\sigma)$ und der bestehenden Verteilung der Dichten im Netzwerk $h(\sigma)$ abhängt.

Wie aus der Formel ersichtlich ist, hängen die Kosten im Modell von der Anzahl der Leitungen, der Produktivität, den Faktorpreisen und der räumlichen Verteilung des Netzwerkes ab.

In ähnlicher Weise (wenn auch komplizierter) werden die Kosten der effizienten Leistungserstellung auch in sog. analytischen Kostenmodellen wie dem HAI-Modell, dem LECOM-Modell oder dem WIK-Kostenmodell für das Ortsnetz ermittelt (vgl. z. B. Gasmi, Kennet und Laffont, 2002).

Kern all dieser Modelle ist die Erkenntnis, dass der ganz wesentliche Kostentreiber beim Aufbau von Anschlussnetzen im Telekommunikationsbereich die Nachfragedichte ist (vgl. dazu auch NZISCR, 1999, sowie Gasmi, Kennet und Laffont, 2002). Dies ist besonders wichtig, weil letztlich ein großer Teil der Kosten für Telekommunikationsdienste auf Vorleistungen zurückgreift (sprich Originierung und Terminierung), die auf Basis des Anschlussnetzes erbracht werden.

Ausgehend von der Beobachtung, dass sowohl die Bevölkerungsdichte als auch die Verteilung der Dichten im Raum zwischen verschiedenen Märkten zum Teil erheblich differieren, lässt sich konstatieren, dass auch die Kosten erheblich differieren werden. Diese Kostenunterschiede wiederum sollten auch in den Preisen reflektiert werden.

II. Topologische und geographische Faktoren

Neben der Bevölkerungs- bzw. Nachfragedichte spielen auch die Topologie einer Region bzw. eines Landes und andere geographische Faktoren eine erhebliche Rolle für die Kosten der Leistungserstellung. Das NZIER z. B. schätzt den Einfluss geographischer und topologischer Faktoren auf ± 14 % ein (vgl. NZIER, 1999, S. 15).

Hieraus folgt, dass die Kosten der effizienten Leistungserstellung beim Vergleich zweier Länder nicht direkt vergleichbar sein können, sondern auch um geographische und topologische Besonderheiten korrigiert werden müssen: Selbst wenn die exakte Gleichheit aller sonstigen Faktoren unterstellt wird, können allein geographische Einflüsse die Kosten so beeinflussen, dass ein Preisvergleich zwischen zwei Märkten schwierig wird.

III. Angemessene Kapitalverzinsung

Die Problematik, eine angemessene Kapitalverzinsung festzulegen, ist bereits oben kurz angesprochen worden. An dieser Stelle sei nochmals darauf verwiesen, dass die adäquate Kalkulation von Kapitalverzinsung und Risikozuschlägen nicht frei von Schwierigkeiten und mit gewissen Interpretationsspielräumen verbunden ist.

Des Weiteren sei darauf verwiesen, dass die von Regulierungsbehörden in Europa zugestandene Kapitalverzinsung erheblich zwischen den Staaten differiert. So wurde nach Daten von Cullen International vom November 2001 in Schweden eine Kapitalverzinsung von 15 % als angemessen betrachtet, während es in Österreich nur 9,34 % waren (vgl. Cohen, 2004). Diese Unterschiede dürften sich auch in den entsprechenden Preisen widerspiegeln.

IV. Steuern und Inputpreise

Auch andere Inputpreise (wie z. B. für Löhne und Lohnnebenkosten, Immobilienpreise) sowie Abgaben und Steuern beeinflussen natürlich die Marktpreise für erstellte Dienstleistungen. Demzufolge müssen Tarife bei einem internationalen Preisvergleich nicht handelbarer Produkte um die Unterschiede bei Arbeitskosten, Steuern und Abgaben sowie etwaigen anderen Inputpreisen korrigiert werden, bevor ein sinnvoller Vergleich der Margen sinnvoll ist.

V. Quintessenz

Bei einem internationalen Preisvergleich müssen daher unbedingt zunächst Unterschiede in den zugrunde liegenden Kosten berücksichtigt werden, um zu gehaltvollen Aussagen zu gelangen.

Bei einer international ähnlichen Regulierung der Vorleistungen lassen sich diese Probleme mildern, wenn lediglich die Differenz zwischen den Endkundentarifen und regulierten Vorleistungspreisen betrachtet wird. In der Tat werden diese Probleme mit einer zunehmenden Harmonisierung der Regulierung in Europa zunehmend geringer.

Nichtsdestotrotz bleiben Probleme bei der Frage, inwiefern unterschiedliche Retail-Kosten, die ebenfalls von lokalen bzw. nationalen Gegebenheiten (z. B. Arbeitskosten, Steuern, Werbepreise) abhängen, herausgerechnet werden können.

Es lässt sich also festhalten, dass ein Benchmarking mit dem Ziel, Preisuntergrenzen festzulegen, überhaupt nur sinnvoll ist, wenn die Preise um mögliche internationale Kostenunterschiede korrigiert werden.

C. Unterschiede auf der Nachfrageseite

I. Elastizitäten

Wie bereits erwähnt, hängt die Preisbildung bei funktionsfähigem Wettbewerb nicht nur von der Kostenseite, sondern auch von Nachfrageparametern ab.

Als einfache Preisregel für ein gewinnmaximierendes Unternehmen gilt, dass der relative Preisaufschlag sich umgekehrt proportional zur Preiselastizität der unternehmensspezifischen Nachfrage verhält (vgl. Laffont und Tirole, 2000). Formal ausgedrückt heißt das:

$$\frac{p_i - c_i}{p_i} = \frac{1}{\varepsilon_i}.$$

In dieser Formel ist p_i der Preis für einen Dienst i, c_i sind die Grenz- oder Zusatz- bzw. Inkrementalkosten des Dienstes i und ε_i ist die Preiselastizität der unternehmensspezifischen Nachfrage nach dem Dienst i. Letztere gibt an, um wie viel Prozent sich die verkaufte Menge eines Dienstes als Reaktion auf eine einprozentige Preisänderung verändert.

Für ein Unternehmen i ist diese gegeben durch

$$\varepsilon_i = \frac{\partial q_i}{\partial p_i} \cdot \frac{p_i}{q_i} = \frac{\partial q_i / q_i}{\partial p_i / p_i},$$

wobei p_i der Preis des Unternehmens i ist und q_i dessen nachgefragte Menge. Die Elastizität der unternehmensspezifischen Nachfrage gibt also an, wie sich die nachgefragte Menge bei einem bestimmten Unternehmen bei einer Veränderung des eigenen Preises ändert.

Handelt es sich, wie im Telekommunikationssektor üblich, um ein Multi-Produkt-Unternehmen, das gleichzeitig eine Vielzahl von Diensten anbietet, so ist der Orientierungspunkt nicht die Eigen-Preis-Elastizität, sondern die sog. Superelastizität der Nachfrage (vgl. Laffont und Tirole, 2000).

Die Superelastizität der Nachfrage gibt an, wie sich die Nachfrage nach einem Produkt verändert unter Berücksichtigung *aller* Preise, welche die Nachfrage beeinflussen. Somit werden bei Superelastizitäten auch die Kreuzpreiseffekte der Nachfrage berücksichtigt. Die Superelastizität der Nachfrage nach einem Dienst ist definiert als die relative Nachfrageänderung nach diesem Dienst in Reaktion auf eine relative Änderung sämtlicher relevanter nachfragewirksamer Preise, d. h. die Superelastizität ist die mit den Umsätzen gewichtete Summe der Eigenpreiselastizität und der Kreuzpreiselastizitäten (vgl. Competition Commission, 2003, S. 206).

In die Superelastizität geht daher nicht nur der Eigenpreiseffekt ein, sondern auch Kreuzpreiseffekte, sodass Substitutions- und Komplementärbeziehungen zwischen einzelnen Diensten berücksichtigt werden. Man kann auch sagen, dass durch die Superelastizität der Gesamteffekt einer Preisänderung auf den Gewinn eines Unternehmens reflektiert wird oder wie Laffont und Tirole (2000) schreiben: „Superelasticities are just meant to reflect the global impact of a change in the price of a service on the incumbent's total profit“ (Laffont und Tirole, 2000, S. 103).

Besteht nun zwischen zwei Diensten (wie z. B. zwischen dem Festnetz-Zugang und den durchgeführten Telefongesprächen) eine komplementäre Beziehung (je mehr Teilnehmer einen Telefonanschluss haben, desto höher wird auch die Nachfrage nach Gesprächen sein), dann wird die Eigenpreiselastizität niedriger sein als die Superelastizität.

Hingegen wird bei zwei Diensten, die in einer Substitutionsbeziehung zueinander stehen (wie etwa Mobilfunkgespräche und SMS), die Eigenpreiselastizität höher sein als die Superelastizität. Ganz allgemein ist bei Komplementären die Superelastizität höher als die Eigenpreiselastizität, während umgekehrt bei Substituten die Superelastizität niedriger ist als die Eigenpreiselastizität (vgl. Laffont und Tirole, 2000, S. 103).

Beim Vorliegen von Gemeinkosten (die für den TK-Sektor ja charakteristisch sind) wird ein profitmaximierender Anbieter seine Gemeinkosten optimalerweise so über seine Produktpalette verteilen, dass der Gemeinkostenzuschlag sich bei jedem Dienst umgekehrt proportional zur Superelastizität der Nachfrage verhält. Diese Verteilung von Gemeinkosten ergibt sich unabhängig davon, ob Unternehmen im Wettbewerb stehen oder nicht – sie ergibt sich direkt aus dem Profitmaximierungskalkül.

Denkbar ist jedoch, dass sich die Elastizitäten und Super-Elastizitäten unterscheiden, je nachdem ob Unternehmen im Wettbewerb stehen oder eine Monopolstellung bzw. beträchtliche Marktmacht innehaben. Diese Möglichkeit ist für unsere Fragestellung – nämlich die der prinzipiellen Vergleichbarkeit von Preisen – weniger erheblich als die noch allgemeinere Frage, ob die Nachfrageelastizitäten auf verschiedenen nationalen bzw. regionalen Märkten dieselben sind. Hier mag es nicht nur aufgrund unterschiedlicher Wettbewerbsintensitäten, sondern auch aufgrund unterschiedlicher Präferenzen und relativer Preise unterschiedliche Preiselastizitäten geben. Damit wird ein aussagekräftiger Preisvergleich erheblich erschwert.

Betrachten wir z. B. den Markt für Auslandsgespräche in die Türkei. Für Anbieter von Auslandsgesprächen in Deutschland wird der Preis für Türkeigespräche eine wesentlich wichtigere Rolle spielen und ein wesentlich wichtigerer Wettbewerbsparameter sein als in den meisten anderen europäischen Ländern. Demgegenüber dürfte z. B. die Nachfrage nach Gesprächen in nordafrikanische Staaten in Frankreich wesentlich höher sein als in Deutschland.

Auch der Privatkunden-Markt für DSL-Produkte dürfte national recht unterschiedlich aussehen und z. B. davon abhängen, in wie weit die Privathaushalte mit PCs ausgestattet sind und wie stark bereits die Penetration mit ISDN-Anschlüssen ist. So ist z. B. bei einer hohen Penetration mit ISDN-Anschlüssen davon auszugehen, dass ein wesentlich attraktiverer Preis für DSL-Produkte resultiert als in einem Land mit einer geringen ISDN-Penetrationsrate.

Ganz allgemein bleibt festzuhalten, dass Preisvergleiche zwischen verschiedenen Märkten selbst dann schwierig sind, wenn die Kostenfunktionen und die Angebotsbedingungen identisch wären, weil Preisunterschiede auch auf unterschiedliche Nachfrageelastizitäten zurückzuführen sein können.

II. Marktgröße

Ähnlich wie die Nachfrageelastizität kann sich auch die Marktgröße und somit die Lage der Nachfragefunktion unterscheiden. Auf einem Markt mit Fixkosten bestimmt die durch die Nachfrage vorgegebene Marktgröße die Anzahl der aktiven Unternehmen und somit auch die Intensität des Wettbewerbs bzw. die Höhe der erzielbaren Deckungsbeiträge.

In kleinen Ländern werden daher tendenziell weniger Unternehmen am Markt aktiv sein und sich ggf. theoretisch auch höhere Preise erzielen lassen als in größeren Ländern. Ob sich dies empirisch bestätigt, ist fraglich. Jedoch sollte diese Möglichkeit bei einem Preisvergleich ebenfalls berücksichtigt werden.

III. Kaufkraftunterschiede[39]

Wenn Preise auf Märkten unter anderem auch von der Nachfrage abhängen, so ist anzunehmen, dass internationale Unterschiede in der Kaufkraft einen Einfluss auf die Preise haben.

39 Vgl. auch Lutz (2004).

Kaufkraftunterschiede können z. B. durch unterschiedliche Pro-Kopf-Einkommen, Produktivitätsniveaus oder Faktorentgelte entstehen. Wenn Preise international verglichen werden sollen, ist es daher notwendig, Kaufkraftaspekte zu berücksichtigen, um aussagekräftige Ergebnisse zu erhalten.

Eine gängige Methodik um Kaufkraftunterschiede zu berücksichtigen, ist die Verwendung eines auf Kaufkraftparität beruhenden Wechselkurses, auch PPP-Wechselkurs genannt. Dieser unterscheidet sich in aller Regel vom nominalen Wechselkurs. Bei diesem wird das Preisniveau eines Güterbündels in einem ersten Land so gewogen, dass es mit dem eines zweiten Landes überein stimmt. Beide Länder werden so behandelt, als wäre ihre jeweilige Kaufkraft gleich.

Stellt bspw. P das Preisniveau Deutschlands mit der Einheit [Euro] und P* das britische Preisniveau in der Einheit [Pfund] dar und bezeichnet E den Wechselkurs in [Euro]/[Pfund], ergibt sich als Kaufkraftparität

$$P = E \cdot P^*.$$

Der kaufkraftparitätische Wechselkurs ist somit

$$E = P/P^*.$$

Das Ergebnis der Anwendung der Kaufkraftparität ist somit ein Wechselkurs, der unterstellt, dass beide Länder das gleiche Güterbündel konsumieren. Wird der Wechselkurs auf ein Gut wie z. B. einen Telekommunikationsdienst angewandt, ist lediglich die Aussage möglich, wie sich der Preis des Dienstes im Vergleich zu den restlichen Gütern im betrachteten Bündel im jeweiligen Land verhält. Es werden also relative Preise betrachtet.

Um Preise auf eine einheitliche Währungsbasis zu normieren, was zusätzlich zur Angleichung der Kaufkraft beim PPP-Wechselkurs geschieht, könnten ebenfalls nominale Wechselkurse herangezogen werden. Diese stellen absolute Preise ohne eine konkrete Bezugsbasis dar. Bei nominalen Wechselkursen wird die Umrechnung der Preise anhand tagesaktueller Daten vorgenommen.

Problematisch sind hierbei allerdings die teils gravierenden kurzfristigen Fluktuationen, denen rein nominale Kurse unterliegen. Diese können aus verschiedenen Ursachen herrühren, wie Spekulationen oder sich ändernden Zinskurserwartungen.

Ein sinnvoller Preisvergleich sollte aber von kurzfristigen Fluktuationen unbeeinflusst bleiben. Neben der oben vorgestellten Methode der PPP-Wechselkurse könnte die Verwendung eines gleitenden Durchschnitts oder eines künstlich fixierten Wechselkurses die Fluktuationsproblematik verhindern.

Als Teilergebnis obiger Analyse bleibt festzuhalten, dass allein in den Teilbereichen der Kaufkraft- und Währungsberücksichtigung wiederum Interpretations- und Anwendungsspielräume bestehen. Diese beeinflussen nochmals die Ergebnisse eines Benchmarks.

D. Unterschiede in der Wettbewerbsintensität

Auch in der Wettbewerbsintensität können und werden sich Telekommunikationsmärkte international unterschieden. Ganz allgemein werden Preise umso niedriger sein, je intensiver der Wettbewerb auf einem Markt ist.

Bei der Ermittlung von möglichen Preisuntergrenzen besteht somit die Gefahr, dass Preise aus einem wettbewerbsschwachen Land herangezogen werden, die dann zu künstlich überhöhten Tarifen führen.

An dieser Stelle sei noch einmal daran erinnert, dass ja internationale Preisvergleiche oft gerade durchgeführt werden, um Aussagen über die unterschiedliche Intensität des Wettbewerbs zu erhalten. Somit wird bereits impliziert, dass sich die Wettbewerbsintensität auf nationalen Märkten unterscheidet. Dies aber bedeutet, dass bei einem internationalen Benchmarking zur Ermittlung von Preisuntergrenzen von vornherein Märkte mit niedriger Wettbewerbsintensität ausgeschlossen werden sollten, da ansonsten leicht zu hohe Preise als regulatorische Preisuntergrenze eingezogen werden.

E. Fazit

Internationale Benchmarks können ihren Sinn haben, um die Performance von Regulierungsregimes zu vergleichen. Für die Ermittlung von *Preisuntergrenzen* sind sie jedoch nur mit Einschränkungen geeignet. Für andere Zwecke können internationale Benchmarks jedoch durchaus besser geeignet sein.

Zur Ermittlung von Preisuntergrenzen kann bei ähnlicher Regulierung jedoch versucht werden, die Differenz zwischen Vorleistungspreisen und Endkundentarifen international zu vergleichen und daraus Rückschlüsse zu ziehen. Diese Differenz stellt die Marge dar, innerhalb derer Wettbewerber ihre Kosten, welche zusätzlich zu den teilweise unvermeidbaren Vorleistungspreisen entstehen, halten müssen, um auf dem Markt wettbewerbsfähig zu sein.

Was die Regulierung von Endkundentarifen betrifft, ist es unserer Ansicht eher ratsam, auf nationale Benchmarks bzw. konkrete Endkunden-Preisvergleiche zurückzugreifen. Diese Preise gelten dann für einen Markt, bei dem die Aspekte Wettbewerbsintensität und Nachfragebedingungen als für die konkurrierenden Unternehmen gleich angesehen werden können. Da zudem die wesentlichen Vorleistungsentgelte in aller Regel reguliert und somit die Opportunitätskosten für alle Unternehmen dieselben sind, kann auch die Kostenseite als vergleichbar betrachtet werden.

Im Kontext der Ermittlung von Preisuntergrenzen sollten Preisvergleiche daher eher auf nationaler Ebene durchgeführt werden. Mit zunehmender Harmonisierung der Regulierung und einer zunehmenden Wettbewerbsintensität kann jedoch auch die Anwendbarkeit von internationalen Benchmarks durchaus steigen.

Literaturverzeichnis

Allen, R. G. D. (1938), *Mathematical Economics,* Macmillan: London.

Areeda, P. und D. F. Turner (1975), Predatory Pricing and Related Issues Under Section 2 of the Sherman Act, *Harvard Law Review* 88, S. 697-733.

Baake, P., J. Haucap, J. Kühling, S. Loetz und C. Wey (2007), *Effiziente Regulierung dynamischer Märkte*, Nomos: Baden-Baden.

Baye, R. (2003), *Managerial Economics and Business Strategy*, 4. Auflage, Irwin: Boston.

Belfin, R. und M. Lukanowicz (1999), Positionspapier der Telekom-Control zum Ansatz der Forward Looking Long Run Incremental Costs zur Berechnung von kostenorientierten Zusammenschaltungsentgelten, Wien.

Bolton, P., J. Brodley und M. Riordan (2000), Predatory Pricing: Strategic Theory and Legal Policy, *Georgetown Law Review* 88, S. 2239-2330.

Bork, R. H. (1978), *The Antitrust Paradox: A Policy at War With Itself,* Basic Books: New York.

Bouckaert, J. und F. Verboven (2004), Price Squeezes in a Regulatory Environment, *Journal of Regulatory Economics* 26, S. 321-351.

Bundesnetzagentur (BNetzA) (2008), *Jahresbericht 2007*, Bonn.

Cabral, L. und M. Riordan (1997), The Learning Curve, Predation, Antitrust and Welfare, *Journal of Industrial Economics* 2, S. 155-169.

Carlton, D. W. (2008), Should "Price Squeeze" be a Recognized Form of Anticompetitive Conduct?, *Journal of Competition Law and Economics* 4, S. 271-278.

Cohen, S. (2004), Cost Modeling and Price Regulation in Telecommunications: Methods and Experiences, Network Management & Optimal Design Laboratory (NETMODE), Athen.

Competition Commission (2003), Vodafone, O2, Orange and T-Mobile, London, online unter: http://www.competition-commission.org.uk/rep_pub/reports/2003/475mobiletelephones.htm.

Crandall, R. W. und H. J. Singer (2007), Are Vertically Integrated DSL Providers Squeezing Unaffiliated ISPs (and Should We Care)?, in: R. Dewenter und J. Haucap (Hrsg.), *Access Pricing: Theory and Practice*, Elsevier: Amsterdam, S. 421-460.

Cremer, H., J. Cremer und P. de Donder (2008), Costs and Benefits of Vertical Divestiture, *Communications & Strategies* 68 (4), S. 41-56.

Davis, S. J. und K. M. Murphy (2000), A Competitive Perspective on Internet Explorer, *American Economic Review Papers & Proceedings* 90, S. 184-187.

Dewatripont, M. und E. Maskin (1995), Credit and Efficiency in Centralized and Decentralized Economies, *Review of Economic Studies* 62, S. 541-555.

Dewenter, R. und J. Haucap (2004), Die Liberalisierung der Telekommunikationsbranche in Deutschland: Bisherige Erfolge und weiterer Handlungsbedarf, *Zeitschrift für Wirtschaftspolitik* 53, S. 374-393.

Easterbrook, F. (1981), Predatory Strategies and Counterstrategies, *University of Chicago Law Review* 48, S. 263-337.

European Regulators Group (ERG) (2007), ERG Opinion on Functional Separation, ERG (07) 44, Brüssel, online unter: http://www.erg.eu.int/doc/publications/erg07_44_cp_on_functional_ separation.pdf.

EU Kommission (1998), Mitteilung der Kommission über die Anwendung der Wettbewerbsregeln auf Zugangsvereinbarungen im Telekommunikationssektor, OJ C 265/02, Brüssel.

Fudenberg, D. und J. Tirole (1984), The Fat-Cat-Effect, the Puppy Dog Ploy, and the Lean and Hungry Look, *American Economic Review Papers and Proceedings* 74, S. 361-366.

Gasmi, F., D. M. Kennet und J. J. Laffont (2002), *Cost Proxy Models and Telecommunications Policy: A New Empirical Approach*, MIT-Press: Cambridge, MA.

Haucap, J. (1998), *Werbung und Marktorganisation: Die ökonomische Theorie der Werbung betrachtet aus Perspektive der Neuen Institutionenökonomik,* Eul Verlag: Köln.

Haucap, J. und J. Kruse (2002), Verdrängungspreise auf liberalisierten Telekommunikationsmärkten, Diskussionspapier Nr. 115, Helmut-Schmidt-Universität Hamburg, online unter: http://opus.unibw-hamburg.de/opus/volltexte/2006/718/pdf/2002_115.pdf.

Haucap, J. und J. Kruse (2004), Verdrängungspreise auf Telekommunikationsmärkten?, *Perspektiven der Wirtschaftspolitik* 5, S. 337-362.

Haucap, J. und J. Kühling (2006), Eine effiziente vertikale Verteilung der Exekutivkompetenzen bei der Regulierung von Telekommunikationsmärkten in Europa, *Zeitschrift für Wirtschaftspolitik* 55, S. 324-356.

Haucap, J. und J. Kühling (2007), Zur Reform der Telekommunikationsregulierung: Brauchen wir wirklich noch mehr Zentralisierung?, *Wirtschaftsdienst* 87, S. 664-671.

Haucap, J. und J. Kühling (2008), Europäische Regulierung der Telekommunikation zwischen Zentralisierung und Wettbewerb, in: A. Picot (Hrsg.), *Die Effektivität der Telekommunikationsregulierung in Europa – Befunde und Perspektiven*, Springer: Berlin, S. 55-80.

Hausman, J. (1999), The Effect of Sunk Costs in Telecommunications Regulation, in: J. Alleman und E. Noam (Hrsg.), *The New Investment Theory of Real Options and its Implication for Telecommunications Economics*, Kluwer Academic Publishers: Boston, S. 191-204.

Hausman, J. (2001), Regulation by TSLRIC: Economic Effects on Investment and Innovation, in: J. G. Sidak, C. Engel und G. Knieps (Hrsg.), *Competition and Regulation in Telecommunications*, Kluwer Academic Publishers: Boston, S. 51-68.

Holznagel, B. und I. Vogelsang (2008), Weiterentwicklung der TK-Regulierung im Lichte neuer Herausforderungen und ökonomischer Erkenntnisse, in diesem Band, S. 13-113.

Infas (2003), Repräsentative Befragung von Telefon-Festnetzkunden im Herbst 2003: Ergebnisbericht, Bonn.

Kahn, A. E. (2002), Airline Deregulation, The Concise Encyclopedia of Economics, Indianapolis, online unter: http://www.econlib.org/library/Enc/AirlineDeregulation.html.

Knieps, G. (2003), *Wettbewerbsökonomie*, Springer: Berlin.

Kreps, D. M. und J. A. Scheinkman (1983), Quantity Precommitment and Bertrand Competition Yield Cournot Outcomes, *Bell Journal of Economics* 14, S. 326-337.

Krüger, R. (2008a), Experience with Current Notification Procedure, Vortrag auf der WIK International Conference, Bonn, April 2008, online unter www.wik.org/content/erc/Krueger-revKS.pdf.

Krüger, R. (2008b), Allgemeines Wettbewerbsrecht und sektorspezifische Regulierung – Szenarien aus ökonomischer Sicht, Präsentation auf dem Workshop „Sektorspezifische Regulierung und allgemeines Wettbewerbsrecht“, Bonn, 13. Februar 2008.

Kurth, M. (2002), Broadband Competition: High Speed Internet Access as a Regulatory Problem, Präsentation an der Columbia University, New York, April 2002.

Laffont, J.-J. und J. Tirole (2000), *Competition in Telecommunications,* MIT-Press: Cambridge, MA.

Lutz, M. (2004), Internationale Preisvergleiche: Methodik und Anwendung auf nicht-handelbare Güter, Discussion Paper Nr. 2004-07, Universität St. Gallen.

Monopolkommission (2002), *Wettbewerbsentwicklung bei Telekommunikation und Post 2001,* Nomos: Baden-Baden.

Monopolkommission (2005), *Wettbewerbsentwicklung bei der Telekommunikation 2005: Dynamik unter neuen Rahmenbedingungen,* Nomos: Baden-Baden.

Monopolkommission (2008), *Wettbewerbsentwicklung bei der Telekommunikation 2007: Wendepunkt der Regulierung,* Nomos: Baden-Baden.

Nett, L., K.-H. Neumann und I. Vogelsang (2004), Geschäftsmodelle und konsistente Entgeltregulierung, WIK Consult, Bad Honnef.

New Zealand Institute of Economic Research (NZIER) (1999), Telephone Price Comparisons: International Benchmarking Methods, Wellington.

New Zealand Institute for the Study of Competition and Regulation (NZISCR) (1999), The Relative Costs of Local Telephony Across Five Countries, Wellington, online unter: http://www.iscr.org.nz/documents/relative_costs_local.pdf.

Office of Communications (Ofcom) (2004), Investigation Against BT About Potential Anti-competitive Exclusionary Behaviour, Decision of the Office of Communications, Case: CW/00760/03/04, London.

Office of Telecommunications (Oftel) (1996a), The Methodology to Calculate Long Run Incremental Costs, Paper prepared for Oftel by NERA, London.

Office of Telecommunications (Oftel) (1996b), Reconciliation and Integration of Top Down and Bottom Up Models of Incremental Cost, Paper prepared for Oftel by NERA, London.

Oftel (2000), The Application of the Competition Act in the Telecommunications Sector, Januar 2000.

Onafhankelijke Post en Telecommunicatie Autoriteit (OPTA)/Nederlandse Mededingingsautoriteit (Nma) (2001), Price Squeeze Guidelines, OPTA/EGM/2000/200494, NMa/2201/12, Den Haag, online unter: http://www.opta.nl/download/direc_pricesqueeze_280201.pdf.

Ordover, J. A. und G. Saloner (1989), Predation, Monopolization and Antitrust, in: R. Schmalensee und R. D. Willig (Hrsg.), *Handbook of Industrial Organization, Vol. I,* North-Holland: Amsterdam, S. 537-596.

Polo, M. (2007), Price Squeeze: Lessons from the *Telecom Italia* Case, *Journal of Competition Law and Economics* 3, S. 453-470.

Posner, R. (1976), *Anti-Trust Law: An Economic Perspective*, University of Chicago Press: Chicago.

Regulierungsbehörde für Telekommunikation und Post (RegTP) (2004), Entscheidung der Beschlusskammer 2 vom 14.12.2004 bezüglich Auferlegung einer Anzeigepflicht bei Entgelten für Endnutzerleistungen gemäß § 12 Abs. 2 Nr. 4 TKG, Bonn.

Salanave, J. und S. Girieud (2008), Functional Separation in Telecoms: Panacea or Plague?, IDATE: Montpellier.

Schäfer, R. (2003), Das Verhalten der Nachfrager im deutschen Telekommunikationsmarkt unter wettbewerblichen Aspekten, WIK Diskussionspapier Nr. 250, Bad Honnef.

Schebstadt, A. (2004), Die Aufsicht über Netznutzungsentgelte zwischen Kartellrecht und sektorspezifischer Regulierung, *Recht der Energiewirtschaft* 8, S. 181-208.

Schebstadt, A. (2005), Sektorspezifische Regulierung – Im Grenzgebiet zwischen Marktaufsicht und Marktgestaltung, *Wirtschaft und Wettbewerb* 55, S. 6-15.

Schmidt, I. (2001), *Wettbewerbspolitik und Kartellrecht*, 7. Auflage, Lucius & Lucius: Stuttgart.

Schulz, N. (2004), *Wettbewerbspolitik*, Mohr Siebeck: Tübingen.

Shapiro, C. (1983), Premiums for High Quality Products as Returns to Reputation, *Quarterly Journal of Economics* 98, S. 659-679.

Sidak, J. G. (2008), Abolishing the Price Squeeze as a Theory of Antitrust Liability, *Journal of Competition Law and Economics* 4, S. 279-309.

Sutton, J. (1991), *Sunk Cost and Market Structure*, MIT-Press: Cambridge, MA.

Sutton, J. (1998), *Technology and Market Structure,* MIT-Press: Cambridge, MA.

Viscusi, W. K., J. M. Vernon und J. E. Harrington jr. (1995), *Economics of Regulation and Antitrust*, MIT Press: Cambridge, MA.

Vogelsang, I. (2003), The German Telecommunications Reform – Where Did it Come From, Where is it, and Where is it Going?, *Perspektiven der Wirtschaftspolitik*, 4, S. 313-340.

World Bank (1996), *World Development Report: From Plan to Market*, Oxford University Press: Oxford.

FSC
www.fsc.org
MIX
Papier | Fördert gute Waldnutzung
FSC® C083411

Kolibri 360 GmbH
Ferdinand-Jühlke-Straße 7
99095 Erfurt, Deutschland
produktsicherheit@kolibri360.de